最後の深代惇郎の天声人語

深代惇郎

朝日文庫

本書は一九七三年二月より一九七五年十一月までに執筆された「天声人語」をよりぬいた文庫オリジナルです。

固有名詞、肩書などは基本的に執筆時のままとしました。当時の時代背景の中で使われている言葉のうち、今日の人権意識に照らして、不適切であり、侮蔑的、差別的とも感じられる表現があります。現在とは異なる当時の表現をめぐる状況について意識を持って読んでいただきたくお願い申し上げます。

末尾の年月日の年号は昭和です。

目次

生前の著者（写真：遺族提供）

最後の深代惇郎の天声人語

世相

米が足りない

モチ米が品不足で暴騰している。普通のウルチ米も、都会の小売店で、上質の銘柄米から値上りしはじめた。どちらも大手商社まで加わった米の投機買い、思惑買いが原因らしいという。

米といえば、とれ過ぎて余っているものとばかり思っていた。古米、古古米に有毒カビがはえ、処分に困っているという話だった。それが一、二年の間に、対外援助や飼料の払下げなどで大体さばけた。農村の生産調整も進んで、これからの米の需給はむしろきびしくなるだろう、という。

なかでも今はコシヒカリ、ササニシキといった定評のある「おいしい米」が足りない。需要の四割程度しか供給できない。都会で「極上ササニシキ」などと表示して売っている米のなかには、随分にせものがまじっているそうだ。そんな事情から、モチ米と一緒に米が投機の対象になった。

まだはっきりしないが、その米投機に大手商社が動きだし、農村で強引に米をかき集めている、と業界はいう。有力企業や商社の投機行為は、土地、株、繊維、木材、大豆と手をひろげてきた。そして今度は米だ。もうかる話なら何でもやる。片っぱしから買占める。

資本主義経済のもとでは投機すなわち悪とはいえない。しかし、金にものをいわせてモノを買占め、力ずくで消費者物価をつりあげる、となると話は違ってくる。大会社が大豆で大もうけし、一方、そのため養老院では値上り分だけ豆腐が小さくなったりした。こういう話は我慢できない。

土地や株なら、まあ、あきらめもつくけれど「主食の米まで買占めるとは。世も末だよ」と世間ではあきれている。ふだん立派そうなことをいう大企業経営者には、町の声が聞えないのか。（48・2・17）

石油が足りない

石油が足りなくて米国で大騒ぎしている。ある州では暖房用燃料が切れ、学校や工場が休んだ。別の州ではバスが夜間運休になった。航空用燃料が間にあわなくて欠航した旅客機があった。

去年の暮れ、米空軍が北ベトナムに史上最大の爆撃をした時も、じつは当時、米軍には十分な燃料の手持ちがなかったそうだ。石油会社はどこも民需をみたすのに精一杯で、軍の注文に応じきれなかったからである。米国のエネルギー危機はもう戦争どころではない段階にきていたわけだ。

危機の深刻さを示す話はいくらでもある。ニューヨーク市では、この冬、大気汚染防止の規則をまげて硫黄分の多い燃料を使ってよいことにした。環境問題は一時たなあげ、ということだろう。春から夏にかけて、次は第二次大戦中のようなガソリン割当制がはじまるかも知れないという。

ホワイトハウスがまた、燃料節約の具体案をこまごまと示した。たとえば、洗たく機による温水消費を減らすよう冷水洗剤の使用を奨励すること。熱が逃げやすいオーブンの販売を禁止すること。より多く自然光を利用するため事務所や工場の窓を大きくすること。

ところで、米国は世界一の産油国である。それでも足りなくて年々の石油消費量の約三五％を輸入しているが、九九％までを海外に依存している日本に比べれば、はるかに恵まれた資源大国のはずだ。その米国でいま、将来の石油資源枯渇を心配して「危機だ。大変だ」と大騒ぎしている。

石油不足は世界中のことだし、ほんとうは資源小国の日本でこそ、もっと騒ぎになっていい。しかし、日本ではまだ燃料危機や石油節約の声は不思議に小さい。どうなって

いるのだろう。（48・2・18）

今日の命は風まかせ

町を歩いて不思議の一つは、「頭上注意」というハリ紙だ。工事中のビルでよく見かける。いつ何が落ちてくるかもわからないから、上を向いて歩きなさい。落ちてきたときは、間一髪、横っとびにお逃げなさいということか。天下の往来を私する神経も、ここまでくれば超一流だ。

五日の夕方、東京・銀座のソニー・ビルにつけた広告板が落ち、逃げおくれた八人が重軽傷を負った。ケガをした人が「気づいたときは、時すでにおそかった」といっているが、まことにその通りだろう。この大看板は、条例による許可も受けず、法律による建築確認もとっていなかったというからこれもまたひどい話だ。

この事故の翌朝、現場の歩道わきに、広告主、広告社、ビル所有者連名の「お詫び」の立札が出た。お詫びは結構なのだが、文中「展示物が強風のため一部落下し――」と書いてあるのに、いささか首をかしげた。

言葉ジリをとらえるようで恐縮だが、これでは、何やら当日の風にも責任がありそうにきこえてくる。この日の風速は毎秒七―一〇メートル。事故の起った午後六時二十分の最大瞬間風速は、一七、八メートルだった。この程度なら、毎度おなじみの春の突風だ。

過去十年の統計をとっても、一五メートル以上の風が吹く日は、東京で年平均七日はある。そのたびに「強風」のせいにされたら、風の神もさぞ迷惑だろう。看板が落ちたのは「工事の手抜き」のためであって、「強風」のせいではない。ちょっとした風が吹いても、看板がとび、角材が落ちてくる。今年になって、東京だけで十五人のケガ人を出したそうだ。「外装美麗」で、林立するビルはどれもぴかぴか。そこにべたべたとはりつけた看板は、風でゆらゆら。その下をゆく歩行者の命は風まかせとは、何ともやりきれぬ「にっぽん風景」ではないか。(48・3・7)

順法闘争

朝な夕な、つらい一週間だった。電車に向って突進し、けっとばされながらの悪戦苦闘をくり返した。月曜から、さらにきびしいものにならなければよいが。日曜のひととき、「本陣」で一息ついたサラリーマン戦士たちは、妻子になぐさめられ、戦傷をいやしつつ、あすのいくさに備えなければならない。

一体なんのために、電車や列車が毎日ノロノロ走らねばならぬのかが、まずもってわからない。身にしみてわかるのは、自分たちがどんな目にあっているかということ。しかも過去一年間の首都圏で、日曜をのぞくと、平均四日ごとに「順法闘争」があるという事実だ。

たとえば組合の言い分は、過密線区は「二人乗務制」にすべきだという。当局は「運転保安は大丈夫だ」とやり返す。「一人だと居眠りをしやすい」といえば、「二人だとおしゃべりで気が散る」という。「全部の無人踏切を立体交差にしろ」と組合はいい、当局は「いわれなくても、やっている」という。

こういう話合いは大いに結構。それが人の命をあずかる国鉄人の誇りだし、責任というものだろう。だがどうしてもわからないのは、両方の意見がちがったからといって、電車を満足に走らせないことだ。

組合と当局がはげしくやり合っているのは、実は、乗客の安全を思ってのことだと解釈していたが、どうやらこちらの錯覚らしい。この一週間のモミ合いで、六十三人が東京でケガをした。シビレをきらした乗客三百人が、非常コックでドアを開け、線路を歩いたというが、まかりちがえば大惨事になったろう。

第三者を巻きぞえにし、とにかくさわいでもらえば戦い有利というのでは、「大衆との連帯」が泣く。迷惑をかけても、悪評をかっても、世間の騒ぎになればよいというハイジャック的発想につながっていないか。(48・3・11)

地下道の静寂

東京の都心の、日比谷交差点から大手町までの間に、一直線の長い地下道が通っている。地図で測ると一キロ半ぐらいある。時々、この地下道をぶらぶら歩く。端から端まで二十分はかかる。

殺風景といえば、これほど殺風景な道はない。地上に出れば、一方は背たけのそろったビル街、一方は皇居前広場でおほりに水鳥が遊んでいる。東京でいちばん整った、美しい一角である。地下道のほうには空がない。風も緑も動かない。真四角で、無愛想なコンクリートの穴ぐらが続く。

しかし、地下道でいいのは静かさだ。車の騒音がない。壁ごしに地下鉄の音が響く時以外は、しん、としている。昼間も人通りが少なくて遠くの足音が、こつ、こつ、と聞えてくる。この道は、たっぷり二十分、考えながら歩くことができる。こういう道が、ほかに町なかにあるかと思う。

「人は何メートルぐらい歩くと乗物に乗りたがるか」を調べた交通調査がある。その日の天気や混雑度でも違うが、欧州の都会では人は大体四百メートルは歩く。それ以上になると乗る。同じ調査で、東京人は三百メートルが限度で、それ以上歩くのは苦痛だ、という結果がでている。

それだけ日本人の足が弱くなったからだ、とは考えにくい。それほど日本の都会が歩くのに苦痛の多い町になったからに違いない。車の騒音、排気ガスにはじまって、事故の恐怖、何メートルかおきの信号、駆出さないと渡れない交差点、ガードレール、歩道橋。こないだは看板が歩道に降った。

もうみんな半ば慣れ、半ばあきらめて気がつかないでいるが、どんなに車が横暴か。どんなに町が荒れすさんでいるか。時々静かな地下道をぶらぶら歩いてみると、それが実によくわかる。（48・3・19）

コンピューターと社会

この間、東京の三菱銀行本店のコンピューターが故障したら、百四十支店の業務がいっせいにストップしてしまった。給料日をひかえ、詰めかけたお客で混乱した支店もあったそうだ。

新幹線のコンピューターが狂い出し、「こだま」が間ちがった線路を走った事故も、昨年秋にあった。コンピューターは社会の神経組織になっているので、どこかで切断されるとたちまち全身マヒに陥る。「コンピューターを制するものは世界を制す」といわれる由縁だ。

コンピューターの王者、米国のＩＢＭがこんど、日本市場での三―九％の値下げを発表した。その自由化をめぐって日米がはげしくわたり合っている最中、このガリバー殿はいよいよ小人国上陸の準備にはいったのだろうか。

ＩＢＭ帝国の強さは、かねて定評がある。世界で六割のシェアをもち、日本の業界を全部合わせても、この会社の十七分の一の売上げにしかならない。百二十六カ国に一〇〇％出資の子会社があり、日本アイ・ビー・エムの昨年度申告所得は、日本の大企業と肩をならべて十三位だった。

何億ドルもの研究費を投じ、技術水準の高さは他を寄せつけない。製品を売らずに貸すというレンタル方式も、豊富な資金力のせいだ。この方式だと利用者は、いつでも新製品に取りかえられる。米国の巨大企業ＧＥやＲＣＡも、ＩＢＭに挑戦して敗退した。ちなみに、五〇年代にコンピューターを自由化したヨーロッパでは、西独、仏、イタリアなどが軒なみに、その足下にひれ伏した。

日本だけは保護政策に守られて、コンピューターの半分を国産品でまかなってきた。政府は開発研究費を出したり、業界を再編成して、来たるべき一騎打ちの実力をつけるよう指導していたが、そこに今度の値下げだ。巨人の足音が不気味に、刻一刻と近づいてくる。（48・4・1）

新・節約時代

関西のある企業が、節約という言葉から、何を連想するかと、各年齢層に問いかけた。中年の男「ぜいたくは敵」「束縛」「一円玉」「駅弁はまずフタの裏から」。よくわかる。涙ぐましいほどわかる。が小学生となると、発想はもうまるで違ってくる。「マンガの本の回し読み」「テレビの公開録画をみにいく。タダ」「貧乏」「寝てみるテレビ」。金を使わず、タダで楽しむ要領の良さ。辛抱、我慢という中年的節約は、こどもの発想の中には、ほとんど影もとどめていない。

新節約時代だという。主婦連や地婦連は買いびかえ運動を始めるそうだし、石油も遠からず切符制になるかもしれない。消費は美徳だなどとあおった国も財界も、ひところの話は夢だと忘れてしまえという。いわれてみればたしかにムダやぜいたくが多過ぎる。

昔、男がいた。節倹を信条として万事つましく、ムダをしない。川で顔を洗っても、使うのは水オケ一杯に限っている。ただの水でも、もったいないと思う心。それが大切だ、見習いなさいと、修身の先生は、生徒をさとした。わかったようでわからぬ話だった。

それをわからぬままに、ともかく節約第一と信じ込み、民族耐乏と、国策に沿い、沿わされていたのが、明治以来の日本人だった。そして戦後。節約しようにも、節すべき物がなく、着のみ着のまま、せめて節約でもできる身分になりたいと願った。そして、消費は美徳の時代がくる。

高度成長の中で、節約は風化していった。昔をひきずったおとなと、乏しさを知らない子と、意識は天と地ほどにずれてしまった。おとなは、まだ、駅弁のフタの裏についた米つぶを食べることはできる。が、こどもはそれを、みみっちく、貧乏だとさげすむだろう。新・節約時代。乗切るには、骨が折れそうである。(48・4・2)

別荘ブームの陰で

なにかがはやり出すと、たちまちとめどもなくなるのが、日本というお国がらだ。なにしろ、バスに乗りおくれるのがなによりきらいな人間がそろっている。つぎからつぎに、なになにブームの起るゆえんだ。

かててくわえて、政治がいったいどっちを向いているのか、さっぱりわからんという強い不安があるからたまらない。列島改造、それ土地買占めとなり、インフレムードに一億総物マニアとなる。かくて土地もなくなれば、物価のあがり方も天井知らずだ。

そんななかでこのところめざましいのが、別荘ブーム。あなた九十九里、わたしは信濃、週末は業者の別荘地下見会のバスが、国中を右往左往するありさまだ。緑のなかの暮しを、いまが買いどきと、そのPRも猛烈をきわめる。はじめから、すぐには住めぬが先が楽しみ、といった投機のすすめもある。

別荘地を買うのももはや社長族ではなく、ごくごくふつうのサラリーマンたち。なかには、カッコいいからといった人もあろう。だが、どうせ町なかでは家は持てぬから、せめて、といった人たちも少なくない。「オレたちゃ町には住めないからに」の雪山讃歌の、とんだバリエーションである。

ところがやっと手に入れたその別荘地に、いまや問題山積といわれる。土地だけでせいいっぱい、といった人も多いので、広い野原に家はチラホラ、さしずめ時代劇のロケに使えそうなところがある。管理の目が届かず、家具などの盗難続出がニュースになったところもある。こまぎれすぎて、隣の騒音に悩まされたりもする。

別荘がこれだけ大衆化した以上、風致保存の意味からも、ここは地方自治体がもっと積極的に、安心できる別荘地づくりをやったらどうか。そうでないといまに、全国の山紫水明の地が、別荘地という名のゴーストタウンになりかねない。(48・4・9)

余暇の過ごし方

せっかくの大型連休も、国鉄などのゼネストの後遺症が残って、ちょっと出足をくじかれた格好だが、よほど悪い天気でも続かない限りは、ことしもまた行楽人口は三千万人に達するだろう。

なにしろ、一年中で一番いい季節である。都会の汚れた環境からぬけ出し、気分転換をやりたくなるのも当然のことだ。だが、これほど多くの人間が、一斉に、狭い日本の中で動き出しては、どこへ行っても混雑がつきまとう。ストを奇貨として、ことしの連休は、外へ出かけないという「抵抗」を試みてはどうだろう。

たまたま通産省の外郭団体、余暇開発センターが、七年後の日本のレジャーがどんな風になるか、その展望図を示してみせた。これによると、週休二日は完全に定着し、長期休暇も加えて、休日は年間百六十一日にもなる。国民の考え方も、余暇を楽しむために働く方向に変るという。

これはおそらく正しい予測だろう。ただ、そのころまでに平均以上に伸びるレジャーの種類が、旅行とかゴルフ、スキーなどとなっているのは、正しい予測かも知れないが、心情的にはあまり賛成したくはない。それらは、依然として、現在の、規格型、外出型レジャーの延長線上にあるからだ。

まして、こういう余暇社会のために、政府や企業が、「遊び場所」をたくさん作ったり、「遊び方」を知らせる必要がある、という意見には、一層ひっかかるものを感じる。「遊び場所」を作ることは、レジャー業者のもうけにつながるだろうし、「遊び方」の指導は、従来の画一化をさらにしいる結果になるのではないか。

教えてほしいのは、むしろ、そういうところへわざわざ遊びに出かけなくとも、各人が充実感を味わえる過ごし方なのだ。余暇というものを、もっと個性的、精神的にとらえる考え方なのである。（48・4・29）

長者番付

所得日本一のご感想は――「ベリ、ベリ、ハッピー。神さまの祝福です」。東京麻布の土地を売って、日本一になった中国生れの範さん、比奈子さん夫妻は、金持ケンカせずで、いかにも愛想よく楽しそうにみえた。

信心が足りないせいか、それにしても神さまはちっともこちらに顔を向けてくれない。毎年五月の長者番付発表は、いつもわれわれを憂うつにさせる。中身のからっぽのコイのぼりを見ては、また身につまされる。そしてムラムラと怒りが、燃え上がる。範さんに恨みはないが、世の中が狂っているとしか思えない。

こんど発表された億万長者百人のうち、九十四人が土地成金だった。昨年は九十五人だった。ふところ手で何もせず、ほんの少々の土地を切売りしただけで、まともな人間が一生はたらいても手にできない大金が、ころがり込んでくる。

番付十二位の社長さんは、新宿の土地を坪（三・三平方メートル）当り二千万円で売った。坪二千万といってもピンとこないが、一万円札を十枚ずつ束にして地面にびっしり並べないと、この金額にはならない。札幌郊外では、放ったらかしの田畑を売って、百戸の農家に百三十億円がはいったという。

土地問題は、日本の資本主義の危機をさえ予感させるものがある。第一に、個々の税制や思いつきの土地開放策では収拾できぬところまで病状がすすんでいる。第二に、「勤労」とか「仕事」といった社会倫理が説得力をもてなくなるほど、人の心を荒廃させる現実をつくっている。

「黄金をして土の価に同じからしめる」というのが、中国では政治の理想とされてきた。黄金などは土くれの価と同じほど安くて、必要なくなるようなユートピアを作るという意味である。「土をして黄金の価と同じからしめる」政治に対しては、さてなんというべきなのか。（48・5・3）

中絶とピルの自由化

経済的な理由では妊娠中絶を認めないという「優生保護法改正案」に、賛否両論がはげしい。中絶自由化にブレーキをかけようという動きが起ってきたわけだが、中絶禁止のフランスでは、政府がウーマンパワーの攻勢で法改正を約束させられたというニュースが出ていた。

日本では毎年二百万人の赤ちゃんが生れるが、「十人誕生の陰に八人の中絶あり」という厚生省調査はショックだ。「中絶天国」といわれる悪評は承知のうえだが、これはひどすぎる。この事実の背景には「夫婦の三分の二が受胎調節をし、その三分の一が失敗して妊娠する」という、もう一つの事実がある。

ほとんどの先進国で使われているピル（経口避妊薬）が、なぜ日本だけ許されないのか。月経六日目から毎日一錠ずつ、二十日間飲めば、ほとんど完全に失敗を防ぐことができる。ピルを認めたのは、アメリカでは十一年前、中国では七年前だった。

ピル反対論を聞いてみた。肥ったり、血栓《けっせん》性の症状が出たりする副作用、それに長期常用の影響が本当にはわかっていないという医学上の理由をあげる。第二に、医薬分業のない日本では乱用の恐れがある、安直に解決できるので性モラルの乱れに拍車をかけるといった社会的な理由である。

ピル派によれば、副作用は使い方次第だ。毎年百数十万人を中絶し、母体を傷つけ、危険にさらしている現状とどちらの弊害が大きいかを考えるべきだという。むずかしい問題だが、たとえば「医師の監督」といった留保をつけ、その自由化を考えるべきだろう。

ピルは、性と妊娠との分離を決定的に進めるし、女性は避妊を男性に頼むのではなく、自分の意思で決められるようになる。月一回飲めばよいという新薬も、研究中だそうだ。人間の歴史に、ピルは静かな革命をもたらしつつある。(48・5・13)

右翼と社会

右翼のいやがらせで、群馬県水上温泉も日教組大会を返上した。先日は伊豆の伊東温泉で断られ、こんどの水上町も「住民の反対が強すぎる」という理由で、旅館組合がおじ気づいてしまったようだ。

日教組大会に右翼がいやがらせをするのは毎年のことだが、年ごとにひどくなってきた。またそのやり方がまことに陰湿で、卑劣千万な感じがする。水上町の例でも、役場や旅館に電話をかけ「日本刀で切る」「手投げ弾を投げつけてやる」とおどしたそうだ。もちろん偽名を使うし、脅迫罪にならぬよう「注意してあげるだけだ」という前置きも忘れない。昨年六月の秋田大会には二百数十人が押しかけ、会場に発煙筒を投げたり、機動隊に宣伝カーで突込んだりした。

いつの大会でも「赤い日教組」「外国の手先」といった、使い古しのスローガンをバカの一つ覚えのように繰返すが、日本の教育を真面目に考えようとする態度はひとカケラもない。ただわめき散らすだけなのは、自分たちに主張といえるほどの主張もなく、相手を説得するだけの内容も持合わせないからではないか。

伊東、水上と相ついだ成功に、右翼団体は勝利のサカズキをあげているというから、これからの戦術がエスカレートするのは目に見えている。新憲法ができて二十六年を経たのに、日本の中にまだこうした現実があるとは、おどろくばかりで言葉もない。

それにつけても残念なことは、脅迫に屈してしまった伊東と水上の住民たちである。

良識ある人たちが理不尽なことに目をつぶり、事なかれ主義にこもるなら、人間の自由も権利も、紙切れになってしまうだろう。警察も右翼のことになると、学生騒動を取締まるときの、あの熱意がどこかに消えてしまうと思うのは、われわれの誤解だろうか。（48・5・17）

剣山の大蛇

四国の剣山で大蛇《だいじゃ》が出現した。なにしろ、同時に見た四人が「胴まわりは電柱ぐらい、首はプロパンガス・ボンベの頭ぐらい、全長は十メートルぐらい」というのだから、途方もない大蛇である。

さっそく徳島県穴吹町で探検隊がつくられ、きょうの日曜日にマイクロバス三台に分乗して、出かけることになった。専門家たちは「こわいから大きく見えたんですよ」と、頭から信用しない。大きなアオダイショウでも、せいぜい二、三メートルだそうだ。竜頭蛇尾というように、捕えてみれば、大蛇のシッポ程度なのかも知れない。しかし探検隊員は保険に加入し、勇躍、危地に赴かんとする。

雪男を見つけるためにテレビ会社を辞めて、ヒマラヤを歩きまわっていた人がいる。

作家森村桂さんのご亭主、谷口正彦さんで、「足跡は見つけたのですが、切立つ岩壁で消えていました」と話してくれた。その顔をのぞき込んで「ほんとにいるんですか」と聞くと、「信じてませんよ。雪男の正体がわかったらつまりませんね」と答えた。

スコットランドのネス湖では湖畔に住みついて、あかずに水面を見て暮している人たちがいる。怪獣ネッシーの目撃者は三千人になった。頭の写真、ヒレの写真、上半身の写真、いろいろと証拠写真は披露されるのだが、決定打はない。「ネッシーはとても恥ずかしがり屋なんだ」といいながら、湖面に目をこらす人は絶えない。

森と空と湖にかこまれたネス湖の古城を訪れるのは、子どもだけではない。大人たちも、じっと湖面を見つづける。万に一つの幸運で、突然、ネッシーが姿を見せるかも知れぬという淡い期待がある。しかし湖は、ただ青く静かで、何事も起らない。童話を失った大人たちの、悲しい横顔だけが残る。

剣山の大蛇よ、捕まらぬうちに、早く逃げろ、逃げろ。（48・6・10）

警察の求人難

お巡りさんの「オイコラ」は鹿児島方言で、兵隊さんの「デアリマス」は山口方言だ。

「オイコラ」には、東京警視庁の大警視（総監）を初代から六代まで独占した、薩摩閥の強さがあらわれている。「デアリマス」の方は、昔日の長州軍閥の畳々たる大山脈をうかがわせるに十分だ。

もちろん、いまのお巡りさんは「オイコラ」とは言わない。「もしもし、あなた」と、ソフトムードでいく。ところが「もしもし、あなた」といくら勧誘しても、警官のなり手が少なくて困っている。

警察庁の高橋長官が「来年度からの警官週休二日制」を指示したのも、募集難が大きな理由らしい。十年前には警官採用の競争率が四倍だったが、最近は三・五倍に下がった。ピストルを持ち、強大な公権力を行使する職務だから、厳しい採用条件は守りたいが、その障害は高度成長にある。

「被服支給、宿舎完備」といったセールス・ポイントに、もはや魅力はない。待遇も、大企業とくらべられたら歯が立たない。そこであの手、この手とチエをしぼっている。さっそうと白バイに乗る美男警官のポスターも作った。男っぽさムードに乗って、「男子一生の仕事」と訴えもした。

「あなたも外国留学ができます」というポスターを出した警察署もあったが、ウソではないにしても、やや誇大広告の気味ありという声も出た。戦後に「あなたも警視総監になれます」という募集ポスターが、ちょっと物議をかもしたことがある。

使命感だけで、つらい仕事をしようという若者が少なくなった。デートをするので「日曜は休みたい」といわれて、「市民が休むとき、寝るときこそ警察は必要だ」と幹部は切歯《せっし》扼腕《やくわん》する。全国警官の四五％は三十歳未満となったそうで、世代の波がひたひたと警察にも打寄せている。（48・6・13）

スーパースターを抱えた弱み

先日、久しぶりに後楽園球場にいってみた。弱体といわれる巨人の投手陣が、案の定、打たれはじめると、すかさず「弱い者いじめするな」というヤジがとんで、巨人ファンを苦笑させていた。

盛者《しょうじゃ》必衰は世のならいとはいえ、今年の巨人はどうにもさえない。かつて「くたばれジャイアンツ」といわれ、他を寄せつけず、優勝に優勝を重ねたころの面影はない。それでも「結局、優勝するんじゃないか」と予想する人が多いのは、やはり王者の貫禄というものだろう。

二、三年前までは強すぎるので、悪口もさかんだった。川上野球はコセコセ野球だ。石橋どころかテツ（哲）の橋をたたいて渡る、というのが他のファンのシャクの種だっ

も「面白味のない点取り野球」といわれて、川上監督が「獅子《しし》はウサギを取るときも全力をつくす」とやり返したことがある。

いまは全力を挙げても、ウサギを逃がしてしまうことが多い。寄る年波に、獅子の息切れがみえてきた。今年も、あるいは九連勝を飾るかも知れぬが、それは余裕をもって獲物をほふる姿ではないだろう。ミスター・ジャイアンツ、長嶋は三十七歳になった。王も三十三歳だ。レギュラー選手の平均年齢は三一・五歳、十二球団中の最高齢チームである。

おそらく栄光の巨人軍が示す教訓の一つは、スーパースターをもつ球団は、その強さがかえって弱点になるということだ。後継者には、先輩にとてもかなわないというあきらめが起る。責任者にしても、理屈でわかってはいるが、若者を登用しなければならないという切羽詰った気持にはなれない。それが新陳代謝を弱める結果となる。

必ずしも野球だけの話ではない。(48・6・18)

暴れる不動産

銀行のお得意まわりが、クサヤをぶら下げてやってきた。「先日、田舎に帰ったので、手土産です」と置いた。どこの田舎か、せんさくはやめにした。デパートの物産展か、駅の名店街で買ってきたのかも知れない。クサヤのにおいをかぎながら、銀行商法のはげしさを思った。

大都会では、不動産学校が花盛りだそうだ。どんな人が勉強しているのかと問合わせたら、銀行マンが多いという返事だ。金を貸したり、預かったりするときに、不動産取引に関係することが多くなってきた。不動産の知識を仕入れないと、有能な銀行マンになれない。

そこで通信教育を受け、「宅地建物取引主任者」や「土地家屋調査士」などの資格を取る。資格をとれば、自分の月給も上がる。つまり不動産学校がふえたのは、不動産取引がふえたためだ。この三年間に、全国の不動産業者は、五万七千人から七万九千人になった。警察庁の発表では、一カ月間の土地不正取引の摘発で、後楽園球場の五百倍の広さの土地がヤリ玉に上がった。

まじめな業者も多いが、ひどい話もある。雨が降れば川底になる土地を五億円で売った。自然公園や風致地区まで、書類だけで売ってしまう。山林、農地を手に入れるため、農業委員に金をばらまく。許可もとらずに、幻のゴルフ場の会員募集をした人もいた。

二十一年前につくった「宅地建物取引業法」という法律は、その後、九回も改正されたが、暴れまわる土地を取押えられない。法律と悪徳のイタチごっこは、悪徳の足の方がはやくて、逃げられてしまうこともある。不動産で動く金額は大きいから、一生の苦労を台なしにする悲劇もよく耳にする。

話と実物は同じからず。「不動産」は、時として「不同産」に化けて、人をだます。

（48・6・20）

銘柄米の政治学

「おいしい米」の品種と産地を、農林省が決めた。このお墨つきは、昨年の七十八から百六にふやしたそうだが、うまい米がそれだけふえたのか、どうかは知らない。いずれにしても、米の流通量の六割が銘柄になる時代となった。

「米のうまい、まずいをどう決めるのか」と食糧庁に問い合わせたら「業者、生産者の意見を聞いて、総合判断する」という返事だった。「政治家にきく」とは決していわなかった。しかし「銘柄を決めるのは味でなく政治だ」という疑いは一向にはれない。

一般の人にも、電気ガマでたいた米を味見してもらって参考にしているともいうが、お米がまずいか、うまいかを役所が決めるというのは、もともと分かりにくい話である。舌ざわり、ねばり、甘み、光り具合など、米の味は複雑微妙で個人差も大きい。この春、全国地婦連が七百人の主婦に、値段を明かさない「目かくし味テスト」をやってみたら、安い米の方に人気が集まるという皮肉な結果が出た。

銘柄米がどんどんふえれば、米屋は利益の少ない標準価格米をますます敬遠するだろう。また新しく銘柄に指定された米の値は上がり、いままで名の通った銘柄米はなおさら貴重になって、これもまた上がるということにならないか。それに主婦にとっては、いくら銘柄をいわれても、自分の買う米が表示通りであるかどうかに何の保証もない。「高い米、安い米を混ぜ合わせた方がおいしい」と米屋さんはいう。その通りかも知れないが、だからといって、それが口実に使われているのかどうかも知るすべはない。「銘柄をふやすのは消費者サービスだ」と政府は甘言を用いるが、結局、あてにならない商標信仰ばかりがあおられる。

それほど消費者のためを思っているなら、表示の方にも手を打ってもらいたい。

（48・7・17）

暑さと屋内偏向

いま大阪は暑くて暗い。節電でビルの廊下は減灯し、エレベーターも間引き運転。デパートなどは事務所の冷房を止め、窓ぎわの電気を消している。

それにしても、なぜこんなに暑いのか。建てこんだ鉄筋のビル、くまなく舗装された道。それが熱を吸いこんで放さない。層をなして空にたまっているチリがまた、地表の放熱をさまたげている。それに熱源が、ごみごみぎしぎしと地上いっぱいにつまっている。走る発電所という車があふれ、ビル、工場は、ふんだんに熱をはき出す。

家の中もまた暑い。暑いからクーラーをつける。屋外につき出した排気口からは、湯のような空気が噴き出す。外が暑ければ暑いだけ、ありとあらゆるクーラーがフル回転し、外気をあたため、より一層外は暑くなる。悪循環とはまさにこのことではないか。

最近の日本は、屋内偏向型とでも呼べそうである。中を冷やすために、外を犠牲にしてはばからない。ビルの内部は快適だが、一歩外に出れば地獄だ。工場だって、敷地内は安全でも、排水口からは危険な廃液を流し出す。庭作りなどというものも、屋内的体質の現れかもしれない。外から自然を切り取ってきて、屋内的小自然を作りあげ、主人一人が楽しんでいる。

庭の一木一草を愛するその主人が、いったん、外に出ると、ゴミは捨てる。木は折る。公園の花を引っこ抜く。悪いことは「水に流す」という。流される側の水にとっては、たまったものじゃないが、流す方の人間は、少しもそれを悪いこととは思わない。日本が自然愛好国民だなどとは、いかにもそらぞらしい。

生きがいがないから、生きがい論が盛んになる。緑だ、公園だ、屋外スポーツだと、ヒステリックに叫んでいるのも、屋内偏向の裏返しだといえるかもしれない。（48・7・20）

車を締め出す夜の銀座

夜の銀座から、車が締め出されるという。歩行者天国からはじまって、今度は夜の規制だ。時間的にも、場所的にも、ともかく車の場は、波がひたすように狭まっていく。車天国などという言葉も、もう長い間、聞かない。

銀座で腹の立つのは車だ。お迎えの白ナンバーやら、客待ちのタクシーが、細い道いっぱいに埋まって、排ガスをまき散らす。銀座では、歩いている人間がアホウなのだという。まさに逆転した錯覚が、錯覚でなくなってくるような、狂いがある。

銀座に限らず、都会の〝新地〟などと呼ばれるところは、どこも同じだ。歩行者としては、銀座が車追放に踏み切ってくれたことは、何としてもうれしいことだ。銀座と名の付く日本中の銀座が、右にならってくれるといい。

ほめたいのは、銀座の店の主人たちである。店によっては、損も覚悟せねばならぬ。

が、店の損得と歩行者の快適さと、いったいどちらを選ぶかという段になって、店は損の方を取った。その心意気、これまた学ぶべきである。

しかし、長い目で見ればその損はいつか償われる。売りかつ買うという人間の行為には、習慣化した惰性がある。銀座に車が必要であるという断定にも、惰性化した側面はあろう。習慣を一度つきくずしてみることも、時としては必要なのである。

大阪の交通事情は、いま全国一悪いといわれる。特にいけないのが、五の日と十のつく日だ。この日に集金するのが大阪の商習慣で、そのため、大阪中が、車で身動きがつかなくなる。損得に抜け目のないという大阪商人が、この時間の損を損と思わず、いっこうに五十《ゴト》日の大混雑は改まらない。

「みだりに、新しきことに手をそむるべからず」とは、大阪・船場の商家が伝える家訓だが、新しいことから目をそむけても、かえって損をする。(48・8・7)

警察のイメージ

このところ警察に対する風当たりが強い。「強すぎる」と警察はご不満だろうが、市民は警察を頼りにしているだけに、警官の不祥事が起こると、きびしい目で警察を批判しがちだ。ともかく対警察への市民感情は、複雑に屈折して、ややこしい。

警察には、うかがい知れぬ秘密があるように、市民は思う。たしかに警察とは、内部的にかばい立て意識の強いところだ。新聞記者が、いちばん取材しにくいのは、警官の起こした事件である。法の権威にかかわるから、つい内輪にということになり、その度が過ぎて、秘密性が強まる。

若い人は、警察というとジュラルミンのタテを思う。いやおうなしに襲いかかってくる、圧倒的な力と、重いクツ音。あの力に巻き込まれたものにとって、警察のイメージは、一般とはまるで違ったものになっているはずだ。

また別にテレビに登場する刑事――警官のイメージがある。人情味に厚く、仕事熱心で、金がなく、強く、命をかけて犯人を追う。そしてほとんど例外なしに、刑事は勝つ。悪は善の前に屈する。警察学校に入りたての若ものでさえ、刑事をあこがれるそうだ。

警察当局は「警察を正しく理解してほしい」という。しかし、警察に対するイメージは、人みなそれぞれに違う。イメージの違いによって、正しさの基準も変わる。警察は「正しく理解して」という前に「警察を信頼してほしい」と、いうべきなのだ。

こどもが川に落ちた。警官が飛びこんで助ける。「警官が人を助けるのは当然じゃないか。当然のことをなぜもてはやすのか」などと、いう人もあれば、「警官だから、それができた」とほめる人もある。見方はさまざまだが、共通した心理はある。「せめて

警察だけは、頭から信頼したい。させて欲しい」という祈りに近い気持ちなのである。（48・9・13）

おたがいの言い分

あちら立てればこちらが立たず、といった住民対立のニュースをよく見かける。東北・上越新幹線で、首都圏の知事と地方の知事が対立しているのも、その例だろう。五十二年春の両新幹線の完工を、首を長くして待っている人たちがいる。それをテコにして、地域開発を飛躍させようという地元の情熱はよくわかる。しかし東京、埼玉の沿線の人には、おいそれとそれをOKできない理由が十分にある。「赤ん坊が乳をのまなくなった」「ステレオの針が飛ぶ」といった新幹線の実情を、いやというほど聞かされているからである。国鉄も車両を改造したり、防音壁をつくるといったチエをしぼってはいるが、まあ、コウヤク張りだ。住民にしてみれば、前車のワダチは踏みたくない。

別の話で、国立公園の利用料を取ろうというニュースがあった。国立公園で処理するゴミは、年々ふえる一方だ。国立公園をもっている知事たちが「都会の観光客はゴミは捨て放題、し尿はたれ流しなのに、その後始末を地元住民に負担させるのは納得できぬ」と憤慨するのは、まことにもっともに思える。

そこで「汚染者負担の原則」により料金をとり、清掃費にまわしたいといっている。反論もある。そもそも「国立公園」とは、読んで字のごとく、国が国費で管理し、維持すべきものだ。それにきちんと後始末する人からも、「汚染者負担」で金をとるとは心外な理屈だという。

新幹線にしろ、国立公園にしろ、足して二で割ったり、三方一両損のようなチエはない。しかし、おたがいに言い分を投げ合いながら、結局、環境は悪くなるばかりだった、といういままでの教訓はかみしめる必要がある。大瀑布《ばくふ》に向かって流される小舟の上で、口角アワをとばしている乗り合い客に似ていないか。(48・9・14)

うますぎる不正

公共団体が宅地を分譲する。市価で三・三平方メートル五十万円もするものが、十万円足らずだから、当然、応募者が殺到する。だから時には千倍以上の競争率になることもある。

落選しても不平が出ないのは、それが公平に分譲されているという建前が、一般に信じられているからだろう。建前の裏側とは、えてしてどろどろときたないものだが、大阪府が造成した千里ニュータウンの裏口分譲は、建前がいかに見事に破られるかの、典型的な見本である。

問題になった地区は、新住宅市街地開発法という法律にもとづいて開発された。法の趣旨は、人口集中の激しい都市周辺に、良好な宅地や市街地を造成するというものだ。そのために道路、下水、水道と、公共投資が集中的に行われる。造成された土地には、税金をつぎこんでいるのだから、分譲する時は公募が建前で、厳正公平な抽選によらなければならない。

ところが、そこに裏があった。府の内部に、秘密の要項が作られ、府の幹部職員や有力者、その妻子にまで、お手盛り分譲が行われていたというのである。要項をみて驚くのは、裏を作る役人の知恵のめぐりが、あまりにも良すぎるということだ。

たとえば裏口分譲できる宅地として「宅地の位置または品位が公募に適さないところ」というのがある。品位などという、どうにでも解釈のつく言葉を考えつき、それを自由自在に操って、法のウラをかく。せっかくの新住法も、この種の言葉の魔力には勝てない。実体は骨抜きにされてしまい、単なる言葉のアヤで、見事に法は破られている。しょせんはヤミの取引だから、かげではもっと汚れたことが行われているかも知れない。そして千里の火事は、千里だけのものとはいえぬのではないか。府県に、悪ヂエのたけた役人がおり、顔やコネがまかり通っているとすれば、不正の火ダネはどこにでもあるからだ。（48・10・14）

楽観世代

現在の暮らしや世の中をどう考えているかについて、本社で世論調査をした。それによると、このつらい浮世で二十歳から二十四歳までの女性がもっとも楽観的な世代らしい。

いまの生活について、満足派が不満足派より多かった。景気の見通しについても、「よくなる」と答えた比率が一番大きい。モノ不足の見通しも「ひどくならない」と答えた人の方が、「ひどくなる」という人より多かった。

「生活が苦しくなる」と答えた人も、この年齢層ではその理由に「モノ不足」をあげている。他の年齢の女性が「物価高」を筆頭にあげているのにくらべて、嫁入り前の余裕というべきか、ムード調というべきなのか。

この女性層はジャルパック世代でもあり、ディスカバー・ジャパン世代でもある。結婚前の男女が、旅行社の新婚旅行係に相談にくる。「ここはいかがですか」と担当者がすすめると「よさそうだね」というのは男性。「あら、そこ行ったことあるわ」というのは女性の方だそうだ。

彼女たちが「楽観世代」であるのは、むかしの花嫁修業のための家事手伝いとちがって、いまは勤めに出ているせいだろう。それに昨今の親の物分かりはよすぎるぐらいで、がみがみと小言はいわない。また男女の賃金差も、この年齢ではそれほどひどくはない。青息吐息の中年サラリーマンとちがって、高い初任給という有利な給与体系もある。

衣服や身の回りの物を買うのに給料を自由に使えるし、冬はスキー、夏は海とレジャーも楽しめる。調査では「来年にかける夢」を聞かれて「夢がない」という答えが多かったが、この世代だけは十人に一人が「結婚」と答えた。「二十四歳はおハダの曲がり角」だそうだが、さて楽観の曲がり角でもあるのかな。(48・12・20)

ゆく年——一九七三年をかえりみて

きょう、明日で今年が終わる。一九七三年、昭和四十八年の閉幕を前に、この一年を振り返ってみたい。ちょうど大みそかの借金取りのように、積年のツケが殺到した年だった。浮かれ浮かれた揚句のツケを払い切れず、年を越さねばならぬという思いが強い。まずインフレが無情、冷酷だった。消費者物価は四月以後、毎月、前年同月比一〇％以上の上がりようで、しかも月がたつほど、ひどくなった。高度成長行進曲にうつつを抜かした請求書が、やはり忘れずに回ってきた。

公害のツケもたっぷりときた。三月の水俣判決を最後に、四大公害訴訟の判決も出そろったが、どれも企業の責任をきびしく責めるものだった。石油不足は年末になって、日本列島をショック症状に追い込んだ。石油の上に咲き乱れる日本という「ひよわな花」の、あだ花ぶりがさらけ出された。

明るいニュースといえば、これだけ車がふえながら交通事故死が目立って減ったことだが、戦後最高記録の焼死者という明暗が表裏をなしている。世界をみると、米ソ核戦争といった切迫した話がなくなったのはうれしい。

ニクソン大統領にもウォーターゲートというツケが回ってきたようで、その火消しで手いっぱいにみえた。よく知らない国を知った一年でもあった。サウジアラビア、イラン、クウェートといった国々の一挙一動に、一喜一憂した。金大中事件が起こり、近くて遠い韓国についてのわれわれの無知は、恥ずかしいほどだった。

ゆく年、そしてゆく人。自由人の気骨を貫いた石橋湛山《たんざん》の大往生。最後まで筆を捨てなかった大佛《おさらぎ》次郎の壮烈な死。そして偉大な二人のパブロ、絵画のピカソとチェロのカ

ザルス。同じ人間であることで、われわれに誇りを持たせてくれるような人々が亡くなった。(48・12・30)

足元をみなおそう

きのう七日が本格的な仕事始めになった。六日の晩に、いなかから帰ってきたが、いや汽車がこんで。それでも車より、やっぱり汽車の方が楽でいい。という話に始まって、道がどこもがらがらだったと驚いている。

たしかによくすいていた。停滞がない。信号も気にならない。二十年前の交通量だと、沿道の人はいう。東名、名神、中央の高速道は、暮れから三が日にかけて、軒並み二—三割も車は減った。例年なら、正月にはいると二—三割増が普通だが、それが逆に減ったとは、実質的には、大変な減りようなのである。

事故死者も減った。三が日の死者は全国で百六人と、昨年より四十六人の減である。交通戦争だ、交通地獄だと、いくら声を大きくしても、どうにもならなかった死者が、給油の規制と、ガソリンの値上げで、たちまち減る。つまり日本には車が多すぎる、入りきれないところに、入りすぎているということなのだろう。

車組はどこへ行ったのか。遠出をさけて、もっぱら周辺を選んだ。だから遊園地が、大繁盛したという。故郷へは帰らない。身近に親兄弟もいない。狭いアパート暮らしで、行けるところといえば遊園地ぐらいである。国民休暇村もマイカー組のキャンセルが相次ぎ、代わりに近くの人たちがどっとやってきた。

ディスカバー・ジャパンなどと、遠出の旅は、今年ははやらなくなるよと、旅行の専門家がいっている。年末、ニューヨーク・タイムスの日曜版の旅行ページは、ニューヨーク市内から、歩くか、バスで行くか、そんな場所を特集した。遠い、遠い空ばかりみつめていると、目が回る。足もとも、忘れてはならないはずだが、われわれ、空の彼方ばかり気にしすぎてきた。

周辺を見直し、正月、人は近くの映画館や寄席につめかけた。大阪のある映画館は、邦洋画興行史上、空前の観客を集めたという。映画の名は「日本沈没」である。（49・1・8）

マスキー法と日本のよさ

日本が間違いなく世界の先進国だと思ったのは、きょう告示される自動車排ガス規制である。来年度は世界でもっとも厳しい基準を守ることになった。もくろみ通りにいけば、一酸化炭素と炭化水素はいまの一割、窒素酸化物は半分近くまで減ることになる。その結果、首都圏で車がはき出す一酸化炭素と炭化水素の総量は四十一、二年ごろに戻るだろうというから、自動車が当時の三倍以上にふえたことを考えれば、画期的な規制であることが分かる。

この問題に火をつけた米国のマスキー法は、自動車業界に押されて、その実施を延期せざるを得ない状態である。他の国でも、日本ほど厳しいアミをかぶせているところはない。その点で日本人のきまじめさが力量を発揮したのだと、少々自慢してもよいところだ。

大手自動車業界は「米国も規制を延期したのだから日本も見習った方がよい」と、抵抗をつづけたそうである。「日本だけ厳しくすると、外国輸入車締め出しの策謀だと受けとられて、評判をおとす」という理由もあげていた。業界の深刻さが分からぬではないが、こういう言い方にはちょっと三百代言のにおいがする。

三年前にマスキー法が成立したときも、これはガソリン内燃機関禁止法にひとしいと猛反撃を浴びた。米国でも日本でも、業界は「技術的に不可能でナンセンスだ」と開き直った。しかし顧みて、もしマスキー法がなかったら低公害の技術がいまほど進んだであろうか。もしマスキー法が日の目をみなかったら、東洋工業や本田技研が世界の先頭を切って、低公害車の開発に社運をかけたであろうか。
いいかえれば技術の目標とは、いまの技術水準から想定された延長線にあるというより、むしろ人間の必要のためには現状から飛躍せざるを得ぬところに、本当の目標があるのではないか。（49・1・21）

抗生物質の功罪

「ペニシリンの発見」は世界的なニュースだったが、「ペニシリンの報道」も日本の報道史上に残っている。戦争末期の昭和十九年一月に、朝日新聞の今井ブエノスアイレス特派員がその効能をはじめて日本に打電した。

「英国のチャーチル首相はペニシリンのおかげで、たった二日間で肺炎から命拾いした」。当時としては人を驚かせる第一報だった。その年の十一月には、ドイツ側の資料をもとに森永製菓の工場がペニシリンの工業生産をはじめたが、このペニシリンを第一号にして、現在の日本には約六十種類の抗生物質が使われている。

種痘やポリオなどのワクチンを作るときも、殺菌用にペニシリンを使っているが、こんど厚生省がこれをやめるという方針を決めた。霊薬も万能ではなく、その副作用の恐ろしさが問題になってきたからだ。

新しい抗生物質がつぎつぎに作られるが、いったん町に出ると、まもなくその耐性菌が現れて薬がきかなくなる。そこでまた新しい抗生物質が作り出され、その耐性菌がまたできる。科学と自然の競争がつづいてきたわけだが、このままほうっておいたら、イタチゴッコの運動場にされている人体は耐性菌でウヨウヨになってしまう。

また抗生物質の副作用は耐性菌だけでなく、「ペニシリン・ショック」で知られているように、過敏体質の人にはアレルギー・ショックが命取りにもなる。ショックはペニシリンによる場合が多いが、その他の抗生物質でも起こり得る。

抗生物質はまた、それをまぜた飼料をたべる家畜や養殖魚を通じてもはいってくる。数年前から問題になり、出荷前何日間は配合飼料をあたえない、抗生物質に色素を入れて完全に排出されるまでは青い牛乳が出るようにするなど、いろいろな規制をしているようだが、ワクチンに限らず、抗生物質の流通経路は厳重に、息長く監視願いたい。

(49・1・22)

飛行機か、新幹線か

東京―大阪間の航空料金だけ二倍に引き上げようという案を、運輸省で考えているそうだ。一石二鳥、三鳥の妙案だという。

四月から日航と全日空が二倍の客を運べる大型ジェット機を飛ばすが、便数を半分にして騒音も半減させたい。これだけ値上げすれば乗客の増加を食いとめられるだろう、また値上げ分は騒音対策費にまわそうという考えもある。

つまりこの案のねらいは、住民の騒音反対を説得することにあるらしい。料金が高くてもやはり航空機がよい、という人からたっぷりおカネをいただくのも一案だが、問題は複雑で、すっきりと割り切れぬ点も出てくる。

空港に騒音をまき散らすのは、東京、大阪間を発着する航空機だけではない。どこへ向かって飛び立とうと、どこから来て着陸しようと騒音には変わりないのに、東京―大阪間の客だけが迷惑料を負担するのはおかしいという声は当然出てこよう。

またこの区間だけ料金を倍増すると、たとえば東京―大阪の料金は一万四千六百円、東京から大阪経由で高知まではそれより安い一万一千八百円という奇妙な結果になってしまう。いっそのこといまの通行税のように、騒音税をすべての航空料金に加算して徴収したらどうであろう。

それにしても東京―大阪便二十八往復が、毎日ほぼ満席だというのはなかなか理解しにくいことだ。東京―大阪の旅では空路派と鉄路派がよく議論する。値段は新幹線グリーンの方が千百七十円安い。東京・丸の内と大阪・難波間の所要時間をとると、空路は一時間ちょっと節約になる。

そのかわり飛行機は降りたり、乗りかえたりと時間がコマ切れになる。空の発着時間はやや心もとないが、新幹線も雪や雷に弱い。空から見る富士はすばらしいが、車窓に見る田園もまた捨てがたい。(49・1・29)

数字の読み方

「数字は何ものをも容赦せぬ冷酷な現実であり、曖昧《あいまい》や感傷をもたぬ生々しい象徴」と、織田作之助が西鶴新論の中で書いている。数字に弱い新聞記者が、数字を避けられないという理由も、たしかにその辺にある。

数字をうまく読む人がいる。数の圧力で攻め立てられると、感傷的な反発などではとても立ち向かえない。田中首相の「数字」は、強力な武器として使われる。政府が出す白書のたぐいも、武器は数字であり、数字であるかぎり説得力を持つ。

犯罪白書が出た。刑法犯総数は戦後はじめて百二十万台を割り、検挙率も五七・八%と、過去五年間の最高だった前年を〇・六%上回った。まことに結構な数字だが、たとえばこの検挙率を「まだ四二・二%が未検挙」と表現すれば、イメージはたちまち逆転する。

それに犯罪は都市部で減る代わりに、郊外地で逆にふえている。犯罪のドーナツ化、拡散である。それを単純に「減った」といえるかどうか。「数で見るかぎり」では、見えないものもたくさんあるということである。

暴力金融業者の関口は殺し屋をやとって四人の人を殺した。殺しの代金は一人、百一百五十万円である。子殺し、親殺しがふえている。コイン・ロッカーが、死体の捨て場に使われている。金にからむ犯罪となると億が単位になった。少年犯罪は、二十五年、三十八年に激増したが、今年はまたそのピークになりそうだという。

汚職役人も近ごろはかしこくなり、現金を受け取らない。商品券は返して、それだけの金額のものを品物で受けとる。関口の事件も件数としては四件だが、殺し屋の登場という中身は、数には現れてこない。

卸売物価指数が、対前年の約三〇%増といわれても、日常的な値上がりの実感とはほど遠い。百二十万件を割ったといわれても、日常的不安感は、少しも減ってくれない。

(49・1・30)

企業の王様

久しぶりで国会に国民の目が集まった。二十五日からはじまった衆院予算委員会の「物価集中審議」に、商社をはじめ大企業のトップが参考人として呼ばれた。企業の策動がこの狂乱物価をもたらしたのではないかと、するどく追及されたのである。

ふだんなら大臣席となるイスに居並んだ社長さんの顔ぶれは多士済々、まさに華麗なる財界代表だった。だが矢つぎ早の質問に答える口調は乱れがち。脱税を指摘され、価格操作のメモなるものをつきつけられ、冷や汗のかき通し。あやまったり弁解したり、優雅な日常からは考えられぬような受難の一日だった。

一年前にも、買い占め、投機問題で国会が調査にのり出したことがあった。だがこのように広範囲の企業が、きびしい〝被告席〟に座らせられたのはこれがはじめて。石油危機に便乗しようとしたのをきっかけに、企業への不信と疑惑が深まった。いま問われているのは企業のあり方そのものである。

だいたいこれまで、企業とはきわめて閉鎖的な社会だった。そのなかでなにが行われているかは、企業機密の名の下におおいかくされて知るよしもなかった。その一端が今度の審議で明るみに出された。企業人の行動基準はなにか、おもて向きのコマーシャルとはうって変わった素顔がうかがわれた。

ぼろもうけがなんでできるのか、需要、供給のバランスにもとづく自由主義経済市場のメカニズムがなぜ働かなくなるのか、といった問題を考えさせられた。そのうち、勢ぞろいした社長さんたちが、あまたの子会社という封建領土を支配する王様の顔にみえてきた。むかしもこんな顔があったな、と思ったことだった。

予算委の記事と並んで、千八百社から二億円余をまきあげた総会屋の話がのっていた。王様たちはこんな親衛隊もたくさんかかえているらしい。だが国会は、少なくとも株主総会にはならないに違いない。（49・2・27）

天下り白書

役人の民間企業就職の状況が発表された。いわゆる「天下り白書」だが、「天下り」と聞くとカチンとくる。不遜《ふそん》千万、国民主権の国なら「天上がり」といってしかるべきだろう。

そうでなくとも近ごろは、政治家や役人が「官民」などと平気でいうようになり、業界も「関係各省の御指導を仰いで」などと媚態《びたい》を呈して恥じない。福沢諭吉流にいえば「官尊民卑は親のカタキでござる」ぐらいの気概を持たないと、役人天下になるばかりである。

役人の民間就職がすべて悪い、とは思わない。優秀な人材が民間で、その経験、能力を生かすことができるなら結構なことだ。ただ、仲間が次官や局長になると、同期生がいっせいに華麗な転職をとげるのは役所だけだろうし、その必要を世間に納得させるのは難しい。

役所の力で仲間を転職させたり、渡り鳥のように二、三年ずつ公社、公団の役員に送って退職金を稼がせるといった「友情」は、人さまに通用するお話ではあるまい。こんどの白書によれば、経企庁次官が退職して三カ月で三井物産顧問になった。

役所のポストと密接な関係のある企業には、離職後二年間は就職できないという法律がある。彼が就職できたのは、つまり次官と商社に密接な関係がないと認められたからだろう。ところがその次官は、投機防止法で商社を監督する立場にあった。人事院の説明では「同法施行六日前に退職したからよろしい」というのだが、子供でももっと上手に人をだます。

経済通に、役人を重役に迎えていない会社をたずねたら、ソニー、本田技研、日立製作所、野村證券、東レの例を教えてくれた。共通点は、国際的な商売をしている、競争のはげしい業界で優良企業である、政治ベースの契約が少ない、社内に抜てき人事の風があることだという。

役人に恨みはないが、こうした会社にいささか声援を送りたい気分になる。（49・3・28）

金持ちになるには

恒例の「長者番付」が発表されたが、「日本一」は八十二歳になる東京の材木商、一年間のかせぎ高は五十一億円だった。

金を持たぬ者が金持ちの話を書くのは、少々気がひける。お金がほしくない、といったらウソになる。さりとて億万長者になる方法を書こうにも、それはこちらが教示を得たいところである。「世の中がおかしい」などと恨みがましい解説をすれば、ひがんでいるとしか受け取ってもらえまい。

「日本一」の長谷川万治さんの経歴を読むと、関東大震災、第二次大戦で大いに手腕をみせて今日の財を築いたという。失礼な言い方かも知れぬが、材木商と呉服商は火事で伸びるとよくいわれる。

紀国屋文左衛門が巨利を得たのは、例の「沖の暗いのに白帆が見える」で、紀州ミカンを風浪をおかして江戸に直送したためといわれるが、それほど大もうけしたにしては文献がないそうである。彼が大尽《だいじん》といわれるほどになったのは、明暦の振袖《ふりそで》火事などの江戸の火事で材木を売ったことだった。

「江戸の火事」を調べている、これも「作家長者」の一人、有吉佐和子さんによると、当時の江戸では、家が三年もたぬほど火事がひんぱんに続いたそうだ。焼けるたびに、建築ブームが起こる。そのインフレ景気を持ち前の豪気と結びつけて、文左衛門は歴史上の分限者《ぶげんしゃ》（＝富豪）になった。

深川の長谷川さんの所得は、土地を売った収入が大部分だというから事情はちがうようだが、その額は平均的サラリーマン二千五百人分だと聞くとため息がでる。金もうけの秘けつを聞かれて「人より働いて、あとはめぐり合わせです」と答えた感想にも、天を仰ぐばかりである。

長者の方々には相すまぬが、「三代つづく分限なし。三代つづく貧乏なし」というそうだから、「三代つづくはずはない」と、いささかわれらの心を慰めようか。（49・5・3）

仏と公害

「公害反対運動史上例のない〝無縁仏持ち込み事件〟」というのが和歌山市内で起こった。同市内の製鉄所とお寺との間で起こったもめごとである。

ゆいしょのある寺があった。横に製鉄所ができた。工場が順調に拡張するにつれて、寺の方は具合が悪くなるばかり、というのは、公害の図式通りだった。振動、騒音、粉じん。お堂や墓石が茶かっ色に変わってしまい、墓石の土台がゆるんでくる。そこへまたガスタンクがやってくることになって、寺は二年前に移転を決め、今月はじめから墓を運び出しはじめた。

檀家としては、なんとも腹に据えかねる。粉じんでよごれた墓を、せめて製鉄所のものに洗わせてやりたい――そう会社に申し入れたが、会社は「わかりました」と答えるだけである。業をにやして檀家総代や住職らが、高さ一・五メートルもある無縁仏三基を、製鉄所の正面玄関に持ち込み座り込みをはじめた。

会社はどうしたか。機動隊でも呼んで取り除かせたか。職員総出で運び出したか。そうではなくて、全面降伏したのである。部長が先頭に立って、タワシでみがいた。職員五人が、寺まで行って、五十基ほどもある無縁仏をすっかり洗いあげた。

こうして騒動は幕となったが、感心するのは、仏さまの力である。「けっとばすにしても相手は仏、罰が当たりそうで」と、若い職員がもらしていたそうだが、その気持ちは、よくわかる。親の仏壇も持たず、墓まいりなどしたこともない、われら不信心、不孝のサラリーマンにして、仏をおそれる。理で説き、法で説かれても、いっこうに動じない企業が、無言の古ぼけた墓石の前には、力を失う。

電力料金の値上げで、電力会社の社員がこういった。「企業と政治の取引で、料金値上げを決める時代はすぎました。公聴会の声が値上げの決定権をにぎっていますね」。民とは仏、無縁にして無言の石仏。けとばせば、足がはれる。(49・5・23)

非情な町

都会の雑踏のなかに暮らしていると、季節の感覚がなくなってしまう。九州はツユ入り、などときくと、おやもうそんな時期かいな、とふっと虚をつかれたような感じになる。そういえば今年はコイのぼりを見たか、見なかったか。

ありとあらゆるものがあって、便利しごくなようでいて、実はそうでもないのが巨大都市だ。たとえばお江戸日本橋あたりで、夜道に迷ったらひと苦労。デパートもオフィスもくらやみにぴったりと戸をとざし、赤電話を探すのも大変だ。起きているのはビルの守衛さんばかりで、なるほどアスファルト・ジャングルとはこのことと思い知らされる。

　高層ビルの集合体は、日ましに人間くさい表情をなくして無機物のようになってゆく。むかしの町はこうではなかった。桑原《くわばら》甲子《きね》雄《お》写真集「東京昭和十一年」などをみるとそれがよく分かる。そこでは貧しいながら、老若男女あらゆる人々が、実にいきいきと町を住みこなしている。都市有情というべきか。

　いまの町が失ってしまったのは、自然や人情だけではない。なによりも、子どもの歓声がきこえない。ランドセルをそこらにほうり出して、路地を走りまわる男の子の姿がない。ナワトビにはしゃぐ女の子もいない。空き地がないだけではなく、学校から塾に直行する子どもたちは、もう遊ぶ時間さえ持ちあわせない。

　それにもうひとつ、町にお年寄りの姿もみかけない。散歩道どころか、日なたぼっこの場所もないから、日がな一日、団地の窓にぼんやりよりかかっている老人ばかりが目にうつる。こうして、子どもと老人を締め出したあとの町を、ブルドーザーばかりがやたらと忙しく走りまわるのだ。

　ひるさがり、はじけるような子どもたちの声があちこちにこだまし、小鳥と遊ぶ老人

がいっぱいだったヨーロッパのあの町、この町を思う。非情な都会はいまの日本の縮図である。(49・5・24)

山はしんどい

あじさいの色があせ、梅雨があけると、学校は夏休みだ。しめっていた日の光が、にわかに乾いて、照りつける。焼きつく。夏は光の季節である。

海には海の、山には山の光がある。よごれた海では、光までよごれているような気がして、つい山にさそわれる。ここ数年の夏山のブームは、海のよごれと並行して進んでいるが、ブームとなればまた事故である。夏山の開いたこの月はじめには、落石のためにもう何人かの死傷者を出している。

「なぜでしょう」と、女性としてははじめてマナスルの頂上を極めた中世古直子さんにたずねたら「ブームの演出がひどすぎる」といった。山へどうぞと、美しいパンフレットがはんらんしているが、山のこわさはひと言もふれていない。パンフレットや旅行業者の話に乗せられて、軽装のままの新婚の二人が、とんでもない高い山の山小屋を、ホテルと信じて飛び込んでくるような例も珍しくはないという。

山には山のトゲがある。だから本当の山好きは、何よりも安全を考える。第五キャンプから八一五六メートルのマナスルの山頂まで、およそ八時間半の行程を、中世古さんは「知らない間に登っていた」という。青い氷がある。白い氷がある。クレバスがあり、岩場がある。ピッケルで足場を切りながら、一歩一歩を踏みしめていく。全身で山のトゲの鋭さを受けとめながら、いつの間にか山頂についていた。

緑、清流、お花畑。パンフレットを頭から信じてはいけない。楽しもうと思えば、「しんどい」ことも当然ある。山は小細工では登れない。どれだけの細工が、最低限必要かということを、古いアルピニストの大島亮吉という人が書いている。

日程にゆとりを。気象に万全の注意を。装備はスタイルよりも実質を。防寒具と雨具は必携。行動食のほかに、必ず非常食を。山小屋では、他人の迷惑にならぬよう――本当に山はしんどいものである。(49・7・20)

甲子園の味

夏の甲子園の野球の味が、薄まってしまったという人がいる。昔の味は、球場食堂のカレーライス、スタンドでかじったカチワリ。そこまでは常識的だが、つぎが面白くて、昔の味はラジオだったというのである。

うだるような午後の町に、実況の声が流れている。墓石のようなかっこうをして、時々けっとばさなくては鳴らない何球とかのスーパー、雑音つきのラジオである。そこから出るアナウンサーの声が、妙に町のけだるさと調和して、夏そのものを感じさせたのだという。

「イヤホンつきのトランジスタ、冷房のきいた部屋のテレビ。それで夏の甲子園が分かってたまるか」と、いわれてみればその通りである。鮮やかな色で、テレビの画面は、細部までとらえているが、何か足りない。球場から雲のようにわきあがるどよめきと熱気は、伝わって来ない。

薄れていない夏の甲子園の味の一つは、暑さである。暑さをスタンドの観衆全員で共有し、いわば暑さの連帯が成立する。球場全体に何か仕掛けをして、いとも涼しい大会にしたとすれば、大会の魅力の大半は、そげ落ちてしまうに違いない。

いまひとつあげれば、それは無償の味とでもいおうか。たとえばそれは審判の諸氏である。全員アマチュアで無報酬で、自家営業の店主もいれば、勤め人もいる。この人たちが日本高校野球連盟の依頼に応じて、全国から集まり、球場のそばで合宿する。合宿中は酒も飲めない。

二時間、時には四時間をグラウンドで立ち尽くす。プレー中にちょっと手洗いにと思っても、その場を離れられない。何よりそれが気掛かりで、暑さより、その方で神経が参る。試合に入れば、ジャッジを誤ってはと、気をはりつめる。切れそうなほど張りつめる。

たいていの人は休暇をもらっての奉仕だが、勤めの近い人は、一ゲーム終えて、出勤する。「そこまで面白いものか」と聞くと、審判氏は「野球を抜けば、僕には何も残らない」と答えた。（49・8・9）

新幹線十年

新幹線の事故が急にふえてきた。七月一日から八月十日までの四十一日間で、ダイヤ通り走ったのはわずか十六日間だった。国鉄は「地震、雷、雨、動労」がつづいたことを理由にあげて「運が悪かった」といわんばかりだが、それればかりではなさそうだ。

パンタグラフが壊れたり、架線が切れたり、信号システムが故障したりといった事故は、偶然の重なりというより体質的なものを感じさせる。この十月一日で、新幹線は開業十年になる。創業のころは一時間に二本ずつ東京を出ていたのが、いまは八本という通勤電車なみの過密ダイヤだ。

はたらきづめのサラリーマンも、勤続十年ともなれば、仕事になれて入社当時の緊張感が薄れ、疲れもたまってくる。小さなミスを内々で処理して、表ざたにしないという要領の良さも身につけてくる。年中無休の新幹線もそろそろ、その時期に入ってきたのではないか。

国鉄は、レールも架線もつぎつぎに新しくしているというが、組合側は、人手不足のため年限のきたレールや架線をきちんと取り替えていないという。われわれにはどちらの主張が正確なのか判断がつきかねるが、いずれにしろ、この辺で初心に戻り、初めて走らせるぐらいの気持ちで総点検してほしい。そうでないと、想像を絶する大惨事が起こらぬとも限るまい。

新幹線を計画したころを振り返ると、当時は反対論がずいぶん強かった。時代おくれの汽車に金をかける愚挙は、世界の三バカ、万里の長城、ピラミッド、戦艦大和に匹敵するとさえいわれた。そうした悪評の中で、新幹線に鉄道の夢を賭《か》けた十河《そごう》総裁は立派だったし、「世界一の新幹線」にチエをしぼった国鉄技術陣は世界の絶賛を浴びた。

だがその優秀な頭脳も、新幹線公害についてはほとんど念頭になかった。初めての「ひかり」は、沿道の万歳と祝福に包まれて走った。十年間に死傷者ゼロという新幹線のすばらしさと、人知の予見の限界とを、十年の歳月にあらためて思う。(49・8・12)

お盆の日本人

お盆の帰省客がどっとくり出していったあと、都会に平穏が訪れた。夏のカンカン照りには必ずといっていいほど光化学スモッグが発生する東京の空も、めずらしく青く澄んだ。道路もひろびろ、電車もゆったり。

仕事を休んだ工場も多く、車の排ガスも少ない。三百万人ほどが故郷に向かって首都の人口は四分の一減った。過密の町からとげとげしさが消えて、帰るところもないまま居残っている市民の間に、そこはかとない連帯感みたいなものまで生まれてくる。このくらいでちょうどいい、東京は大きくなり過ぎたとつくづく思う。

まとまった夏休みをとる人が増えて、帰省客も二、三日の間に集中するようなことはなくなった。子どもたちにゆっくり田舎をみせたい、という家族連れが多くなった。親類縁者一同にあわただしく土産物を配って歩くだけの盆休みではなくなってきた。

この期間だけ日本は熱心な仏教国になる。お坊さんがクルマで檀家をかけまわる書き入れ時だ。ふだんはお経一つ知らぬ信者と、葬式ないしは観光で生計をたてる寺とのはかないご縁、などといまさら皮肉ることもあるまい。久しぶりに仏壇に集まり、祖霊をまつることに意義はある。わが出自を確かめることで人は歴史的存在であることを自覚する。

ところで、おくにはどうでした？　と帰省した人々にきいてみたい。縁側にまだ涼風が吹きぬけていたろうか。子どものころに遊びまわった野も丘もドライブインと工場に占領されるといった滄桑《そうそう》の変が起こってはいなかったか。山には木が植えられず、なしくずしに切り売りされてはいなかったか。

そうだとすれば、都会生活者だけでなくあなた方もまた故郷を失いつつある。われわれにはやはりコンクリート漬《づ》けの未来しか残されてはいないのか。帰りなんいざ田園まさに荒れなんとす、の一句が日本人の心によみがえるのはいつの日のことだろうか。

（49・8・13）

文明と孤独

機械文明が進めば進むほど、人間はだんだん孤独になってゆくようだ。早い話が自動販売機。いままで人間同士が顔つきあわせて物を受け渡ししていた場所に、いまではコインをのみこむ機械だけが鎮座ましましている。

なるほど便利で合理的であるには違いない。だが人と人との出会う機会が日ましに少なくなるのは、やはりさびしいこと。だからたまたま、女車掌さんの乗っている田舎のバスなどにぶつかると、なんとなくホッとしたりする。夜ふけの街角のボックスでカン入りの酒を求めてゆく若者の背中はひどくもの悲しい。

徒歩から車、さらに航空機となるにしたがって、旅の密度はますます薄くなる。その土地の人情に触れるどころか、風景さえろくろく見られない。雲の上をジェット機で飛ぶ旅客は、空虚な空間を移動させられる荷物のようなもの。旅情、などという言葉はもはやひとつの幻想である。

つい百年ほど前まで、人々の多くは自分の生まれ育った町や村のなかで一生を終えた。生活体験も交際の範囲もごく限られたものだった。いまのわれわれは世界のだれとでも自由につきあえる。だがいったい、だれと？　酒盛りでさえ企業ぐるみ、居酒屋で隣の客に話しかけるすべさえ忘れたわれわれは、むかしの村人よりもひとりぼっちだ。

当節、テレビ・タレントに異常な人気が集まり、そのゴシップが細大もらさず売り物にされるのは、なぜか。おそらく人々はその孤独に耐えかねて、だれでもいい、だれかと知り合いたいと望んでいる。タレントとの疑似交友でさびしさを紛らわしているのである。

その要望にこたえるために、いまのタレントはいつもその門をファンに開放していなければならない。津川家から赤ちゃんをさらった若者はそこをねらった。その上、身代金は人に出会わずにすむ自動払戻機で。犯罪にもまた、人間不在の世相が反映されているようである。（49・8・18）

安全性の安全性

「AF2」とは何か。「フリルフラマイド」だという。それは何かと聞くと「2―（2―フリル）―3―（5―ニトロ―2―フリル）アクリル酸アミド」なのだという。言葉が長くなるほど、難しそうな話になる。

「AF2」の安全性で、学者が論争してきた。「AF2飼育の動物実験における群間の有意差検定の危険率」についてである。これもさっぱり分からない。厚相の諮問機関は「安全だ」といい、高橋晄正《こうせい》東大講師は「安全とはいえぬ」といっていることが分かる程度では、われわれに判断のしようがない。

しかしわれわれに分かっていることもある。物は腐る。腐るのは自然だということだ。ところがAF2という食品添加物は至極便利なもので、ハム、ソーセージ、カマボコ、豆腐などに入れると、日が経っても傷まないという魔力がある。

多湿で食中毒の多い日本では、文句なしに重宝な殺菌料だ。日本だけで使われているのもそのせいだろう。だが、腐るものが腐らないというのは、話が少々うますぎる。どこか不自然で、無理なところがあるのではないかと心配になる。

だからこういう添加物を認可するには、慎重を期してほしいと考える。資料は公開され、専門家の間で十分に納得されたものであってほしいと思う。ところが事実はそうではなかったらしい。AF2が遺伝子に突然変異を起こさせるらしいとか、慢性毒性をもつ恐れがあるといわれながら、厚生省も製薬会社も「安全性は保証ずみ」とがん張った。

AF2訴訟を起こしたのも、AF2を使わない運動を続けたのも主婦だった。スーパーも豆腐屋さんも、「AF2は入っていません」と張り紙を出した。そして動物実験で発がん症状が出て、最後のどんじりでAF2禁止を決めたのは、専門家の集まる厚生省と食品衛生調査会だった。

専門家とは、難解な術語で素人の疑いをはぐらかし、改めるに最も憚《はばか》る人たちのことなのか。(49・8・22)

うま味の発見

化学調味料の製法特許が切れ、韓国や台湾から逆上陸しそうだ、と新聞に出ていた。調味料の主成分であるグルタミン酸ソーダは、日本が世界生産量の半分を占めている。それほど独走しているのは、日本人が発明して、世界に売り出したからだろう。

明治四十年のある日、池田菊苗理学博士は食卓に出たコンブの味をかみしめていた。味覚には甘い、酸い、塩からい、苦い、からいの五味があるとされているが、コンブの味はそれだけで説明できない。五味以外に「うま味」とでもいうべき何かがある、と考えた。

さっそく実験に取りかかり、コンブはグルタミン酸塩を成分とし、うまみの秘密がそこにあることを確かめた。池田博士がグルタミン酸を発見したわけではない。うま味をあたえる成分がそれであることを突きとめたのが、彼の世界的な業績だった。

グルタミン酸ははじめ「具留多味酸」と名づけられ、つぎに「味精」、のちに「味の素」として世界に知られた。売れ行きに大打撃をうけたのは、大正になって「ヘビの粉だ」というウワサがまじめに信じられたときだ。「誓って天下に声明す。断じてヘビを原料とせず」という声明文まで出して、切り抜けた。

昔は小麦から作ったが、今はでん粉、糖ミツなどを原料にしている。石油を原料にして、食品公害で問題になったこともある。耳カキでそっとすくって、貴重品扱いにした時代もあったが、戦後はふりかけ方式になった。容器の穴をほんの少々大きくしたら売り上げがぐんと伸びたという話は有名だが、会社に聞くと事実無根だという。穴の直径はずっと同じだし、穴の数をふやしたこともないそうだ。この話、たいへんよく出来ているので、作り話の方が事実より本当らしさを備えている例かも知れぬ。

今月下旬から「味の素」は一三％の値上げで、他社も追随するらしい。穴の大きさを一三％小さくするメーカーはいませんか。（49・10・18）

専門家への不信

農林省が来年度予算に石油タンパクなど新タンパクの安全基準づくりの研究と微生物タンパク開発の研究費を要求している。石油タンパクをうんぬんする前に、農業の再建がさきではないか。そんな研究はやめろと、東京で「土を生かし石油タンパクを拒否する会」が結成されたそうである。

またまたしろうとの反科学的感情論かと、企業や研究者の間のにがい顔が見えるようだが、「何をしろうとが」という発想は、決して「科学的」ではない。公害の専門家が、どれだけあやまった結論を出して来たか、政治の専門家が、どんな失策を重ねたか、実例は山ほどある。専門家への不信は、現代のきわ立った特徴だともいえるだろう。

「学際的研究」という言葉がある。専門の違う学者同士が、お互いに専門外の立場から一つの問題を追求していくという研究の方法だが、つまりそれは「しろうと論」の科学的活用だともいえる。新タンパクについては、まず「庶民的研究」が必要なのである。

食糧危機がくるということは、しろうとにもよく分かる。人工的食料を、いずれ食べねばならぬ時が来そうなことも、なんとなく分かる。そんな研究をやめてしまえとまでは、いわないにしても、その前に、もっとしなければならないことがあるではないかと、だれもが考えている。

「土を生かし」というのもよくわかる。本当にいいものは、土につながっている。プラスチックの皿より、土の焼き物がいいし、新建材より、本物の木がいい。なじみがあって、安心なのである。研究から実用へと、一足とびに飛躍してしまうと、なんとなく不安だ。そしてそのしろうとの不安が次々と実証される。新建材、新薬。

去年の五月、富山県下で乳牛の病死が続出した。農林省が今年になって出した結論によると、石油化学合成飼料をふくむ配合飼料を「生理上の適応性をこえて与えたため」

であるという。過ぎたるは及ばざるがごとし。せいては事をし損じる。しろうとはすぐそんな格言を思い出す。（49・12・6）

当たり前はなくなった

経団連の土光会長が、景気は冷え過ぎだ、冷やし過ぎだといっている。一方で東京都新財源構想研究会というところが、大企業の税金が安すぎる、法人税制の抜本的改革が必要だと提言した。

サラリーマン同盟の青木さんは「国民（弱者）は賃上げ率で一歩譲ろう。その代わり財界（強者）は独禁法改正で二歩譲れ」という。警察庁では、大都市の交通総量の一〇%削減をめどに、いろいろな規制を強化するよう、指示を出した。アメリカでは、車のリベート商法が大当たりに当たって、売れ悩んでいた車がにわかに売れ出したという。

とりとめのない話だが、共通しているのは、ぎりぎり追いつめられた感情だろう。財界は仕事がほしいし、サラリーマンは物価高が苦しい。このままではだめだと財界は絶叫しているけれど、本当だろうか、そんなに税金もまけてもらってと弱者は疑い、不信の根ばかり深めている。

都市交通も限界に来た。高度経済成長を支えてきた自動車さまであったが、その行状がいささか横暴にすぎた。車至上主義の経済パターンに水がかかり、それを並の形にかえそうという力が働く。しかし便利な車をにわかに捨てさせるのはたいへんだし、上からの「抑制」もやむをえないということになってくる。

といって、その対策が「決め手」であるといい切れるほど、有効であるかどうかは、だれもよく分からない。いまは「分からない時代」だといった評論家がいた。地方政治をみていても、あるところでは社共が共闘し、その隣では社共が決定的に対立する。きのうの敵は今日の友、政治の世界もあまり融通がききすぎて、なんのことやらよく分からぬようになってくる。

ひとつ、これまで当たり前で通ってきたことが、どうやら当たり前でないことだけは分かってきた。「当たり前」のバスに、のんびり乗っていては、それこそ時代おくれと笑われる。(50・1・29)

芝居「天下り」

建設省の役人が民間会社に入るとき、持参金代わりに、その会社に公共事業を請け負わせるという内々の約束をする。それを、建設省は見ぬふりをしているらしい。役人を迎えれば、工事予定価格をこっそり教えてもらえるし、落札できるので、会社も歓迎だ。こういう実態を総評などの団体が明らかにした。

その「疑惑工事一覧表」のなかから、Aさんの場合を紹介しよう。大学の土木を出て建設省に入り、四十代なかばで広島県の工事事務所長になった。肩をたたかれて、辞めてほしいといわれる年齢も近づいてくる。技術屋だからそれほど応用のきく転職はできない。

ある大手の土建会社にチャンスがあった。嫁入りの持参金は、自分の管轄する道路拡張工事である。退職して、支店の部長になった。その一カ月半後、この会社は落札に成功した。局長の金庫の中で「極秘」とされているはずの工事予定価格は一億六千二百七十万円。落札値は同額で、一円の狂いもなかった。

Aさんは自分がヤリ玉にあげられるのは不公平だ、と思っているに違いない。こんなことは常識だ、とみんないっている。地方の所長だけが悪いのではない。東京の高級官僚は大企業の幹部になったり、業界の応援で選挙に出たりしているではないか。

建設省だけが悪いのではない。他の官庁だって同じようなことをしているではないか。役人だけが悪いのではない。政治家と企業はもっと大がかりな野合をしているではないか。顧みて他を言う理屈はキリがない。

疑惑をつきつけられて、建設省の責任者は「徹底的に直していきたい」と答えている。本音だろうか。ここはまあ、頭を下げていれば風はいずれおさまる、とふんでいないだろうか。年中行事のように「天下り批判」が起こり、「厳重に注意する」という役所の答弁で幕が下りる。

同じ筋書きのお芝居をくり返さぬためにも、国会に関係者を呼び、徹底的に「本音」を追及したらどうだろう。(50・2・1)

技術の目標とは

「中央公害対策審議会騒音振動部会特殊騒音専門委員会」。舌をかみそうな、おそろしく長い名前だ。もし目にも「騒音」が分かるなら、ずいぶん騒々しい名称だが、この委員会が新幹線騒音についての答申原案を作った。なかなか思いきった内容である。

沿線の騒音を住宅地では七〇ホン以下に、商工業地区では七五ホン以下に、どちらも十年以内に達成しなさい、といっている。防音や音源の技術を開発しても、これに間に合わないときは、沿線の住民に移転してもらう補償をしなさい。それでもうまくいかない場合は、新幹線のスピードを落としたり、運転回数をへらすことも考えなさい、と示唆している。

この案をつきつけられて、国鉄は少々焼けっぱち気分にみえる。「新幹線だけですみそうにはない。国鉄の線路全部をそうしろということになれば、鉄道事業をやめるしかない」という。この基準通りにするためには、新幹線で一兆二千億円の金がかかるとも反論している。

答申原案を作った委員長の方は「そんなにかからない」といって、納得しない。騒音そのものを減らすことについて、国鉄が「技術的にあまり見込みがない」といえば、委員長は「技術改善の余地は十分ある」。「新幹線が国民経済にはたす役割を考えてほしい」という国鉄の言い分には、「だからといって沿線住民を苦しめることは許されない」といった調子だ。

この平行線の論議のどちらが正しいのか。正直いって素人には分からない。ただ一つ、技術の目標はあれか、これかの一つだけでないことは知っている。新幹線にとって、経済的な利点は大きな目的だ。地方の人の便利もある。だが、騒音、振動で人を苦しめないことも同じように大切である。

つまり、現在は矛盾した要求と考えられるものを克服することが、技術の本当の目標でなければなるまい。スピードを上げ、人や物を効率的に運ぶことだけを重点目標にすることは、目の前のことには合理的だが、大局についての不合理をもたらす結果にもな

る。（50・3・18）

これからの再開発

大阪市の北東部に毛馬《けま》という地域がある。昔は一面の田んぼで、まん中に紡績工場が一つあった。ちょっと雨が降ると水づかりで、道はぬかるみ、晴れた日には砂がもうもうと舞い上がっていた。いつかそこに家が建ち、府市営、公団の住宅が並び、学校もできた。

が、戦後のこうした町のご多分にもれず、道はよくない、公共施設も乏しい、学校も狭いということで、根本的な大改造をすることになった。紡績工場の敷地の一部二・三ヘクタールを買収して、新しいアパートを建てる。そこに、古い公営住宅の人をいれ、公営住宅の跡地は、公園にするとか、老人憩の家を建てるとか、いわゆる〝ころがし方式〟による再開発である。

言葉はいいが、いざやる段になると、行きづまってしまうのが再開発の常である。役所がこうしたいといっても、住民がうんといわなければ、手のつけようがない。ところが毛馬の場合、住民の反応は、悪くはないという。住民はつぎのようにいっているそうである。

「これまでの役所といえば、家は建てるが、学校の面倒は見ない。家も道も学校もマーケットも、住民にしてみれば、お互いに密接に関連し合う切実な要求であって、役所の何局何部が〝担当〟だなどとよく分からない。よく分からずに談じ込むと、あの部、この部とふり回される。

しかしこんどは、役所全体が、この事業に目を向け、総力をあげていてくれる。タテ割り行政のタライ回しがない点が安心なのだ」と。毛馬開発はいま始まったばかりで、これからどう発展するかは未知数でしかないが、ただ一つ、役所がタテ割りに固執するかぎり、住民の不信は解けないという事実を明かしただけで、大きな意味があると思う。

先進国に追いつくためと、国の省庁は、めいめい勝手に仕事を進め、産業基盤の整備に心を砕いて来た。そのかげで国民の住宅環境や衛生面はなおざりにされて来た。タテ割りの、いわばいびつな行政を、どう改めていくか、統一地方選挙も終わったところで、新しい首長、議員さんに御一考願いたい。（50・5・1）

日本のゴルフ

社団法人のゴルフ場が全国に三十カ所あるという。公益法人なるがゆえに減税の恩典に浴し、うち九カ所は公有地を借りている。だが経費は会員制で、もうけもがっぽり。メンバーには各界の名士がずらり、優雅なプレーを楽しんでいる。

せち辛い世の中に、こんな結構な商売があるとは知らなかった。国会でも問題にされ、スポーツ振興ということで認可した文部省では、だれでも入れるパブリックコースに変えるよう行政指導に乗り出すという。まことに当然のことだが、ゴルフ場側ではおいそれとウンと言いそうもない。ゴルフ普及につくした役割を無視するのかと反発の気構えだそうな。

なるほどゴルフがこれほど盛んになったのは、社団法人氏の〝功績〟かもしれない。だがもうひとつよく分からないのは、ゴルフがいったいどんな〝公益〟をもたらしたのか、ということだ。こうまでして、ゴルフというスポーツを振興させる必要があったのかどうか。もうけ本位だとか、会員制だとかよりも、根本的な問題はそれだ。そもそも公益法人ゴルフ場の存在は妥当なりや否や。

十八ホールならだいたい七、八十万平方メートルからの、べらぼうな広さが要る。ほっておけば森になるゆたかな土壌を、むりやり押さえつけて芝を植える。そんなゴルフ場が全国でもう九百カ所になんなんとしている。計画中のものまでふくめると、その総面積は大阪に匹敵するとの説もある。一億一千万人がひしめきあって住む四つの島のうちの一つの府が、ゴルフ王国に割譲されたということだ。

山にも湖畔にも、いたるところ金アミが張りめぐらされ、電車を待つホームでは雨ガサをクラブに見立てた素振りがおさかん。日本人とはまさに馬車馬民族、いまや一億一心火の玉となってボールたたきに精を出している。狭い日本をますます狭くし、社用の聖徳太子をまき散らしながら。

最高裁は去る二月、ゴルフはレジャーなりとの結論を出した。さらに一言つけくわえるならば、日本のそれは、すぐれて政治的なレジャーである。（50・5・15）

負けっぷりの美学

「負けっぷりがいい」という。負けて怒らず、くよくよせず、さわやかでさえある。つまり負け方の美学で、などと説明しかけると、負けて何がさわやかなものかと、突っぱねられる。勝った方がええにきまってる、という。そうには違いなかろうけれど、どうもまだ釈然としない。

巨人軍がよく負けている。セ・リーグの最後尾を、あえぎながら走っている。が、観客動員数は、去年を上回っているそうである。ブレーキのジョンソンが打つかもしれない。サエた堀内が見られるかもしれない。強かった巨人軍の強いところが見られるかもしれない。つまりこれを「かもしれぬ人気」とでも呼ぼうか。

相撲の貴ノ花は「不安人気だそうで」というと、「ハラハラ人気はどうだね」とうまいことをいう人もある。腹腹時計のグループに、はらはらさせられ、貴ノ花のはらはら相撲にはらはらする。ひょっとすかされて泳ぎ、あわやというところを立て直して、しがみつくようにして投げをうつ。きまる。

負けっぷりがいいかというと、そうあざやかな負けっぷりでもない。巨人軍の負けっぷりは、まことにしおしおとして、歯がゆいくらいだ。弱さ歴然としている。サマセット・モームの小説「月と六ペンス」に、チェスをする主人公（画家ゴーギャンを想定したといわれる）がこう描かれている。

黙り込んでいるかと思うと、急に上きげんでしゃべり出す。毒舌だが野性的な皮肉があって、かんかんに腹を立ててもその魅力に抗しきれず、また彼の相手をしてしまう。モームのいう、「野性的な皮肉」は、いまのところ巨人軍にはない。それでも人は集まり、巨人軍を見る。なぜだろう。

強すぎるもの、偉大すぎるものは、遠い。弱すぎるもの、卑小すぎるものは、近すぎる。偉大なるものが、近くに落ち、弱すぎるものが、強くなる。盛者必衰と立身美談の定型である。ただし弱いものがいつまでたっても弱く、強いものがいつまでも強くては、人気にならない。（50・5・25）

国鉄の広告が訴えること

きのうから「国鉄は訴える」という、一ページ大の新聞広告が出ている。全国の九つの新聞に三日間連載するそうで、運賃を二倍にさせてほしいという説得作戦だ。作戦費用はざっと二億円、という。

国鉄は国民の財産であり、その台所がどれほど絶望的な状態にあるかが分かりやすく説明されている。一日に二十一億円ずつ赤字を出し、累積赤字は三兆一千億円になる。借りられるだけ借りまくって、借金は六兆七千億円。しかも、現状を抜け出す見込みはさらにない。

広告文は綿々と窮状を訴えているというより、さあ、どうしてくれるんだ、と開き直った感じが強い。「その場しのぎはもうご免です」といい、あなたは本当に国鉄を必要としますか、必要なら経費がかかりますという言い方もしている。

二倍の値上げはひどいといわれるだろうが「いままでの上げ方が低かったのだ」と言いきるところなど、単刀直入の戦略である。これを読んで、反発したり、おこりだす人は多いはずだ。開き直りだけは勇ましいが、自分たちの合理化や企業努力を語る言葉がはなはだ少ないではないか、という反論は当然出る。

この広告は、そうした反論を十分に予想して、こういいたいのだろう。もちろん合理化の努力は欠かせないが、それが百パーセント実現したとしてもこの破産状態を救えるものではないと。読んだ人をおこらせるのも、計算ずみらしい。

おこることは真剣になり、身を入れることであり、事情を知るきっかけになることもある。国民に無関心でいられるより、おこってもらう方が問題の動くチャンスがあるという判断だ。高度成長時代には、広告は消費者に渡す甘い恋文のようなものだった。お客さまを神さま、仏さまとたてまつって、ひたすらお願いするという調子でやってきた。だがいまの世間を納得させるには、そうしたムードでは不十分だ。説得の論理を必要とする。国鉄の挑戦的な広告は、そこをねらっているのだろう。(50・6・17)

さまざまな登山

富士山が一日に山開きした。富士登山は、鎌倉末期から室町時代にかけて盛んになったそうで、吉田口、大宮口などという登山口が開かれるのも、十四世紀のはじめごろだという。天保十四年、千三百六十八人が登山したなどという記録も残っている。

山開きとは、一種の信仰の行事で、ふだん霊山として立ち入りを禁じている山を「夏期に、短いのは一日、長いのは富士山の五十五日、大和大峰山の百四十日間、俗人に開放して登山を許す慣例」（世界山岳百科事典）から来たものだという。

山の専門家にいわせると「山開きといわれても、さっぱり季節感がない」。山はほとんど年中開いている。開発が進むから、いっそう季節を問わないことになり、それでまた開発が進む。たとえば立山・室堂を書いたルポを読むとこんな調子だ。富山から私鉄、ケーブル、高原バスを乗り継いでいく。

目の前に赤屋根のビルがある。立山銀座と呼ばれるホテルとバスのターミナル・ビルだ。続いてトンネルバスに乗り、ロープウェー、地下ケーブルカーに乗る。ホテルの朝四時、電話が鳴り、「ご来光バスが出ますよ」と起こしてくれる。なにしろ新婚さんが、駅で見送りを受けたそのままの、ひらひらスカートとサンダルばきで、やってくるというのだから、山の開化はすさまじい。

無季節、無節操の低い山は、本当の山好きには耐えられないので、本格登山が試みられる。この春、ネパールヒマラヤを目ざした日本隊は史上空前の九隊百十四人、また七月から九月にかけて、カラコルムへ十数隊が遠征するという。ところでその遠征隊だが、最近の特徴は、スポンサーなしの自費でいくようになったことだという。何年も前に登山許可をとって、こつこつと貯金する。この五月の日本女性エベレスト登山隊一人の費用は平均百八十万円で、みんな貯金だった。

あるアルピニストは「金持ちは、遠征などにいきません」という。なぜかと聞くと「金持ちは、金の力で、手近なものを楽しむことしか知らない」と答えた。（50・7・3）

名医の素質

昨年は出題が事前に漏れたと疑われた医師国家試験は、この春もまた一騒動だったようだ。「今度はこれが出るゾ」というので、受験生はうわさの問題入手に血眼となった。

結果はアテはずれで、「まともに教科書と取り組んでいた方がよかった」の嘆きしきりのよし。

医師の卵の質の低下が心配される。だいたいこの試験はふつうに勉強していればまず合格する、といった性格のもの。医者としての基本常識を問うものだという。それさえ自信のない医学士が多いのでは、患者はたまったものでない。

いまの日本で医者になる方法は二つあるようだ。一つは成績抜群で医学コースの難関を正面突破すること。もう一つは何千万円かを積んで裏門をめざすこと。なぜこんなことになるかといえば、医科教育にはむかしとは比べものにならぬほど金がかかるからだ。ぼうだいな設備と最新の機械をそろえる工面で、私立の医学校はキレイごとだけではやってゆけぬ。

だがこれでは脱落組がでてくるのがむしろ当然といえるだろう。極言すれば、医師もまた二種類に分けられてしまう。秀才組と、だめドクターと。患者にとって不幸なのは、自分のかかる医師がそのどちらであるか判別困難なことだ。またそのどちらにも自分の心身の悩みをじっくりきいてもらえぬことである。

むかしの医院の待合室にはサロンのふんいきがあったが、いまの患者は取り調べを待つ被告の心境。三分間面接の後は検査につぐ検査。まるで自分が一個の物体として扱われているようで、「手術は成功したが生命はダメ」にならねばよいがと心配したくもなってくる。その一方では薬、注射づけで入学金回収にはげむ医師もいるというわけだ。

ごつい医療機械やコンピューター操作は不得手でも、算術プラスアルファ、患者の親身になってくれるお医者さんがほしい。そのために例えば、文科系から開業医になれるといった進学コースを設けることは考えられないものだろうか。数学はできなくても、金はなくても、名医になる素質を持つ学生はいくらもいるはずなのだから。（50・7・20）

対立の図式

沖縄の海洋博は、はじまったとたんに、ご難続きである。日陰の少ない会場だから、日射病で倒れる人が続出する。停電する。人の流れの整理がうまくいかない。会場外では、海洋博反対のデモだ。

東では、成田空港パイプラインに反対して、住民が工事差し止めの訴えを起こしている。消費者米価では、二つの論理が相対立してゆずらない。大蔵省は予算編成に緊縮の方針で、福祉予算とて例外でないそうだが、これはまた対立の要因になりそうだし、自民党議員団が北朝鮮を訪れたのは、党内の対立を呼ぶことになるという。

どこへいっても対立ばかりで、たがいにブレーキをかけあっている。安全運転には、それも必要なことだが、へたなブレーキは、かえって問題をこじらせる。成田空港パイプラインで、新東京国際空港公団は「安全性に問題はない」と住民にブレーキをかけるが、これも避けられない対立なのか。

安全だという建前で、公共工事は進められ、いざ出来あがってみると、安全でない部分がいろいろ出てくる。新幹線の騒音、地下鉄工事のガス爆発。保証付きの安全が、安全でなかったと確認されると、その答弁はきまっている。「不測の事故だった。今後、徹底的に原因を究明する」。

米価が上がれば、ほかの物価も上がりはしないかと、心配すると、大蔵省の主計官は、それはコメ神話のひとつだという。彼によると、コメ代が家計簿に占めるウエートは年々減っている。米飯一食あたりの標準費用はいま二十二円だが、こんど米代が上がってもせいぜい二十五円にしかならない。「コーヒー一杯、二、三百円と比べてみてくださいよ」が結論である。

これに対して主婦側は「安くていけないわけはない」という。数字をつきつけられれば、なるほどと思うが、こういう答え方だと、「しかし」と、どうしても続けたくなる。この「しかし」を軽視すると、対立は激化するだけだろう。そっぽ向き合い、背を向け合っているだけでは、この暑さ、どうにもしのぎようがない。（50・7・22）

断絶の問題

総理府の「世代間の理解と連帯を深める懇談会」が、五回の会合を終えてアピールを出した。十代のガールスカウトから、七十代の歌人まで年齢も職業もさまざまな二十二人を集める異色の構成で、世代間の断絶をどう埋めるかを話しあった。

なかなかの熱の入れようだったが結論は平凡なもの。意見の違いをおそれず話し合い、相手の立場に立つ思いやりをもつことで断絶をなくそう、といったことに落ちついた。

それでも、しつけとは、大人が社会的ルールを身をもって示すことだと定義し、早すぎる定年制は老人の生きがいを奪うと訴えたなどは一応の収穫といえよう。

ただ、断絶をどう超えるかということの前に、なぜ断絶が生まれるのかがもっとつっこんで論議されねばならなかった。断絶を生むのは価値観の相違だが、それは必ずしも世代間だけではなく、同じ世代内にもみられる。自分はひとりぼっちだと思いこみ、心をひらいて語りあえる友のいないことを嘆く若者も少なくない。

はじめから価値観を持つことを拒否する人たちもふえている。どうせ世の中なるようにしかならぬ、ならばせつなの刺激を求めて、となる。価値観の相違より、有無の方がより深刻な問題だといえる。みずから虚無の密室に閉じこもる人たちは、決定的に社会に背を向けてしまう。

シラケ時代をつくった責任は政治にもある。図々しい手合いばかりがのさばり、なにごとにも札ビラがものをいうような社会では、価値観を持とうにも持ちようがない。財貨の獲得競争だけに血眼になるのではなく、貧しくとも心ゆたかに暮らせる世の中をめざす政策が望まれる。

「世代懇談会」は、人間のこころの問題をテーマにしたという点では意義があった。ただ、このような会合を実り多いものとするためには、論点をもっとしぼらねばなるまい。三木首相のよく口にする「量から質の社会への転換」といった、より具体的な主題をとりあげたら面白い。それにはどんな政治が、国民にはどんな心がまえが要求されるのか。活発な論議をききたいものである。（50・7・24）

大都市の憂鬱

東京都千五百億円、大阪府千億円、神奈川県五百億円、愛知県五百億円、京都府二百億円。今年度の各自治体の赤字予想額だ。大都市をもつ自治体は、法人からの税収入が大きい。景気のよいときはフトコロも温かかったが、不景気でたちまちお手あげになった。

つまり大都市の革新自治体は高度成長を批判しながら、実は、それに乗って無責任な「人件費」や「福祉」をばらまいてきたのだ、というのが政府の言い分だ。しかし高度成長に悪乗りした大元締めは政府なのだから、目くそ鼻くそを笑うという言い方では寛大にすぎよう。自分のことは口をぬぐって知らぬ顔の半兵衛、というに近い。

四苦八苦の自治体は、出《い》づるを制し、入るを増やすほかはない。昇給をストップし、実質的な定年制をはじめたところもある。蜷川《にながわ》京都府知事は「予算の二割節約」という大号令を発した。黒田大阪府知事もこれにならって「事業費二割カット」だという。

収入を増やす方では、駐車税やヨット税を考えたところもある。東京都のように、企業を優遇している特別減税措置にネライをつけている自治体も多い。だがそれでも収支償わぬときは、赤字公債を出して借金するより手はない。起債を認めるかどうかは、東京の自治省が決める。

もし財政再建団体にされれば、自治体とは名ばかりで、国の統制に服する。会社更生法で管財人を派遣される会社のようなものだ。内務官僚の後裔《こうえい》を自任する自治省の役人にとっては、チャンス到来ということでもある。「道楽息子が不始末をした」「国は人民の父であり、母である」といった明治国家の親権的な精神構造が根強い。

日本の税金は、その七割を自治体が使い三割を国が使う。ところが税収のほうは七割が国に入り、三割しか自治体に入らない。だから国の財布から自治体に分け与える。この仕組みを武器にして、自治省は自治体に攻勢をかけている。中央統制という衣の下のヨロイがちらちら見える。（50・8・11）

志とビジョン

ビジョンがはやる。三木首相の「ライフサイクル計画」に続いて、同盟と国際金属労連日本協議会が「働くものの生涯生活ビジョン」を発表した。万人家を持ち、いつでも学ぶことができ、あたり前の暮らしと、老後を保障されるというのが三木構想。

一八歳就職、二五歳結婚２ＤＫ、三〇歳子供二人３ＤＫ、三六歳千七百万円の持ち家、五二歳長男長女の結婚。その間に冷蔵庫、ステレオ、自動車、クーラー、ピアノ、ゴルフ道具など、きわめて自然に持てるようになる。海外、国内旅行も、無理しないで行ける。それが生涯生活ビジョンの方である。

ちっぽけな志では、大事は成らない。志は大きければ大きいほどいいし、ビジョンもまた結構だろう。いまのわれわれの暮らしが、どんなものか、それを比べる基準として、それなりの意味もある。と思いながら、心の隅《すみ》でしらけている。来年のことも、分からないのに。

「千石万石も米五合」という。千石万石の殿様だって、食べる米は一日五合、千畳敷の部屋で寝られる身分の人でも、寝る場所は一畳でしかない。どんなに欲ばってみても、満たされる欲は限られた、ちっぽけなものだという、面白い言葉だが、未来不安のサラリーマンとしては千石万石とつぶやいていた方が、無難じゃないかなどとも考える。

松田道雄さんが「君たちの天分を生かそう」という本の中で、こんなことを書いていた。小金持ちとはどれほどの財産があればいいか。衣食住にまず困らない。病気になったら家族が困るというのではいけない、映画や芝居もみられ、ピアノぐらいは買え、休みには一週間ぐらいの旅行もできる。そしていちばん大事なのは「年とって、働くのがおっくうになったら、仕事しないでも生活ができる」ことである。

同じ文中に「ぶらぶら遊んで暮らすのは、人間として恥ずかしいことだ」とも松田さんは書いている。車や家が無くてもいい。ただぶらぶらして遊んで暮らさねばならぬようなつらいことだけは、したくない。(50・8・26)

狂乱物価はもうごめん

このごろの町、ひところよりだいぶ静かになったようだ。行楽の秋の出足も、いまひとつ。活気がないと嘆く向きもあろう。だが、わがもの顔の社用族や、年に不相応の札タバを切るえたいの知れぬ連中が減ったのは、悪くない。

ゴルフ場やホテルがすいてきたかわりに、パチンコや映画館に客足が戻ってきた。ナワのれんは大繁盛だが、〝高級〟バーのホステスは賃金カット。歯にしみ通る一杯の酒をなめ、秋色を探るのも日帰りときめている身には、それでいいじゃないかと思える。だいたいいままでがいささか異常だったのだ。

今年度の実質成長率の見通しはまた下がって、二・二%。はっきりしているのはアタマの切り替えが必要ということだろう。高度成長狂騒曲への反省の上に立って、あすの進路を見さだめることだ。過去のひずみを正そう、ゼイ肉をとろうというのだから、それなりの苦労はある。

倒産、失業、就職難と波紋はすでに広がっている。しかしそんな時代はまた、地道に自分の仕事にうちこもうとする人々にとって、一つのチャンスではなかろうか。いままでは役にもたたぬがらくたづくりが、アブク銭をかせぎまくった。ドンブリばちを客の目の前にほうり出すような店員が、ハバをきかせていた。これからはそうはゆくまい。

悪貨が良貨を駆逐するのではなく、ほんとうに質の良いものだけが選ばれる。虚業は衰えても実業は生きのびる。図々しいハッタリ屋が実直な経営者にとってかわられる。望ましいのはそんな社会だ。そうなれば失われた数多くのものがかえってくる。人情も、自然も。ものを大事にする心も。

不況対策は断じて、夢よもう一度であってはなるまい。消費者の需要を喚起せよなどという論議が、がらくたづくりへの郷愁にもとづくものであってはならない。問題なのはパイの大きさではなく、中身なのだ。中古品交換市に集まる主婦たちの、声なき声はこう訴えている。つましい暮らしにも耐えよう。だが狂乱物価だけはもうごめん。

(50・10・10)

後始末の時代

いうなれば〝後始末〟の時代がやってきた。高度成長の生んだヒズミをどうするか、「日本丸」の乗組員はいま、その軌道修正に追われている。経済合理性万能の神話がくずれてみると、あれもおかしかった、これも、となる。

内閣官房がこの八月に行った食生活についての世論調査にも、国民の意識の変化がはっきり読みとれる。その結論は、多少高くついてもいいから食糧を増産せよ、ということだ。外国から安く輸入すればよい、という考え方はカゲをひそめた。そこには、農地をつぶしてまで工場をつくってきたことへの強い自省がある。

わが国の穀物自給率は四割そこそこ。欧州共同体（EC）などは九割台。いわゆる先進国のなかではケタはずれに低い。米だけは十分だが、麦や大豆などはまるっきりだ。飼料はもとより、ミソや納豆の原料までがアメリカ産。裏作も、アゼ道に豆をまくこともなくなった。手間のかかるわりに引きあわぬからだ。

各国が食糧自給をはかれば農産物貿易が減り、価格の暴騰、暴落をひき起こすと説く人もいる。だがなんといっても、食糧の六割もを輸入にたよる国の立場は弱い。アメリカとソ連などは、トウモロコシと石油のバーター取引といった芸当ができる。日本にはいつでも兵糧ぜめの不安がある。

社会党では十九日、十年計画で食糧の総合自給率を九割にする具体案を発表した。農政の不在をつく今日的な問題提起といえるだろう。三ちゃん農業にはじまって、荒らしづくりや青刈り。さらには農村の後継者をつくるべき農業校の復権などなど、田園まさに、の問題は山積している。それはそのまま、これからどの方向にこの国のカジを取ってゆくかに直結する問題ばかりだ。

農は国の大本などと古い言葉は持ち出すまい。だがどんな時代にあっても、一次産業の健在こそが国の底力という真理に変わりはない。都会のネオンのかげで、山家の灯がひとつずつ消えてゆくようなことがあってはならない。美田変じて釣り堀となる風景はもう見たくない。(50・10・21)

当たりたい心

「測候所、測候所」と三度唱えれば、なま水にあたらないと、昔、いったそうである。つまり、昔から測候所は当たらないことの見本にされていたのだろう。ただしこのまじないも、日露戦争が始まってからは使われなくなった。なぜなら「タマにあたるから」。

当たることのついでにいえば、きょう二十九日は、戦後宝くじの三十周年記念日である。昭和二十年十月二十九日、政府第一回の宝くじが発売された。一枚十円、一等十万円、発行額一億円。何しろ物のない時代で、くじの売れ行きをよくするため、副賞がついた。キャラコである。さらにカラくじ四枚につき、タバコの「金鵄」十本進呈というそえものもついていた。

キャラコ以外の賞品もあって、たとえばせっけん、サッカリン十グラム、クローム懐中時計、四球式ラジオ受信機、こうもりガサ、自転車、開きんシャツ、ミシン、ホームスパン服地一着分。焼け跡のあのころの人になら、聞くだけで、すべてが分かる。

三十年、年は移ったが、変わらないのは「当たること」を求める人の心である。宝くじは年々売れ行きを伸ばし、五十年度の各種宝くじ総発行予定額は三百五十億円という。広島―阪急の野球では、タマにバットが当たることを期待し、競輪、競馬場では、ねらったレースの当たりをねがう。その他、隆盛をきわめるパチンコ、マージャン、ゴルフのたぐいも、当たりたい心理だろう。

ひたすら当たりたいとねがうことは、当たることがそれだけ、少なすぎるためだろう。当たるとは、運がいいということなのだが、日常平凡の生活に、そう運のいいことがあろうはずもなく、人工的に運を招きよせたくなってくるのだろう。

物価は上がる、就職はない、仕事はない。そして政府のいうことはさっぱり当たらない。測候所という代わりに、政府、政府と唱えれば、交通事故よけのまじないになるかもしれぬ。そしてますます宝くじは繁盛する。(50・10・29)

くらし

企業の責任

石油たんぱく飼料の安全論争が、業界各社の企業化断念であっけなく一段落した。厚生省も安全だと認めたものを、わずか二カ月の反対運動で、非力な消費者団体がひっくり返したことになる。

実際に動いたのは小人数の町の主婦だが、世論があと押しをした。石油なんか食えるかという感情論にはじまって、一般に国や企業への根強い不信感が世間にはある。また食品の安全性について、それほど人々が疑い深くなっている、ということだろう。「世論の勝利だ」といえばいえる。

しかし石油たんぱくの開発には、企業は大金を投じている。「安全性については科学的証拠がある」と繰返しいってきた。それにしては随分あっさり断念したものである。いわばシロウトの消費者の素朴な疑惑に、なぜ企業側が簡単に降参したのか、と不思議に思う。

ここで、ひとつ気になることがある。企業化を断念した会社が「あえて世論にさからえば、めしの食いあげだ」と語っている点だ。「泣く子と消費者運動には勝てぬ」と舌打ちをしながら合戦を避けた姿勢のように見える。「とにかく逃げた方が世間的に得だ」といった打算が感じられる。

つまり、企業側は本気で町の声を聞いたわけではない。ほんとうに社会的責任を感じて生産をやめたのでもない。もしそうだとすると、あらしが去れば、また別の新製品をつくるだろう。その時、消費者が油断していたら、お次は何を食わされるかわからない。そんな不安が残るのである。

やはり逃げないで、むしろ企業の方から進んで安全論争をつきつめてほしかった。そのほうが消費者にとっても良い勉強になったに違いない。あいまいな解決で終ったのが残念だ。（48・2・23）

消え入るか白桃の好味

桃の実といえば岡山白桃が名高い。岡山市に何軒か古い栽培直売店があり、良質の岡山白桃を選んで全国に送りだしている。そのなかの一軒で『初平《はっぺい》』という店が、二月末に廃業した。

今の白桃の味がうまれたのは、ひとつは、この『初平』先代店主の研究のたまものだそうだ。ある日、果樹園で「人間どうよう、木にも好ききらいがあるはずだ」と思いつく。ナマコだのニシンだのを肥料に使ってみた。結局、桃の木の一番好物はカラスミだった、などという話がある。

ところが、近年だんだんと味のよい白桃が店に集りにくくなってきた。大気汚染説もあるが、むしろ都市化、工業化の影響で農民に良い桃をつくる意欲が薄れてきたのが大きい、と岡山県当局はみている。桃ほど、常々土地をこやす努力がいる果物はないそうだ。

それと、輸送事情の悪化が響いた。ほんらい、桃は木のままで熟したのが一番おいしい。だからリンゴやナシと違って長時間輸送には向かない。それが今は、進物時期だと二週間もかかる。鮮度は落ち、苦情がでる。良心的にやればやるほど店主は自信をなくし、廃業することになったらしい。

赤ん坊のはだのような、うぶ毛のある白桃の薄皮をむく。はっと甘い香がこぼれる。まるで芸術作品である。こういうものは年々口にはいらなくなった。

名人芸とか「丹精こめて」といったものが時代の仕組みに消されていく。廃業した白桃の店も、その一例なのだろう。

桃の節句だ。いま町に出ている桃の花は、つぼみの枝を切ってきて、ムロで咲かせたのが多い。四月はじめ、月おくれの桃の節句のころ、岡山白桃の花はひらく。(48・

3・3）眠り

　春になると、なぜねむいのか。春は温度も湿度も睡眠に快適な季節で、つまり「よく眠れるからねむいのだ」という説と、一方、春は季節の変り目で身体に変調を起しやすく「だから、だるくて、ねむいのさ」という説とがある。

　多分、両説とも当っているのだろう。とにかく、ねむい。睡眠とは一種の脳の栄養補給作業で「補給が不十分だと、ねむくなる」という説もあった。なるほど、ぐっすり眠ったあとは、さわやかで、若がえり、新しい勇気もわいて、いかにも補給十分といった実感がある。

　ところが、この栄養補給説に反論して「一体、ひとは起きて働くために眠るのだろうか」と疑った人がいる。むしろ話はあべこべで「ひとは、よりよく眠るために懸命に働くのではないか。眠りこそ人間本来の自然の状態だ」と考えるのである。ねむたがり屋なら賛成するに違いない。

　一日の睡眠時間が六時間以下の人は、普通、働きもので野望家で社交上手で、決断力があり、政治的には保守的な型が多いそうだ。反対に一日九時間以上の睡眠が必要な人は批判的、懐疑的で、自信に欠けるが、創造的な仕事師は、この型の中から現れるとか。米国での最近の調査結果である。

年齢とともに、ひとは眠りの恵みから見放されていくらしい。赤ちゃんは一日十八時間眠る。おっぱいを吸う時以外は眠っていて眠りながら口で乳を吸うまねをしたりする。それが二十歳で八時間前後に落着く。不眠症で病院を訪れるのは、男女とも四十歳代が最高だという。

「いいのさ。ぼくたちは、お先に、永遠にさめない眠りの清めにあずかれるんだから」と、初老の友人が笑っていうのを聞いたことがある。強がりかもしれないけれど、それも悪くない。(48・3・26)

あばれ回るインフレ

最近の寄席では、物価の話をすると、客席がどっとわく。たとえばマイホーム「カタツムリがうらやましいね、家つきで歩いてる」。

トウフ「トウフを買ったら、財布がオカラになった」。大根「かみさんの足が食えたらなあ」。材木「紋次郎さんのヨウジ、小さくなっちゃったな、さびしい、さびしい」。以上は、林家三平さんのうけているギャグを拝借したが、お客さんの笑いは怒りに通じている。

キャベツの値上りもひどいもので、トンカツを食べにいったら、カツも小さくなったが、つけ合せのキャベツのまたさびしいこと。かわりにレタスや切干大根をつける店もあるそうだが、「キャベツのないトンカツなんて」といいたくもなろう。

毎月、最後の金曜日に政府が「消費者物価指数」を発表する。毎回「記録的な高騰」だと知らされるわけだが、さもありなんとは思いながら憂うつな金曜になる。一年前にくらべると、全国で九・四％上がり、東京は一一・六％と二ケタになった。つい最近まで「しのびよるインフレ」などと格好いいことをいっていたが、この調子では「あばれ回るインフレ」だ。

キャベツ二倍半、ジャガイモ六割、タマネギ八割、さらし木綿二倍。どれも軒なみの値上りようなので、下がったものはないかと調べてみた。あった、あった。レモンは一五％、夏ミカンは二二％安くなった。が、どちらもスッパイ話ではある。

インフレへの恨みは、日本に限らない。米国の世論調査では、「米国が当面する最も重要な問題」は「生活費の値上り」が六二％で断然トップ。あれほど大騒ぎのウォータ一ゲート事件を意味する「政府の腐敗」は、わずか一六％だった。その米国でさえ消費

者物価上昇率は四・七%で、日本のちょうど半分にすぎない。みんなが怒るのは当り前ではないか。(48・5・27)

財産の隠し場所

財産を家の中のどこに隠そうか、という幸福な悩みをもつ人もいる。東京・大田区の肉屋さんは、四十五万円のお札をトースターの中に入れることを思いついた。が、どうしたわけか電気が流れて、灰にしてしまった。焼けると飛び出す仕掛けのものだったら、四十五万円のホットマネーがポンと飛び出したかも知れなかった。

埼玉県川口市の中華そば屋さんの妙案は、ダイヤやヒスイ十一点を、自転車のライトの中に隠すことだったが、その自転車が盗まれてしまった。四年後に、捨てられた古自転車を分解中の高校生が見つけてくれた。住所を書いた封筒に、宝石を入れておいたのが幸運だった。

トースターで焼いたお金の方も、日銀が鑑定して三十一万円を新しいお札にかえてくれたので、お二人ともまずまずのハッピーエンドといえる。このように事故や盗難でニュースになったときだけ、チエをしぼった奇想天外な隠し場所が明るみに出される。

つまりその他もろもろの絶妙な場所は、各人の胸中深く、だれに知られることもなく健在しているわけだ。それにしても、こういう話をきくたびに、インフレの実感がまたひとしおである。年の暮れ、東京・世田谷では、自宅から八百六十四万円の現金を盗まれた社長さんがいた。先月は、千二百万円分のダイヤをタクシーに置き忘れた会社員もいた。

田中首相がいくら「インフレではない」とがんばっても、盗難、失《う》せ物に関する限りは、間ちがいなく大インフレだし、一円玉の使いようのなさにも涙がこぼれる。一度財布にはいった一円玉は、いつになっても出番がない。やっと十枚になり、タクシーに払おうとすると「これ、お金じゃないよ」とつっ返されてカッとなる。

明治の初めは一円玉で米半俵が買えたが、いまの一円では、小サジいっぱいにしかならぬそうだ。（48・7・8）

深刻な紙不足

紙不足の深刻さは、一時的なものではないらしい。悪い材料がそろいすぎているようだ。経済が拡大すれば、紙の消費量はますますふえる。しかも世界的に原木不足だし、公害のため工場増設はむずかしい。

政府が紙節約運動をはじめたのも、紙不足が当分おさまりそうにもないことを見越したためなのだろう。「節約」という言葉は、戦争中を思い出してイメージがよろしくないので、「紙使用合理化国民運動」にしたそうだが、これまた、いかにもお役所らしい用語法だ。

紙の浪費の一つに、電話帳がヤリ玉にあがっていた。東京では五冊、計七五一〇ページ、大阪では四冊四六一〇ページの電話帳がどっさと配られる。「昼寝のマクラや踏み台に使える」といった皮肉もあるが、せまいアパートにはうっとうしい存在だ。電電公社が東京でアンケートをとったら、加入者の二割が「電話帳はいらない」と答えた。電話帳だけで、年間の全国紙消費の一%に当たるというのだから、いっそ希望者配布にしたらどうか。

本のムダも大きい。毎日、五十六点の新本、百五十五万冊の本が町に出るが、三カ月もすれば忘れられ、四割も、五割も返本される。書籍のはかなきことハナ紙のごとしだが、もっともティッシュペーパーも高くなって、二枚重ねて「チーン」とやれば五十銭だと聞いた。

新聞用紙の不足も深刻で、夕刊を廃止したり（ビルマ）、タブロイド判にしたり（香港）、ページを削減したり（米国）する新聞も出てきた。ニューヨーク・タイムス紙の日曜版（百四十万部発行）は、ひと抱えもあるほど分厚い新聞だが、経済学者都留重人氏によると、同紙日曜版のたびに八万坪の森林が伐採される計算になるという。

同じ紙を何度も使う再生技術にチエをしぼらないと、「紙の消費量は文明の尺度」などとのん気にいってはいられぬ時代になった。（48・10・20）

買いだめ

口コミとはまことに恐ろしい。大阪・千里ニュータウンでトイレットペーパーがないというニュースが伝わるや、パニックは、その日の午後から大阪市内を中心に、近畿の府県、果ては東京にまで波及していった。

いつの間にやら、情報はゆがめられ、洗剤、石ケンまでなくなると尾ひれがついた。主婦がスーパーに並び、けが人まででる始末である。本社の社会部には主婦からの電話が殺到した。「新聞があんな記事を書くからいけないのよ」「記事の書き方が足りないのよ」「みんなを落ち着かせる記事を書いて」。

二年分のトイレットペーパーを買い込んだ人もある。公団の狭い部屋に、紙の山ができて、寝るところもないという人もあれば、いなかへ電話して、紙の買いだめを頼んだという例もある。血相を変えて、買いだめにかけ出すのは、三十五、六から四十歳代の人に多いというのが特徴だそうだ。

戦中派である。買いだめは非国民だなどといわれて、まじめに辛抱した人はバカをみた。買いだめ組は、それを売ったり、ほかの物と交換して、ぬくぬくと暮らしていたのに、辛抱組は、腹をすかし、寒さにふるえた。あのいまわしい体験が、戦中派を買いだめ心理にかり立てるのだろう。

「それにしても、なんだか戦中のような感じだな」と、昭和一ケタの男がいう。油がなくなるぞ、紙が不足だ。値が高いか、無くなるか。伝わってくる話が、そればかりというところは、まさに戦前であって、暗い。暗さに戦中派はおびえている。

おびえたものには、立ち木もばけ物にみえる。ちり紙不足はウソだと通産省も断言している。「あれは立ち木だ」と心を静めて、買いだめに走り回るのは、もうやめよう。役所は人のおびえにつけ込んだ値上げ、売り惜しみに、徹底した手を打ってほしい。

（48・11・4）

年賀はがき

年賀はがきの売り出しがはじまり、賀状の準備が心にかかる季節になった。全国で二十三億枚。もう売り切れた郵便局が多いというから、赤ん坊まで入れて一人二十三枚ずつの賀状が、日本中を乱舞するわけだ。

今年は十円はがきが十八億枚、寄付金つき十一円はがきが五億枚だった。十一円の方は一枚一円ずつ、計五億円が社会福祉に寄付される。二十年前は全部が「寄付金つき」だったこともあるが、「強制寄付はけしからん」という声に押され、年々「寄付金つき」の割合がへってきた。おめでたい賀状だし、もっと十一円はがきをふやしたらどうだろうか。

年賀状を出さない人もいる。作家山本有三氏は数年前の賀状に、来春からかってですが年賀のあいさつを略させていただきますという一筆を加えて、廃止宣言をした。慶大教授池田弥三郎氏も出さない。「年賀状は目上が目下に出すべきものではないし、目上の人には年始のあいさつに行く」という持論だそうだ。

たくさん出す人には無理な注文だが、きまり文句の活字だけでなく、個人的な一筆を贈られたときはやはりうれしい。徳富蘇峰に「油断大敵」とだけ書いた賀状があるのも、個性だ。芥川竜之介には「謹賀新年　あなたも二人のお子さんのお父さんにおなりだと思ふと実際年月の流れるのを感じます」と書きそえたのがある。相手を思う素直な文がよい。

去年は「北爆、列島改造、インフレ――大きらい」といった悲憤型も多かった。先年、議員たちが年賀自粛を申し合わせたら、「虚礼廃止のため欠礼いたします」という年賀はがきが多かったそうだ。参院選を前に、今年出す選挙用賀状が思いやられる。いつもエトの版画を送ってくれる人がいる。トラを描いてならず、ネコに類す。今年は苦心の存するところだろう。(48・11・8)

節約キャンペーン

通産省が「エネルギー節約キャンペーン」というのを出した。「官公庁」「工場、事務所、商店」「個人活動」の三つに分け、石油節約のための方法が微細にわたって説明されている。

このなかの「個人活動」というのは、恐らく「家庭」を主眼にしたものなのだろうが、その一つ一つの項目を読みながら、協力できることの少なさに口惜しい面持ちの主婦が多いのではないか。「室内暖房は適温(摂氏二〇度前後)を心がける」と書いてあった。「関係ないなあ」「へえ、豪勢な家ですねえ」。

二〇度以上までじゃんじゃん暖房をして、ワイシャツ一枚で家にいるような人がそんなに多いのかなあ、とひがんだりする。こちらは部屋がちょっと暖まれば、すぐスイッチをひねって、光熱費節約に涙ぐましい努力をしているというのに――。

「入浴時間帯を考慮して継続して入浴できるようにする」とも書いてある。「おフロ空きましたよ。次の人すぐはいって」などと、みみっちいことをいっているのはわが家だけなのかな。「湯ぶねからお湯があふれ出ないよう心がける」というのを読んでまた、景気がいい家だな、わが方はお湯を入れている最中は「あふれたら大変」だと、何度もフロ場をのぞきにいくのに。

「昼間はできるだけ電灯を消す」「昼間は太陽光線をできるだけ家の中に入れる」。親切な項目ごとに「いわれなくても、ちゃんとやっています。それでも家計は苦しいのです」という主婦たちの怨念《おんねん》が聞こえてくるようだ。

「節約キャンペーン」が悪い、といっているのではない。ムダはへらすべきだし、協力できることは大いに協力すべきだと思う。ただこのキャンペーン個条書きは、「こういう注意を受けてみたい」といわせるほど、われらが貧寒たる「個人活動」をあらためて思い知らせてくれるのである。（48・11・10）

闊歩する「買占め暴利」

十一日の日曜日の「物価メーデー」には、全国で二百五十万人（主催者発表）が参加したそうだ。子ども連れの主婦たちも多く、暮れや正月をひかえ、異常な物価高に悩む庶民の怒りが率直に感じられる。

値段が上がるばかりでなく、物も足りなくなるというので、庶民の間にも「買いだめ」が始まっている。先のトイレットペーパーにつづいて、こんどは灯油だ。まず、いれものからと、ポリ容器やドラムかんが買いあさられ、なかなか手にはいりにくくなった。もちろん、中身の石油についても、値上がりは必至だろう。

灯油に関して、通産省は「この冬は大丈夫」「パニックはつくられたもの」とPRに懸命だ。だが、わが国では石油のほとんどを輸入にあおいでいる。しかも中東紛争の影響で、そちらからの供給がどれだけ削減されるかわからない。国民がある程度「自衛」するのも仕方がないことだ。

といって、こんな風潮をすすめるつもりはないが、国内での生産品までが、行政のまずさから、品不足や値上がりを招いている実情を知ると、やはり不信がつのる。近年、スルメイカが最盛期になっても高騰が続くので、原因を調べてみたら、業者や商社が産地で大量に買い占め、そのまま冷蔵庫に入れて、市場に出すのを抑えていたためだった。

経済企画庁の委託で、流通産業研究所が追跡調査した結果、わかったというが、この産地冷蔵庫方式は、実は、水産庁が魚価の安定のためにと、その整備を助成して来たものだ。おそらく、産地の零細な漁業者は、安く買いたたかれているに違いない。消費地の小売値がばか高いとあれば、だれがもうけているかは明らかだろう。

買いだめをするな、といわれてもずさんな行政を見せつけられては、素直には従いかねる。正直者が損をする世の中は、かつての戦争でみんなこりごりしているのだ。

（48・11・13）

石油不足

「乱世」とまではいわないが、世の中がやや騒然たる趣をみせてきた。自動車はゆっくり走らせよう、ネオンは消そう、部屋は少々寒くても我慢しよう、デパート、スーパーは早仕舞いにしよう。節約要綱を作る役人は、戦時中の法令をひっぱり出して、首っ引きだそうだ。

こんなインフレ、消費万能がいつまでも続くはずはない。ばく然とした不安が、だれの胸中にもあったのではないか。「列島改造」の旗差し物をかついで、胸つき八丁を走りつづければ、いつか心臓は破裂するだろう。だからこんどの石油ショックを天啓だったという人もいる。

人の心も、モノの生産も、もう少し落ちつきを取り戻してほしい。もっと地味で、安定して、しっかりした足どりで歩く社会であってほしい。そう考えるのが、まともな人間の常識だ。だが百の説法も、ハデな話には勝てない。物価が上がっても、それ以上に収入がふえればいいじゃないか。インフレを制するには、さらにインフレをもってするにしかず、といった景気のいい話ばかりが大手を振ってまかり通ってきた。

だがモノを作ろうにも、モノ不足で作れなくなってきた。高成長をつづけようにも、糧道が断たれてしまった。明治百年、日本はいつも「外圧」によって自分の路線をきめてきたが、こんどもまた「石油」という外圧で、考え方を根本から変えねばならなくなったわけだ。自分の力で自分を変えられない。残念といえば残念なことだが、過ちをかさざるよりはよい。

石油不足は、田中首相にとっても天佑《てんゆう》だったかも知れない。新幹線計画を延ばしたり、成長率をダウンせざるを得ないのは「地球の向こう側の石油事情」のせいだったことになる。早晩カベにぶつかるはずだったせっかちな列島改造論を、カベにぶつけてくれた

「石油」は神助と申すべきか。(48・11・17)

モノ不足と流言飛語

先日の本紙「青鉛筆」欄に、チリ紙泥棒の話が出ていた。横浜の雑貨屋さんにしのび込んだ泥棒が、一階にあるウイスキーや食用油には目もくれず、二階のチリ紙三十二束を盗んでいった。「泥棒も紙不足かねえ」という警察の感想もそえてあった。

数日にして時世は変転し、こんどの雑貨ドロは、何を盗むだろうか。トイレットペーパー、砂糖、塩、洗剤、マッチと目移りして、さぞ忙しかろう。デマというのは恐ろしいもので、だれかが「塩は大丈夫かしら」と一言いうと、九州のように、主婦が殺到してたちまち品切れになる。「四カ月分の在庫あり」と専売公社が力説しても、信用しない人がいる。

「そういえば砂糖は石油や電力で乾燥させるのね」と、またたれかがいうと、四日市のようにけが人が出る騒ぎも起こる。川崎では大騒ぎしている場所の隣の町で、砂糖がヤマとつまれているというから、まことに変なパニックだ。

群集心理につけ込む商法もあるようで、「お一人さま一個限り」とか「近々値上げ必至」といった札を出すと、売り上げがぐんと伸びるという話も聞いた。猜疑心《さいぎ》は果てしない。政府が「たっぷりあります」というのは「ありません」ということだ、と合点する人もいる。

付和雷同する方もよくないが、民の政治に信をおかざることかくのごとしだ。政治家も役所も積年の罪を自戒してしかるべきだろう。(流言の量)=(あいまいさ)×(重要さ)という有名な公式がある。つまり事態があいまいで、生存に重要な問題であるほど、それに比例して流言飛語は乱れとぶ。

重要なことでも、あいまいでない場合、あるいはその逆の場合は、流言飛語にならない。塩、砂糖、洗剤などは最重要問題である。したがって流言をゼロにするには、事態のあいまいさをゼロにするほかはない。(48・11・18)

冬のサマータイム

冬のさなかにサマータイムとは、これいかに。時計の針を一時間すすめるという夏時間制を、政府が考えているという。国民に早寝早起きをしてもらって、節電しようというものだが、さてどうであろうか。

昭和二十三年から二十六年まで、日本でサマータイムをやったことがある。このときは初夏に時計を一時間すすめ、秋に一時間戻したが、こんどは一年を通じてやってみたらどうかという話である。もっとも、ここ二、三日は石油供給の見通しが少々明るくなったので、サマータイム案は出たり、引っ込んだりの格好だろう。

二十五年前のサマータイム導入で、ある小学校での話。先生「きょうからサマータイムですから、何もかも一時間早くなります」。児童「太陽の昇るのもですか」。先生「いえ、太陽だけは、逆に一時間おくれて出ることになります」。児童「なぜですか」。先生「サマータイムだからです」。

時間などは、どうにでもできる。時計の針を動かせばよいのだ、と簡単に考えてもらっては困る。一時間針をすすめても、牛が乳を出す時間が一時間早まるわけでもないし、庭先のスズメが一時間早く来るわけでもない。アラブの石油コックのひねり具合で、一時間があっちへ行ったりこっちへ来たりではいささか迷惑だ。

冬のサマータイムになると、どうなるか。通勤距離が延びたので、朝五時半に起きねばならぬサラリーマンは、現在の時間に直すと、四時半起床となる。東京の日の出を七時とすれば、起きてから二時間半も夜がつづく。寒い明け方がますますつらい話だし、それでどれだけの節電になるのかも疑わしい。

斜めにかまえた日本列島の長さは三千三百キロ。昼間の長さでも、いまは北端と南端では九十分もちがう。それに通年制にするというが、前回の夏のサマータイムの不評もある。慎重に検討し、納得のゆく根拠を示されたい。（48・12・28）

即席食品の功罪

いま売れ行きのよい即席めん類の中に、カビが生えていたり、ネズミのふんや虫の卵などまじっているものが多数見つかったそうだ。また、四年も前に製造されたものを売っていた店もあったという。

厚生省がまとめた全国調査の結果だが、国民一人、年間四十食は食べているという流行食品だけに、こんな不衛生な粗悪品が売られていたと聞いてゾッとした。当局のきびしい指導や監視を望みたいが、消費者の方も、買う場合には、製造年月日を確かめるなど、せいぜい自衛の策を講じるべきだろう。

それにしても、即席食品、とくにめん類の普及はすさまじい。インスタント・ラーメンといった初期のころは、独身者が腹を満たす程度のものだったが、真空凍結乾燥など新技術の導入で、いまでは熱湯をそそぐだけで、結構いける味のものも出てきた。しかも、容器やフォークつき。安くて手間いらずということで、子どものおやつに利用する家庭も多い。

だが、その簡便さにつけて思うのは、こうした即席食品の流行が、国民の食生活に及ぼす影響の大きさだ。この方面では日本より進んでいるアメリカでは、どこのレストランにはいっても味が同じで特色がない、という不満が強いと聞いた。均一的な冷凍食品を電子レンジの即席調理で出すからだというが、日本だっていまや例外ではない。

第一、材料自身に味が乏しくなった。温室での促成・大量栽培のせいか、野菜は年中どんな種類でも食べられるが、味も香りもひどくうすい。魚は、ほとんど冷凍ものだから、いわゆるシュンのうまさはない。また、肝心の調味料もすべて大量生産品で、独特の風味などはとても望むべくもない。

もちろん、即席食品にはそれなりのよさがあり、忙しい現代人には、簡便さという要素も不可欠なものだろう。だが、せめて正月のおせち料理ぐらいは、「おふくろの味」か「手作りの味」をゆっくりと味わいたいものだ。(49・12・19)

忘年会

このごろの夜の国電、地下鉄は酒気ふんぷん。なにしろ忘年会の最盛期だ。ホロ酔いからぐでんぐでんまで、メートル度も千差万別。からみあり、わめきありで、これは幹事さんさぞ大変だったろうな、と思わせる連中も少なくない。

不況で盛り場の灯もしめっぽい、とはいうものの、そこは才覚次第。料亭の大広間で二の膳《ぜん》つきとはいかなくても、入れこみ座敷にヒザくりあわせて、まずはこの一年の無事息災を祝いあう。「忘年会漸《ようや》くやるにきまりけり」(東塵)。

酒も風景もむかしとはかなり変わってきた。正面にデンと重役が座るお流れ頂戴《ちょうだい》式がすたれて、円卓をかこむ中国型がはやり。そんな無礼講にも、肩書と仕事だけはついてまわり、課長、あの件は、などとやっている。なるほどわれわれは管理社会に飼いならされた働きバチだ。「年忘乱に至らず終りけり」(桜坡子)。

もっとも二次会ともなると威勢のいいのは若い働きバチ。育ち盛りの子どもをかかえた中年管理職より、独身社員の方がよほどフトコロがあったかい。そのせいかこのごろ、駅のホームなどで小間物屋をひろげている若者が目立つ。衆をたのんでのハタ迷惑なバカ騒ぎも。

関八州古戦録なる本によれば、むかしの年忘れは「群臣を集めて酒宴暁天にいたるを定式とす」。豪勢なことだが、酒の飲み方や自分の適量をわきまえないと、「忘年会今年もやったバカなこと」となる。翌朝の二日酔いは味気ない。

二十一日埼玉県川越市では、忘年会帰りの主婦が石油ストーブを消し忘れ、三人の子どもともども焼死した。同じころ、北海道苫小牧市でも、忘年会帰りの父親がうたた寝しているうち火が出て、ここでも子ども三人が逃げ遅れ窒息死。御用心が肝心だ。

それにしても近ごろは忘年会ばかりがさかんで、新年会はさっぱりだ。憂きことのみ多い年を忘れたい一心で、明日を思うところまでは手がまわりかねるのか。「しんと静まり返り忘年会果てる」（暮石）。（49・12・23）

夜の救急車

雑踏の街をかけぬける救急車のピーポピーポが、年の瀬のあわただしさをかきたてる。目のまわるような忙しさはどこも同じだが、東京では今年、救急車の出動件数が新記録となった。この一年で二十五万件、一時間に二十八台もが走りまわっている勘定だ。

交通事故は減ったものの、病気だ、ケガだで、一一九番は鳴りっぱなし。このごろの若いお母さんたちは、子どもがツメをはがしたぐらいでもあわてふためき、すぐ電話にとびつくという。過保護に育ちお年寄りにものを教わることもないから、ホウタイひとつ巻けない。

だが、夜分にハラが急に痛み出した、といった場合は話が違う。どこに救急病院があるのか、またそこへたどりついてもはたしてすぐ診てくれるものかどうか。とつおいつのうちにも、思いなしか痛みはひどくなるばかり。こうなるともう頼みのツナは救急車しかない。

かかりつけでよほど懇意にしていればともかく、町のお医者さんのほとんどは夜間診療を受け付けない。「赤ひげ」ではあるまいし医者も人間、夜ぐらいはゆっくり休ませろというのも無理はないが、急病人は困じはてる。もともとが事故に備えるという性格の強い救急病院では、内科や小児科の専門医が居合わせないことが多い。

昼間はラッシュアワーなみの混雑で、夜は一種の無医村になるというこの状態は、なんとかしなければなるまい。町内の医院が交代で夜間診療を受け持つ当番医になるといったシステムが、考えられないものだろうか。身近に赤い灯をともすお医者さんがあれば、市民はどれだけ安心できることだろう。そうなれば救急車出動のレコードも、今後これ以上更新されることはあるまい。

童謡をもじった、わんぱく小僧どもの歌声が師走の路地からきこえてくる。「お正月にはモチ食って、ハラをこわして泣きましょう、早く来い来い救急車」。聞きようによっては見事に、いまの救急医療体制の実態を指摘している。心細い休日、夜間診療の手薄さをついている。(49・12・26)

果物の味

梅雨はしとしと、サクランボの季節だ。南北に長い日本列島のおかげで、果物にめぐまれたのは、われわれの幸せだった。これからはスイカとナシの夏が来て、ブドウとカキの秋になる。

昔がよかったという言い方は好きではないのだが、どうも果物の味わいも、香りも、昔に及ばない。見てくれだけはよくなった。イチゴは見るからに大きく、ごつごつとした豪華版だが、味に鋭さがない。リンゴはつやつやと赤く染めたようにきれいだが、歯あたりはふわふわだし、出来そこないのお菓子のように頼りない味がする。

なかには、お化けのように大きいのもある。「赤いリンゴにくちびる寄せて」の気分になる代物ではない。ビニールハウスにヒーターを入れたり、袋をかぶせて太陽光線を遮断《しゃだん》したり、電灯をつけて果物に太陽だと勘違いさせる。あの手、この手の詐術を使って「人工の春」や「人工の夏」を作り上げて、見た目によいものに育てる。

たとえばミカンにワックスをぬり、ブラシでみがくことがなぜ必要か、といわれつづけてきた。市場では、中身より外見で買い取られると生産者はいう。見かけのよいのが売れる、と果物屋さんもいう。理屈では分かっていても、物事をそのようには変えられない。果物だけの話ではない。

孔子は「季節はずれのものは食べない」主義だった。食べ物にうるさい人で、飯は白いほどよい、色がよくない食べ物は口にしないともいっている。魯の哀公に会ったとき、モモとキビを出された。まずキビを食べ、つぎにモモを食べて、君子は貴重なキビを食べたあとに下品なモモを食べるものだ、と講釈している。

気むずかし屋で、へ理屈が好きな人だったにちがいない。「売らんかな、売らんかな」といって、死ぬまで就職運動の旅をしたが、ついに買い手がつかなかった。先にキビを食べたのは、おなかがすいていたのかも知れない。(50・6・16)

社会

低公害車が売れないわけ

東京都は「役所の公用車を買入れるとき、今年から排気ガスのきれいな低公害車を選ぶ」ことを決め、その手はじめに東洋工業の「ルーチェＡＰ」という型の車を採用する、と発表した。

「ＡＰ」というのはアンチ・ポリューション（反汚染）の略で、この型の車は排気ガス中の有毒物質が普通の車より約七〇％少ない。本田技研工業のＣＶＣＣエンジンと並んで、世界にさきがけて日本で開発された低公害車である。去年の暮れに売出された。値段はＡＰ装置分だけ普通車より十万円ほど高い。また東京都が何十台か買ったところで、急に町の空気がきれいになるわけではない。しかし、役所が率先して買えば低公害車の普及に役立ち、メーカーの励みにもなる。その意味で米国などでは、五〇％高くても低公害車を優先的に使うよう政府は義務づけられている。

ところが、どういうわけか日本の政府各官庁は、この低公害車に関心を持たないらしい。今までに厚生省が一台、最高裁が二台買っただけだそうだ。ほかは、大気汚染防止の号令をかけている環境庁や運輸省まで、そっぽを向いている。どこも東京都に先を越された。

政府がこういう政府だからか、大企業や一般ドライバーもまた低公害車を敬遠している。東洋工業の話では、年々反自動車世論が高まっていることだし、月に一千台は売れると思っていた。ところが、普通車の売れ行きは目標以上に好調なのに、低公害車は予想の半分しか売れてないという。

せっかく低公害車を開発したのに、使うほうが官民一体で横着しているわけだ。そこを読み違えたメーカーが「日本の文化水準の問題でしょうか」と考え込んでいるという話は悲しい。（48・2・21）

順法闘争 2

とうとう「順法闘争」への怒りが、爆発した。高崎線上尾駅では、一万人の怒声の中で駅員や運転士が逃げまどい、一時は騒乱に近い状態にまでなった。

このままだといつか爆発する、という予感はあった。だがその間、国鉄当局と動力車労組は何を考えていたのか。予測できなかったとすれば、のんき過ぎる話だし、予想していたとすれば、なんと無責任な交渉をかさねていたことか。こんどの闘争で、磯崎総裁と目黒委員長が直接話合ったのは、騒動の起きた十三日が初めてだというのにも驚いた。

国鉄総裁は、新聞記者とのインタビューにも応じない。「立場が微妙だからお話できない」といい、「交渉がもっと煮つまったらお話する」という。この八日間、毎日ケガ人を出し、死ぬ思いで通勤している国民に、責任者として説明しようという姿勢が少しも感じられない。それとも交渉の大筋ができたあとで、カメラのフラッシュを浴びて「儀式」に出るのが、総裁の任務だと心得ているのだろうか。

一方の目黒委員長も、口を開けば「順法闘争は、危険な国鉄を訴える最後の手段だ」というが、その闘争のため、国鉄がいまほど「危険な状態」におかれたことはない事実を、どう考えるのか。委員長は、先週、ほとんど東京にいなかった。第二波闘争が避けられるか、どうかという先週末も、来年の参院選出馬で九州に出張中だったという。

大混乱をよそに、総裁は儀式好き、委員長は選挙好きでは国民は浮ばれない。国鉄の病弊は、山積みする国鉄で、いささか首をかしげたくなる責任者同士だと思う。問題の労使ともこうした公共性に対する責任感の乏しさにある。

もし本当に「国民の安全」を考えているのなら、利用者を人質にするような闘争をいますぐやめて、安全問題を別のテーブルで話合うべきだろう。(48・3・14)

水俣病判決の朝

水俣病判決の朝、十六歳の上村智子さんは、母親に抱かれて法廷にきた。胎児のときメチル水銀におかされて、目も見えず、口もきけない。「全面勝利」の判決にも、ただ「アー」とうめくだけだった。

智子さんは、ケガレを知らぬ赤ちゃんとして、この世に生れるはずだった。だが、恐ろしいメチル水銀が母親の胎盤から吸収され、脳細胞をむしばみ、手はやせ細り、足は硬直し、いまも十五キロの体重しかない。その智子さんを母親の良子さんは、片ときも自分から離そうとしない。

智子さんが「生ける人形」になったのは母体の水銀を吸いとって、自分を救ってくれるためだった、と信じている。智子さんのあと六人の子が生れたが、一家そろって元気なのも、智子さんが小さな体で一身に水銀を引受けてくれたからだ。

米国の写真家ユージン・スミス氏に、この母子をうつした一枚の作品がある。母親が、枯木のようにねじ曲った娘をだいて、フロを使わせている写真だ。この世界的な写真家は、二年前から水俣に住んで、その悲劇をとりつづけている。彼は何も語らない。ただ黙って写真をとる。それは、この事件の残酷さの中でなお光りかがやく人間愛をうたっている。

水俣病の原因を一貫して追及した熊本大学研究班は、最後の三十六、七年度に、国の予算を打切られた。このとき手を差しのべてくれたのは、米国の国立衛生研究所の援助資金一万五千ドルだった。会社がひたかくしにする中で、有機水銀という真犯人をつきとめたのは、実は、この資金のおかげだった。写真家スミス氏といい、米国立衛生研といい、水俣の歴史の中で示してくれたアメリカ人の良心に、われわれは脱帽する。

それにひきかえ「全面勝利」の声が、われわれをなんと恥ずかしくさせることか。智子さんの前で、なんとウツロに響くことか。(48・3・21)

尊属殺人論議

親殺しを、他の殺人より重く罰するのは憲法違反だという最高裁判決には、ちょっと奥歯にモノのはさまったところがある。

大法廷の十五判事のうち前駐米大使の下田さんだけが、「親子は人倫の大本、重罰に処するは理の当然」と勇ましく反対したが、十四人は違憲説をとった。だから全員一致に近い結論といえるわけだが、その理由が二つに分れた。

八人の多数派は「死刑または無期という尊属殺人の刑は重すぎる」という理由からだ。つまり悪逆非道の親を思いあまって殺した場合、いくら情状酌量してもふつうの殺人罪のように執行猶予はつかず、刑務所行きになる。また実際にそういう例も少なくなく、これはひどすぎるという。

逆にいうとこの説は、親への報恩という道徳にてらして、他の殺人より重罰を科す尊属殺人の規定はあってしかるべきだが、いまの刑罰は重すぎるのがよくないということになる。この評決の八名のうち、七人が判事、検事出身というのは、物事を程度問題でみようとする実務家らしい現実主義かも知れぬ。

少数派の六人は「親殺しの条文そのものが民主主義理念に反する」と歯切れよい。この六判事のうち五人が、学者、弁護士出身だ。是非善悪はハッキリすべしというところに、在野の人、学究の人の理想主義が感じられる。

尊属殺人罪がなくなると、親孝行がすたれるのではないかというが、それとこれとは別の話だろう。法律がこわくて親孝行にはげむのだとしたら、そんなものはもともと「親孝行」ではない。モラルとは内面の声に呼起され、おのずと生れるもので、法律に指図されたときモラルはモラルでなくなってしまう。

法律におけるモラルは、料理の中の塩のようなものか。塩は「かくし味」としてよい

料理に不可欠のものだが、だからといって入れすぎるのはよくない。(48・4・5)

無罪を考える

チフス菌事件で、鈴木充さんを無罪にした千葉地裁萩原裁判長の判決文には、苦渋の跡がありありとうかがえる。「率直にいって被告人に対する疑念が一掃されているとは思わない」「一まつの疑念は残る」と、くり返し述べられていた。

昭和三十九年から四十一年にかけ、千葉、静岡両県で集団チフスがおこり、全国発生数の一割に達するほどの異常な数字になった。厚生省がその感染源を見つけるため、追跡の糸をたぐっていくと、四つの現場、六十三人の患者がいずれも鈴木さんの親類、知人、友人だという共通項を発見した。

しかも鈴木さんからもらったバナナを食べた人たちはみんな発病した。鈴木さんは逮捕され、七日後に目に涙をためて「生体実験のためだった」と自供した。しかし結局、裁判長はこの自供を採用しなかった。自供通りのやり方で赤痢、チフスを発病させることは「不能か至難だ」と、判決はいっている。つまり鈴木さんは警察の暴行や脅迫なしに自分の意思で自白したのだが、しゃべった内容は事実でなかったという理由で無罪になった。

また犯罪の動機もはっきりできなかった。後半になって検察側は「異常性格」だと説明したが、これは自己矛盾に陥った。そうだとすれば検察は、異常性格の男の自供をただ一つの直接証拠にしていることになるからだ。

鈴木さんが犯人でありそうな状況や確率は、たしかにいろいろとあったにちがいない。だが判決が「ありそうな話」では動かされず、「疑わしきは罰せず」の原則をつらぬいたのは、筋が通っていた。「十の犯人を逃がすとも一の無実を罪するな」という言葉がある。この信条なしに、人権は成立たない。

一審ではあるが、鈴木さんは無罪となった。それをどう考えるかは、われわれの人権感覚度のリトマス試験紙だと思われる。（48・4・21）

赤ちゃん周旋

中絶を頼みにきた母親を説得して赤ちゃんを産ませ、別の夫婦に「実子」として世話をしてきたという石巻市の菊田医師の話は、多くの家庭でさぞ論議をよんだにちがいない。

菊田さんの言い分をきくと、それなりに納得できる。まず養子より実子として育てた方が愛情も深くなる、と希望する引取り手の多いのが現実だ。泣きこんでくる母親は妊娠六カ月を過ぎ、中絶は母体に危険をともなう。男に捨てられたり、経済的に育てられないという切羽つまった女性が大部分だ。

それに「赤ちゃん周旋」は無報酬でやってきたし、実の母親の名は明かさない。だから この処置で一人の被害者もいないどころか、実の親、育ての親の両方によろこばれ、涙を流さんばかりに感謝されているという。実際、菊田さんは法を犯して、数多くの家庭悲劇を救っているのかも知れない。彼に同情が集るのはそのためだろう。

しかし、だからといってその行為を社会的に認めるわけにいくだろうか。たとえ菊田さんのために多くの人が救われたとしても、それがこの一人の医師の善意に頼っている点に問題がある。もし広告がおおっぴらに許されるなら、つぎに「赤ちゃんブローカー」が出現するかも知れない。後つぎや労働力補給のために利用されるかも知れない。

少なくとも、そうならないという保証はどこにもない。菊田医院に持込まれるケースの背後には、性の無知、養子縁組への偏見、国や宗教団体による施設の不備などのさまざまな原因があるので、解決の方向は、菊田さんのような医師がもっと大勢出現することではないだろう。

ただ警察には、菊田医師を送検するためにしゃくし定規なやり方をしないよう願いたい。あっせんした赤ちゃんの中には高校生になったものもいる。証拠を集めるために、平和な家庭を刑事がこわしてまわるのは、法の本当の目的ではあるまい。(48・4・22)

法律と社会

人間万事、法律のいう通りに行動したらどうだろう。さても住みにくい世間であろう。戦後、ヤミ米を一切口にせず餓死した高潔な判事がいた。いいかえれば、生残ったものはみんな食管法違反で食いつないだわけだ。

交通規則も同じことで、高速道路で制限六〇キロを忠実に守れば、交通渋滞や他人迷惑になることが多い。法規通り四〇キロで都会を走っていて、うしろの車に警笛でおこられるのは、初心ドライバーがだれしも経験する。

いわゆる「順法」は違法だから、法規でなんとか取締まれないのかという町の声をよく聞く。いら立つ気持はよくわかるのだが、たいへんむずかしい。順法闘争の運転士は「線路内に人影を見たので徐行した」といい、車掌は「乗客の出入の安全を確認して、ドアを閉めた」という。そんなことをするな、という規則はなかなか作れまい。

そんなに順法が大事なら、鉄道営業法の「定員」を守ったらどうか、という乗客の言い分もある。同法二六条には「旅客を強いて定員をこえ車中に乗込ましめた」ときは、係員は二千円以下の罰金もしくは科料をとられることになっている。だがこの「定員」とは座席数なのか、ツリ革まで勘定に入れるのか、当の国鉄でさえ知らない。

つまり世の中はそれほど法規通りに動いているわけではなく、常識や習慣が血肉となって社会を成立たせている。物事がギクシャクするのは取締りが不完全なためであって、だから法規をもっとふやして厳重にすべきだという意見は、たいていの場合、錯覚に終る。

解決の基礎となるのは原則論より人間の常識であることを忘れると、当事者同士の理屈の投合いだけになりがちだ。順法闘争の論議を聞いていて、国鉄当局も組合も、弁論大会の弁士のようにみえてくるのはそのためではないか。(48・4・27)

企業の多角化

社長の突然の自殺というショッキングな発端で始った中日スタヂアムの倒産事件は、捜査が進むにつれて、ますます泥沼の様相が濃くなった。当局は会社内部の者がからんだ計画犯行の疑いすら持ちはじめたという。

　事件が明るみに出て、一番びっくりしたのは、この会社が名前とは裏腹に、実体は不動産屋だったということだ。昨年の年間売上げ四十五億円のうち、八一％が不動産部門の収入であり、球場からの分はわずか三％にすぎない。もちろん、二十三年の創立当時はこうではなかった。それが四十年ごろから観光事業に、数年前から不動産にも手をひろげた。

　つい先日、解散を決めた東京スタジアムの例のように、いまは、球場の経営だけでは苦しいらしい。企業の多角化は時代の流れであり、経営者が他の事業に手をのばすことに、必ずしも反対はできない。だが、もうかれば何をやってもいい、とはいえないだろう。

　それに、東京と違って、中日スタヂアムは、東海地方唯一のプロ野球場だ。ここを本拠地とする中日ドラゴンズには熱狂的な地元ファンが多い。毎回の試合の入りも悪くない。それほどのもうけはないかも知れぬが、本業一本でも、何とかやって行けたのではないか。

　何よりいけないのは、この会社が、球場経営という一種の公共的企業に対する世間の信頼と、地元球団へのファンの愛情とを、不動産業者としての信用にすりかえてしまったことだ。その信用を悪用して何百億円という手形を乱発したのが、破滅への道につながった。

ことしのプロ野球は、両リーグとも、近年になく面白い。ファンの入りも多い。が、こんどの事件は、その盛上りに冷水をあびせた形だ。しかも、野球を見せることを商売にする業者がやったのだ。自らの首をしめる、これに過ぎるものはない。(48・5・30)

こんな医者にかかりたい

手術に使ったハサミをおなかのなかに置忘れた、などというぶっそうな話がある。生んだ赤ちゃんをとりかえられた、いや病気でもないのに、別の乳児と間違えられて手術をされたという親もある。増える一方の医事紛争の解決に厚生省も研究班をつくるという。

患者の訴えや不満に誤解もあろう。だがもう少し慎重だったらと思われるケースも多い。むかしは手術といえば命がけの一大事だった。いまは技術の進歩で、苦痛もなく難病のもとをばっさり切りとってくれる。

だがそのかげで、手術万能といった傾向が生れたりするのは困る。近くの病院で「すぐ切りなさい。入院日はいつ」といわれて青くなる。念のために別の病院に行くと「まあこの程度なら、気長に様子をみて」。そんな経験をした人も少なくはないはずだ。診断の相違といえばそれまでだが、ある種の治療は病気以上に悪い、というのもまた事実。人漢方医療や漢方薬が大人気というのも、なにも中国ブームのせいばかりではない。人間の心身の働きには、まだまだ人知の及ばぬ未知の領域が残されている。機械の部品交換とは違うということを忘れると、人体実験まがいのことまで行われるようになりかねない。

このごろのお医者さん、少々勇まし過ぎるのではないか、という声をいちがいにはうち消せまい。中医協では、医療費引上げについての発言がけしからぬと、その委員の経営する会社製品の不買運動を起す有様だ。生殺与奪のメスの切れ味、おおこわ、というほかない。

政医も性医も必要だろう。だが病人がいま求めているのは、聖医とまではいわなくとも、やさしくこちらの相談にのってくれる町のお医者さんだ。その人たちのためなら、市民もまた親身になって真剣に、健保制度の矛盾を考え、気持よく応分の負担をしたいと思うに違いない。（48・6・17）

魚と公害

小学校の子が学校から帰るなり、「魚はたべないよ、今晩は肉だ」と勇ましく宣言した。どうやら魚ぎらいの、立派な口実ができたらしい。子供の世界でも騒がしいほどだから、大人たちは、毎日何を食べてよいのか途方にくれている。

厚生省が水銀暫定基準として、一週間分の魚献立例を発表した。おなじみの魚が、ずらり並んでいる。食通の池田弥三郎さんによると「うまい魚は、どうも下品なものに多い」というが、トロの刺身や、サンマの塩焼も、これからは数をかぞえて食べねばならぬとは、味気なさを通り越して、索漠《さくばく》たる気分になる。

後世の俗説だが「源氏物語」の作者、紫式部はイワシが大好きで、夫がいないときはもっぱらイワシを食べていた。平安朝を代表するみやびやかな才女が、人知れず、イワシをむしゃむしゃやっている姿は、あまりピンとこない。ご亭主の宣孝も、よろしからずと思ったのだろう。あるとき「いやしい魚が好きですね」と注意した。

そのとき彼女は少しもさわがず、「日の本にはやらせ給う石清水　詣らぬ人はあらじとぞ思う」と、和歌で返答した。日本中で流行している石清水八幡（イワシの掛けことば）のおまいりを、しない人なんておりませんよ、とやり返したわけだ。

ことほど左様に、何百年の間「日の本にはやらせ給う」てきたお魚だ。それを片っぱしから制限しようというのだから、これは歴史的な大事件だろう。それもこれも、工場が長年、水銀のたれ流しをつづけ、いま天罰となって返ってきたというほかはない。

厚生省の基準を読んでも、わからぬことが多い。川魚はどうすればよいのか。貝はもっと危険なのではないか。マグロはなぜ適用されないのか。こうした疑問に納得ゆく説明をしてほしい。あいまいさは不安をつのらせるだけだろう。（48・6・26）

魚と公害２

魚の安全では、厚生省の腰がふらふらしてはなはだ頼りない。一週間の摂取許容量について、二十四日には「アジ十二匹」だといい、魚屋さんに突上げられると、あっさり「四十六匹」に訂正した。

中国の狙公《そこう》の話を思い出した。この人はサル好きで、何匹も飼っていたが、金がかさむのでエサを減らすことにした。「今後はドングリを朝三つ、暮四つにする」と申渡すと、サルが怒り出した。そこで「では朝四つ、暮三つにする」といったら、サルどもが大喜びした。以来「朝三暮四」は、詐術を用いる意味に使われている。

厚生省が国民をだますつもりだったとは思わないが、「朝十二匹、暮四十六匹」は、将来の辞典に採用されるかも知れない。「むかし厚生省が、朝には十二匹食べてよいといい、暮れになると四十六匹でも大丈夫といったことから、頼りない話で人を混乱におとし入れる意」。

同省の説明によると、〇・三ｐｐｍのアジなら十二匹が限度で、〇・〇八ｐｐｍなら四十六匹だという。では世間に出回っているのはどうかというと、汚染水域のものでも平均〇・〇八ｐｐｍだそうだ。それなら四十六匹でよさそうなものだが、最初の発表は十二匹にした。

「実際には起り得ない理論値」の方をとったのだそうだ。われわれの知りたいのは「あり得ない数字」ではなく、「実際に注意しなければならない数字」の方だ。大切な指針が魚屋さんの圧力で曲っても困るが、さりとて空理空論にもてあそばされても困る。その辺、腰をすえて発表願いたい。

だが指針が出ても、自分の食べている魚が何ｐｐｍかわからぬ限り、不安は消えない。まずｐｐｍの高そうな水域を早く調べること。消費者に魚の産地がわかる方法を講ずること、だれが、どこで、どれぐらいの水銀やＰＣＢをたれ流しているのかも、徹底的に調べて公表してほしい。（48・6・28）

太郎杉

「日光の太郎杉を切らない」と、金丸建設相が国会で約束した。あすの東京高裁判決で、たとえ道路拡張派の国や栃木県の言い分が認められても、太郎杉は命永らえることになった。

だれが名づけたのか、「太郎杉」とは名前がよい。樹齢五百年、日光の入り口に亭々とそびえ、骨太な幹を天に伸ばして風に鳴る。台風にもびくつかず、脚下の排気ガスにも降参しない。風に備え、周囲の老杉をロープで太郎に結びつけているのは、彼が王者たることを何よりも示すものだ。

「太郎は自動車のジャマになる」という理由で、建設省と県がこれを「切る」ことに決めた。そこのけ、そこのけ、車が通る、といわんばかりの横車だった。東照宮が訴訟に持ち込み、市民たちも応援した。四年前、宇都宮地裁の石沢裁判長は保存派に軍配をあげた。

「太郎杉を人間は創造することができない」「国や県は、失われる価値の重大さを見失った」という胸のすくような判決だった。それでも役所はメンツにこだわって「放置しておけぬ、最後まで闘う」と、控訴していた。こんどの金丸発言には、日光宇都宮バイパスが完成するので太郎を処分する必要がなくなった、という理由があるというが、これもへ理屈だろう。

もしそうなら、なぜ最初からその努力をしなかったのか。第一審判決も「道路は費用と時間をかければ、いつどこにでも建設できる」から、別の方法を考えなさいといっていた。一本の杉で九年間争って常識が勝った。いま太郎杉はりょうりょうと、夏空に向かって勝利の歌をうたっていることだろう。

観光ドライブが渋滞して困る。木を倒し、草をはらい、山を裂けば、車が早く走れるようになるという。いっときは早く走れるだろう。だがその車で、走りながら何を見にいくのだろうか。(48・7・12)

原爆はなお広島にあり

今年に入ってから七月の終わりまでに、広島原爆病院で四十五人が死んだ。原爆症にみられる著しい特徴は、すさまじいまでの老化である。歯も髪もぼろぼろに抜け、肉はそげ落ちる。

原爆投下のあと「今後七十五年の間、広島に人は住めない。草木も生えない」といわれた。その広島にいま七十五万近い人が住み、街路樹は濃い緑だ。予測は当たらなかった。が、原爆は、なお広島に〝在る〟という。それは被爆者の体内に在り、器官を徐々に、しかも決定的にむしばみ続ける。

原爆病という病気はない。白血病、肺がん、肺臓機能障害。それはさまざまな形で現れる。無作為に、あらゆる人体機能を、あらゆる形で侵す。だから人によってはそれを原爆症候群といい、また機能を失わせるものだからぶらぶら病とも呼ぶ。

病を進行させる悪魔的な力は、現代の医術をも寄せつけない。「それに迫るには、医師としての情熱しかない」と、原爆病院の重藤《しげとう》文夫院長はいい、「私は患者に与える言葉を知らない。その言葉を知るようになりたい」ともいった。情熱と言葉と、医学的、政策的に可能なかぎり、すべてを試みるという固い意思。

七月三日、病院で四十五歳の男の被爆者が息を引きとった。彼は、被災直後の広島で、工員として、遺体処理にたずさわった。残留放射能による障害とみられる。三年ほど前から、足のだるさを訴え、去年、胃が痛み出した。胃を開くと「胃壁全域が、砂をまいたよう」になっていた。

一時小康状態が来て、三日、にわかに命は絶えた。臨終のうわ言で「駅に寝ているみたいだ」という。それは、焼け落ちた広島の駅。あるいは、駅に転がり「寝ている」黒い死体の記憶だったのだろうか。

六日、二十八回目の原爆忌である。いま駅に〝寝る〟人はない。が、永久にないという保証もない。(48・8・6)

壮大な実験室

「人間の闘争本能はなくせるものか」という人類の大テーマを掲げて、イカダ「アカリ号」が大西洋横断の漂流をはじめたのは、五月十二日だった。日本人をふくめ国籍も言葉もちがう男五人、女六人が、大西洋をゆらりゆらり。

百一日の漂流を終えて、この二十日、打ち上げ花火の中でメキシコの港にたどりついた。さて、主催者のいう「閉ざされた状況下の人間の攻撃的性格」はどうだったのか。テストを受けるまでは一切公表しないそうで、漂流生活の実相はまだ分からない。が、写真で見る限り、十一人の男女が肩を組んでにこにこ笑っていた。

いささかのシロウト解釈を許していただければ、「平和共存できるか」という仮説を証明するために、みんながイカダに乗ったとすれば、それは純粋な実験室であったのか、どうか。たとえば、後日、出版されることを知りながら日記をつける政治家や作家の文章に、しばしばみられるような作為は起こり得ないだろうか。

アカリ号が出発する前に、ちょっとしたもめごとがあった。この実験を計画したメキシコの人類学者を「いばりすぎる」「金もうけ主義だ」と攻撃して、一女性が参加を取りやめてしまった。「攻撃的性格」を確かめるためのイカダが陸を離れる前に、はやばやと攻撃の矢が放たれたわけだ。

メキシコ国営テレビが金を出したというのだから、いい加減な企画ではあるまい。「女性はほとんど働かないのでずいぶん太った」という、日本人カメラマンの報告一つ読んでも、うなったり、考えさせられたりする。漂流の映画や手記は、さぞ話題を呼ぶだろう。そしてお金がからむと、人間の争いが始まるということはないだろうか。

イカダを下りたあとの世界の方が、「闘争本能や攻撃的性格」の実験室としては、いっそう適しているかも知れない。（48・8・23）

大学が守るもの

熊本大学医学部が第三水俣病の疑いありとされた二人について、「シロの結論を尊重する」という教授会見解を発表した。クロ説の教授たちが自説を撤回したわけではないから、いわば多数決による結論というべきものなのだろう。学問上の主張が多数決で決められたとしたら、これは身の毛のよだつ恐ろしい話である。

有明町地区の二人が水俣病であるのか、どうかは、コラム子に判定すべくもない。また、環境庁の専門家委員会が、すでにこの二人をシロと認定したやり方にも、異論はない。補償などのからむ行政の必要上どちらかに決めなければならないだろうし、やむを得ず多数決による場合だってあるだろう。

しかし、どうしても理解できないのは、教授会が大学の名において、学者の説の当否に判定を下したことである。教授会のメンバーがそろって水俣病の専門家ではあるまい。それに多数に学問上の真理があるなどという保証は、どこにもない。

なぜ、このような現代の宗教審判がまかり通ったのか。県議会から「熊本大学医学部に対立があるから、正常化すべきだ」という申し入れがあり、これにこたえたためらしい。学者の間に見解の相違があるのが「正常でない」というのなら、さても奇妙な「学問の府」ではある。

大学側は大学の「秩序と権威」を守り、「社会的影響」を考えたうえの措置だといっているそうだが、むかしのガリレオ裁判によく似てはいないか。「地球は回っている」と主張したばかりに、ガリレオは宗教審判にかけられた。異端審問官たちは「神聖なる信仰を傷つける無秩序を防ぐため」に、今後、地動説を信ずることも、話すことも、書くことも彼に禁止する。

「神聖なる信仰」を「神聖なる大学」とおきかえて、三百五十年前の枢機卿たちの恐ろしい判決文を一読されてはいかに。（48・8・26）

ライオンの降るデパート

コラムの名手、故高田保氏の名文句に、「三越にはなんでもございます。屋上には青空もございます」というのがあった。まだ「コマーシャル」などという言葉のなかった時代の、みごとなコマーシャルとして残っている。

これをもじっていえば「三越にはなんでもございます。天から降ってくるライオンもございます」。三越横浜店で、鉄製、重さ四百キロのライオンの飾りが落ちて、作業中の七人がケガをした。開店二日前だったのが不幸中の幸いで、開店後の雑踏だったらと思うと、背筋が寒くなった。

一本のボルトで三百キロの重さを支えられる。そのボルトを十二本打ち込んだと責任者はいい、現場検証をしてみると八本だとわかった。しまらぬ話だが、八本にしても、なぜ四百キロの物が落ちたのか。ボルトより、まず気の方がゆるんでいて、どこかにいい加減な仕事があったのだろう。

横浜駅前はデパート新築競争のはげしいところで、そこへ三越の初進出だった。商戦前夜で、無理な工事日程があったのではないか。二カ月前には、西武高槻店が全焼し、死者六人を出したが、これも開店四日前だ。西武グループの関西進出の先兵として、徹夜の突貫工事の最中だった。

これは、ガードマンが「仕事に疲れ、ビルをもやしてしまえば楽になると思った」と自供して、放火とわかった。それにしても延べ六万平方メートルの火災にしてしまったのは、水も出ぬビルに何十億円の商品を搬入したためといわれる。商売が先、安全は後回しという毎度おなじみの商魂である。

デパート一階から火が出ると、三万人が煙に巻かれて死ぬ可能性がある、という大阪大学による机上実験がある。東京都の防災査察では、都内の有名デパート三十五店を調べてみて、全部「欠陥デパート」だそうだ。お歳暮は、すいている店に行こう。(48・11・23)

巨大な火葬場

運命の非情というのか。ハイジャックの乗客たちが羽田でよろこびの声に包まれていた、ちょうどその時間に、熊本の大洋デパートの火災が起きた。歴史に残る昭和七年の白木屋の火事は、死者十四人だった。死者九十九人という惨事のいたましさが想像をこえる。

実は一週間前のこのコラムで火災については「欠陥デパート」が大半だ、と書いたばかりだった。デパートの多くが拡張や売り上げに追われて、防災に手を抜いていることは、消防関係者や自治体がくり返し警告していた。それがこれほど早く現実となってあらわれたことに、やり場のない気持ちになる。

大洋デパートの火災については、まだ正確な事実は分かっていないので、推論を重ねることは避けたいが、増築中だったというし、定休日を返上しての歳末売り出しだったときいて、材料がそろいすぎている感じもする。

出火原因が工事と直接に関係あったのか、どうかは知らないが、スプリンクラーや排煙機は動かなかったという。女店員たちも悲鳴をあげて逃げまわり、だれも誘導してくれる人はいなかったと、大勢の人が証言しているのはその通りだったのだろう。真っ暗な中で、どちらへ逃げてよいのか分からない。階段が煙突になって煙を吸い上げ、その煙に追われて上へ上へと追いつめられ、ばたばたと煙死する。

こうしたことを聞くにつけ、死者百十八人を出した去年の千日デパートビルが、どれだけの教訓になっていたのかと疑いたくなる。あのときも誘導はほとんどなく、人々は出口が分からずに逃げまどい、煙で倒れた。

消火設備がはたらかないときは、店を閉めるのが、責任者のイロハではないか。きらきらした売り場を作るより、まずお客の安全を考えるのが先ではないか。そうした責任感のないデパート、劇場、映画館、集会場は一瞬、巨大な火葬場と化す。(48・11・30)

飛びおりた少女たち

「そーれ」と掛け声をかけて、小学校六年の少女三人が、校舎の三階から飛びおりて重傷を負った。三人とも鎮静剤を飲み、コウモリガサを手にしていた。分からない。ぞっとするその光景を想像しながら、やはり、分からないとしかいいようがない。

おそらく本人たちも分からないのだろう。この異常な事件を調べた記者たちも、人によって、その心理や原因をさまざまにとらえていた。学校がいやになった(朝日)、転校生をひいきした(毎日)、給食の食べ残しでもつれ(サンケイ)。

なぜ薬屋が、小学生に脳神経鎮静剤を売ったのかも分からない。報じられたように

「夜眠れない」といってきた少女に、大人でも意識がもうろうとする薬を売ったとすれば、その神経の方にこそ安定剤が必要だ。少女たちは一人で十数錠も飲んで窓によじのぼり、カサを開けて飛びおりた。

とうとう小学校にまでクスリ遊びがはじまったらしい、と警察はいっているが、大変なことだ。さっそく調べて、事実なら徹底的に取り締まってほしい。それにしても、なぜ三少女がそろってカサを広げたのか。混濁した意識の中で、落下サンのようにふんわりと空中を飛べると思ったのかも知れない。

落語の「愛宕山《あたごさん》」には、タイコ持ちが京の愛宕山から谷間を目がけて、カサで飛びおりるところがある。「おりる、おりる、すごいなア」と、死んだ桂文楽が中腰でやるお得意の芸だったが、まさか彼女たちがこの話に触発されたわけではあるまい。

ディズニーのミュージカル映画「メリー・ポピンズ」では、メリーさんは左手にパラソルをさし、右手にカバンをさげて地上に舞い下りてくる。少女たちの幻想に、あの名作があったかも知れないが、とにかく十二歳の子供を狂わせる薬を売るとは、法律以前の常識の問題だ。（48・12・9）

深読み

専門家は知識と経験を傾けて、物を「推理」する。当たるときも、外れるときもある。外れるのは推理不足のときもあるが、推理をしすぎたときもある。いわゆる「読みすぎ」という場合だ。

今月六日、東京・上野で五人殺しがあった。現場には灯油がまかれ、ガスせんが開け放しになっていた。かけつけたベテラン刑事たちは、こう推理した――犯人は冷蔵庫のサーモスタットの自動的なスパークでガスを爆発させ、家ごと焼こうとしたに違いない。つまり犯人は技術的な知識をもつ、相当な知能犯だろうという推理だった。ところが共犯を捕まえたら、その男が「灯油をまいて、ガスを出し放しにしておけば、十分ぐらいで自然発火すると思った」と自供した。並みいる刑事たちは唖然《あぜん》としたそうだ。

部屋にガスが充満したら灯油が自然に発火するだろう、というのは小学生も笑うほどの幼稚な話だ。ベテランが推理をつくすほど、犯人の方は考えぬいたわけではなかったのである。探偵の「読み」は犯人が捕まれば結果が分かるが、石油戦略とかキッシンジャー外交といった話になると、そう簡単にはいかない。

たとえば、いま通産省が石油業界に厳しい態度をとっているのは、業界と暗黙の了解があるからだという推理もある。石油は近々に値上げせざるを得ない。しかし現状で、政府が石油値上げを認めたら、世論の袋だたきに遭うことは目に見えている。そこで政府は厳しいゼスチュアを示したあと「それでもやはり値上げは必要だ」といって、世間に納得してもらう算段なのだという。

「物はある」といわれれば「ないことだ」と思い、「ない」といわれれば「あるらしい」と解釈する。人々はいつも「だまされている」と感じている。また、そういう心理を操作するために、手の込んだ方法を考え出す人もいる。だから「深読み」がはやるのだろう。（49・2・24）

非常時に聞くこと

百三人の死者を出した熊本の大洋デパート火災のとき、店内で人はどう動いたかという調査が、京大工学部の堀内研究室でまとめられた。結論は「非常用標識のように視覚によるものより聴覚に訴える誘導の方が効果的だ」というものである。

非常の際、声や音が、いかに人の行動の助けとなるかの実証である。あの時、全館放送や非常ベルは鳴らなかった。人々は混乱の中を、出口を求めて、殺到した。誘導標識があったにしても、ほとんど目にはとまらない。もし、落ち着いた声のアナウンスが全店に流れ、しかるべき避難口を指示していたなら、被害はもっと少なかったと堀内教授はいう。

人は、音によって方向を知る。たとえば灯台から流れる霧笛だ。濃霧に閉ざされた船は、霧笛によって、自分の所在地を確かめ、陸からの距離もおおよそ知ることができる。そして霧笛が聞こえるということから、心理的な孤絶感からも逃れることができるだろう。

四十五年十二月、立山の地獄谷から下山途中の三十三人の登山者たちを猛吹雪が襲った。同志社大学生の七人のパーティーは遭難したが、残りは山小屋にたどりつき、死をまぬがれた。雪中に迷う人たちを山小屋に呼んだのは呼び子の笛である。荒れ狂う雪のあらしの中で、声は聞こえない。鋭い笛の音は、あらしの壁を突き通して伝わっていく。

ヤミの中の光は、われわれを勇気づける。が、その光も絶えた時、救いは音である。呼びかける声でもいい、車の走る音でもいい、ともかく音のある方、つまり〝生〟のある方に向かって、人は行動を起こしていく。

耳の持つ機能は、単に音をとらえるだけではないという、しごく経験的な常識が、大切にされていないのはおかしいと思う。災害とは、特に人の目を奪うことの多いものだ

が、目を奪われた人を導く音の効能はもっと開発されるべきではないか。(49・4・8)

プロフェッショナル

粘土に赤い色紙をはりつけて、ダイナマイトだぞとおどし、東京の銀行に押し込んだ強盗が、あっけなく捕まっている。右手でライターのようなものをいじりながら、おどしたまではよかったのだが、かんじんのその右手、ライターを放して札束をつかんでしまったところで運が尽きた。

最近の泥棒では、こういう単純、おそまつなものは例外だそうである。腹がへり、金もなく、ついといった出来心的泥棒は少なくなり、泥棒がプロ化した。平均年齢も上がる一方で、いずれ老化がきわまって、泥棒はいなくなると、笑い話にもなる。プロだから孤高を保ち、グループ犯をさける。

プロゆえに、道具にはこり、去年警視庁に捕まった怪盗七〇四号は、なんと二千五百点もの盗み道具を備えていた。機動性にも富んでいて、有名人専門に襲った八〇二号は、キャデラックを持って、堂々と犯行現場に乗りつけたという。この十年間に三百二十件、三千六百万円を盗んで、いまだに捕まらない三〇二号は車に乗っても、必ず現場近くでおり、そこからは、自転車を盗んで使う。

鹿児島銀行沖永良部支店の強盗事件で特徴的だったのは、使われた乗り物の多様さである。しばられた銀行員夫妻は、まず白いライトバンに乗せられる。続いて別の車に乗りかえ、つぎは漁船。港から車でホテル、ホテルから車で那覇空港、そこから飛行機で鹿児島へ。

五人の犯人は奪った千四百万円を山分けし、うち二人は那覇空港から大阪へとんだ。まことに目まぐるしく、機動性にあふれた泥棒行ではあったのだが、警察の手配と機動力がそのスピードを上回った。

大阪へ飛んだ二人は、競輪で山分けの大半をすってしまった。金をにぎっても、まだ〝走るもの〟を見たい。スピードの魔に取りつかれ、スピードを〝御した〟つもりの男たちは、いつの間にかスピードのワナにはまっていたわけである。(49・6・3)

防災の日に

消防庁が自治省に属しているのはなぜかと聞くと、わが町はわが手で守るというのが、消防本来の理念であるからだという。ところが理念とは逆に「わが町」の意識は日ごとにうすれていく。消防意識の風化である。

都市で災害が起こり、それが広域的に広がったとき、何より恐ろしいのは「火」と「車」だ。心理学の安倍北夫さんの書いたものによると、十勝沖地震のとき、十和田市では使用中の石油ストーブの一・三％から火が出た。三百万世帯の東京都だと、三万件の火事となる。

それに車だ。首都高速道路でたった一台の車が事故でとまってしまうと、延々たる渋滞が起こる。東京じゅうで火災が起こり、至るところで車がとまってしまえば、都内の交通は完全にマヒしてしまうだろう。その車が人々の逃げ道をふさぎ、ふさぐだけならまだしも、車が燃える。関東大震災で被害を大きくしたのは、道を埋めた大八車だった。

火を消すことが、震災対策のイロハだということは、だれにも分かる。小さな火を、丹念に、ひとつ残さず消す。そのためには、地域の人たちの連帯と協力がなければならない。「わが町意識の風化」だなどと、のんびりしてはいられないのである。

東京都で市民消火隊を作ったのは、四十七年である。現在では品川、江東など七区に約二百六十隊ができた。一隊八人から十人で、町の有志である。その役割は、都民の避難道路を確保することだ。隊のあるところには、ポンプつきの大水槽《すいそう》があって、隊員がそのポンプを押して初期消火に当たる。そして避難のための幹線道路を火と煙から守るのである。

あれもしろ、これもしろと、住民からの要望が多すぎると、役所ではいっている。むつかしくいえば行政需要の増加である。なんでも役所主義。それだけでは、いまの複雑な都市問題は解けなくなっている。わが町はわが手で――古い言葉を思い出してみよう。きょう「防災の日」である。(49・9・1)

交通事故が殺すもの

主人を交通事故で失い、幼い子を抱えた母たちが訴えている。どこでもいい、安定した職がほしい。何か優先的に職につけるような制度を作ってもらえないものだろうかと。

中学三年と小学一年の二人の子を抱えた、四十歳の母の例をあげよう。タクシーを運転していた主人が、四年前、事故で死んだ。いま彼女は病気である。治る見込みのない難病だという。内職もできず、収入は生活保護の六万七千円だけである。六畳と台所二畳のアパートの家賃は九千円で、近く一万円に値上げされるかもしれない。

その日、その日をやっと食いつないでいる。中学生の長男を高校へ進学させたいと思うのだが、教科書とか、制服とか、入学のための支度金の目途がつかない――交通遺児家庭の、これが典型的な一例である。夫の死、収入の途絶、食生活の貧しさ、心労、病気。病気で職は無く、ますます落ち込んでいく暮らし。

遺児家庭の調査がある。父の生前と死後とで、どれほど生活が苦しくなったか。生前、六割の家庭は上または中程度の生活だったが、事故後も上または中と答えたのは五％しかない。半数は月収七万円以下の苦しい生活になってしまった。そして残された母の四割近くは、病んでいる。

その日ぐらしの貧しさが、病を呼ぶ。貧しさと病は、その調査でも、はっきりした相関関係をとって現れている。安定した収入があれば、少なくとも心労からは救われ、安定した職場で規則正しく働いていれば、健康にもいいにきまっている。

働きたいという母たちの、ささやかな願いくらい、みたしてあげることはできないものか。月二千円の遺児手当を出している自治体もある。が、それだけでは救いにならない。国も、自治体も、苦しんでいる母たちの就職を、真剣に考えてほしい。労組も力を貸してほしい。きのうから秋の交通安全運動が始まった。一人をひき殺すことは、その家族全員の殺害に通じている。（49・9・22）

ではない。

ラロック証言の衝撃

核が日本へ持ち込まれているという、ラロック証言を聞いて、衝撃を受けない人はいないだろう。この調子で核が全世界にばらまかれ、それがラロック氏のいうように無法なゲリラに奪われたり、〝国策〟として使われでもしたら、世界の平和などあったものではない。

日本の政府は「米政府は、核兵器に対する日本の国民感情もよく知っており、日本政府は米国がこの約束を守ることを信頼している」という。米国への信頼を建前とし、その建前を信じている、あるいは信じているふりをしている。が国民の多数は、そんな建前論議を頭から信じているわけではない。

原潜入港阻止を訴えている「十九日佐世保市民の会」の一人が、日本に核が持ち込まれているということを「日本政府は本当に何も知らなかったのか」と、疑問を投げているが、これが普通の見方、感じ方だと思う。国民の生死にかかわる本当に重大な情報は、われわれに伝わっていないのではないかという不安だ。

核を作らず、持たず、持ち込ませずという非核三原則が、日本の原則である以上、それは、どうあっても守らねばならぬものだろう。守ろうとすれば、それなりの努力はいるわけだが、持ち込みについては、信頼だけが頼りだなどといわれると、そんなことですむものかと、心もとなくなるのは当たり前である。

情報化社会だという。情報の量は、それこそ無限にふえていく。しかしふえているのはだれかに都合のいいものだけで、われわれは、情報を一方的に取られているだけではないか。国民総背番号制などへの反発も、取られるだけで、取れないという情報の一方通行への恐れだろう。

しかし、知ることが多くなれば、また知られることも多くなる。情報化社会はそれだけ秘密の保持しにくい社会ともいえるだろう。どれほどかくしても、ラロック証言のようなものが飛び出してくる。秘事は万里を走るのである。（49・10・8）

欠陥売り場に欠陥商品

着飾り、着ぶくれたもの同士が、肩をぶつけ合い、すり抜け、気ぜわしく、ごった返す売り場だ。通路には特設の売り台が張り出し、階段には売り場をはみ出した商品がうずたかく積まれている。

熊本市の大洋デパートの火災で百人を超す死者を出したのは、一年前の十一月二十九日だ。昭和四十八年の火災による死者は、千八百七十人で、戦後の最高だと、消防庁も発表している。一度に三人以上の死者を出す火災がふえているのだともいう。が、だれもかれも、数字や先例など、きれいさっぱり忘れてしまったような顔付きである。

今年何があったか、思い出すだけでもめまぐるしい。田中さんがやめたし、水害でたくさんの人がなくなったし、三菱重工の爆破があった。「二度とこんなことを起こしてはならぬ」と怒っているうちに、次の大事件が起きて、前のは影をひそめてしまう。怒りが分散してしまって、何を怒ったのかさえ、忘れ果てる。

忘れっぽい体質は、むろん経営者側にも共通する。消費者側の健忘症に悪乗りしている面もなくはないが、よくみると一つのミスがどれほどの損になるかという単純なソロバンをはじくことさえ忘れている。そして、欠陥売り場に、欠陥商品があふれ返るという結果になる。

通産省が、危ない家電製品の追放に乗り出すことになった。兵庫県立神戸生活科学センターが指摘している「燃える家電製品」の例をみると、ズボンを黒コゲにするズボンプレッサー、中から煙が出る冷蔵庫、ダイヤルを「切」にしておいたのに焼け出したアイロンなど。

日本の売り場は、仕入れた品をありったけ、所せましと並べている。それは、商品倉庫を持てない日本の商店の貧しさのせいもあるということだが、並べ、積みあげた商品そのものが、欠陥多数となれば、日本の豊かさとは、まことにお寒く貧しい豊かさということになろうか。（49・12・9）

無神経な町

身障者用の電動式車いすが、開発されている。大きな自動車会社も製作をはじめた。厚生省が、その四百台分の補助金として、来年度予算に二千二百五十万円を要求したという。

これまでの車いすは、手で動かす。それが電動式になるのだから、非常に便利なものだろうし、動く速度は人の歩く速さ、機種によっては四時間、二十キロていどの走行能力がある。徐々にではあるが、こうした改善を積み上げていくのは、当然のことだが、身体の不自由な人にとって、まだまだ町は不親切すぎる。不安で、おそろしいという。

脳血せんで倒れ、二年の間、寝たきりだった友人が、職場に帰って来た。まだしびれが残り、左の手足が自由でないので、つえに頼っている。電車で通勤しているが、四カ月間、席をゆずってもらったのは、一回きりだそうだ。

彼の話――都市とは、何と階段の多いところだ。階段は上るより、下りるのがこわい。足が不自由でも力があれば上ることはできる。が、下りかけて、つまずきでもしたら、力ではどうにもならない。そんなとき、手すりがあればしがみつけるのだが、手すりのない階段の方がむしろ多い。

もうひとつこわいのが、ご婦人のさげている紙袋だ。重くて固いものがどっさりつまっていて、それが当たると、痛みが全身を走って、倒れそうになる。だから、紙袋の多いデパートやスーパーの近くは、できるだけ、避けて通る。

「死にかけている時は、何も考えなかった。つらかったのは、回復期だった。この手足が動くのか、当てにならない可能性を当てにする、それが苦しかった」と友人はいう。きのうまで動かなかった指が、きょうかすかに動く。それがどんなにうれしいことかともいった。

身体の機能、行動の範囲、身体の不自由な人にとっては、毎日毎日がその限界にいどんでいることなのだろう。無神経な町とは、その可能性を、無残につみとっている町なのである。(49・12・11)

だます人とだまされる人

自民党の政治献金で、一躍名の売れたあの国民協会の改組につけ込んで、詐欺を働いた男二人が捕まっている。国民協会の上に「日本」の名をかぶせた団体の名で、自治体の首長あてに「会費五万円で協会員となれば、選挙の時には政治資金の面倒もみる」と手紙を送る。

そして、「あの国民協会」と早とちりをした市長七人、十余人の町長ら合わせて二十人が、まんまとひっかかってしまった。犯人の一人は、役人の経験があって、会の趣意書はこの男が書いた。薄茶色のすかし模様の入った用箋《ようせん》に、それらしい文言を並べ、三センチ四方のまことにそれらしい日本国民協会の印を押す。

「公印」など、あまり縁のないわれわれなら、公印である故に逆に疑ってかかるところだが、首長さんともなれば、公印にはいたってお弱い。しかも内容は、将来の選挙資金も御用立ていたしますというのだから、来年の統一地方選挙もからんで、実に弱いところをついている。五万円という金額も、収入に見合ったほどほどのところだし、ついという気になったのだろう。

そこまでかしこい犯人なのだが、知恵のめぐりはそこまで、あほらしいようなミスを犯してしまった。郵便のあて名書きを、それ専門の会社に頼んだのだが、その会社は、革新の首長にまで、趣意書を出してしまったのである。いま全国で革新の知事、市長だけで百四十八人を超え、町村長は百三十人近い。そこへこんな趣意書を送れば、疑われるにきまっているし、現にそこから悪事が露見してしまった。

それにしてもたった五万円の会費で、途方もなくかかるという政治資金を用立ててもらえるなど、そんなうまい話があるものかと、ちょっと疑えば、わかるはずである。知恵も人格もある首長ともあろう人が、うまい話のうまさには、乗せられてしまう。ラ・フォンテーヌの寓話《ぐうわ》に「だます人はだましやすい」というのがあった。首長のわだちを、われら市民が踏んではならないことはむろんである。（49・12・12）

安楽死を考える

がんで苦しむ妻の願いをいれて殺した夫に、一日だけの禁固刑、実質的には無罪の判決がいい渡された。最近、英国にあった例だが、いわゆる「安楽死」についての一つの解決ではあろう。

夫六十四歳、妻六十一歳というこの二人は、近所でも評判のおしどり夫婦だった。ところが一年前に、妻はがんにかかった。病状は悪化するばかり、苦しみのため眠れない状態が続いた。そしてある朝、妻の「早く死なせて」という何度もの訴えに負けて、夫は彼女の腕にむき出しの電線をまきつけてスイッチをいれた。

途中でたまりかね、警察に知らせを頼んだという夫に、一日の禁固刑を告げたあと、裁判官は「あなたはすでに十分罰されている」と付言したそうだ。日本でも、まだこうした安楽死は、刑法の殺人罪あるいは嘱託殺人罪にふれる。また、自殺と同様、安楽死を否定する宗教も多い。

だが、がんの末期などになって、苦痛が激しく、しかも現代医術でも治すことができず、ただ死を待つだけ、というケースはよく聞く話だ。患者自身も、また家族の方も、早く死にたい、死なせてやりたいと思うのは自然だろう。欧米では、最近、こうした「死ぬ権利」を立法的に解決しようという動きがある。

わが国でも、昭和三十七年に、病気で苦しみ、余命いくばくもない父親に、息子が農薬をのませて殺した事件で、名古屋高裁が一審の尊属殺人罪を退け、単なる嘱託殺人罪を適用、減刑したケースがある。刑法学界でも最近では一定の条件のもとでなら安楽死を認める、とする学説が有力という。この条件は厳しいものでなければならないが、大体、この問題は、法律家だけにまかしておくべきものではあるまい。

日本は世界でも有数の老人国になりつつある。そして「楽に死にたい」というのがだれもの切なる望みであろう。老人問題とからめて、安楽死を、広い方面から論議すべき時が来ているようだ。(49・12・18)

成長の陰にあるもの

「人間の命は全地球よりも重い」という名文句があるが、人間の命は溶鉱炉より重いのかどうか。公害になやむ千葉の住民が川崎製鉄を裁判に訴えた。会社が五千三百億円を予定して、建設をはじめた六号高炉の差し止め請求である。

百九十七人の市民が訴えた。なかには「ぜんそく性気管支炎」という難病を背負った五歳の女の子もいる。千葉市の大気汚染はひどい。二酸化硫黄、二酸化窒素、ばいじんのどれを取っても全国にかくれもない。公害病認定患者は四百七十五人を数え、認定患者十八人が死亡している。

もちろん川鉄にも、言い分はあるにちがいない。県と市の同意を得ている。京葉工業地帯による大気汚染の責めを、川鉄だけに負わせるのは酷だ。それに公害防止を配慮した六号炉が動き出し、一号炉の火を落とせば、大気汚染の総量は現状より改善されると約束している。

鉄鋼は日本の高度成長の先兵だったたし、現在も最大の輸出商品である。その成長のすさまじさを示すのに、こんな説明もできる。大正元年から昭和三十九年までの五十三年間に、日本の銑鉄生産の合計はおよそ二億トンだった。昭和四十年から四十九年までの合計はおよそ六億トン。つまりここ十年間の生産量は、それ以前の半世紀分の三倍に達する。

川鉄千葉工場は、この成長神話のチャンピオンをつとめた。高度成長の勢いを読み取り、強気一方の設備投資をつづけた。同社を世界有数の銑鋼一貫メーカーに押し上げたのも、地方自治体による企業誘致の道を開いたのも、この千葉工場だった。

県や市は無償で用地を提供し、港湾、水路、電力を用意し、県税、市税免除の特権をあたえ、頼み込んで来てもらった。そのおかげで、農漁業県の千葉は工業地帯を持つことができたが、いまはその一つ、一つが裏目に出ていく。

「成長」競争で人を抜き、先頭で走っていたら、「公害」ではいつの間にかビリの方にいた。「成長」のもつ、もう一つの神話がそこにある。（50・5・27）

窮民革命論

札幌市の北海道警察本部の三階警備課入り口が爆破された事件は、治安当局に深刻なショックを与えている。一連の企業爆破事件の全容が解明されて、ほっとしているとき、意表をつかれたことはいなめない。土曜の午後で当直者しかおらず、現場には、警察の受付を通らないで自由にゆける、建物構造のスキもあった。

犯行グループは、やはり「東アジア反日武装戦線」を名乗っているが、同一グループかどうか、いまのところ、分からない。もし〝狼〟らとつながるものとすれば、切っても切っても、なくならないトカゲのシッポのしぶとさだ。

同一グループかどうかを見分ける決め手のひとつは爆弾の分析だが、〝狼〟らが作った強力な塩素酸塩系と違って、パチンコ爆弾だという。これは威力をますため、パチンコ玉などを混入したもので、四十六年ごろ、赤軍派がよく使ったが、製法の技術からいえば、幼稚である。〝狼〟らと直接のつながりはなくても、思想的に共鳴して行動しておれば「東アジア反日武装戦線」の〝継承者〟といえなくもない。

彼らは、世界革命浪人（ゲバリスタ）と称する評論家たちの「窮民革命論」に影響を受けているといわれる。山谷の下積み労働者や沖縄、アイヌなどの抑圧された人々こそ革命の主体になる、という主張だ。爆破の時刻は、ちょうど沖縄海洋博の開会式にセットしたとみられるふしがある。

こんどねらわれたのは、彼らのいう「警察権力」であったけれども、爆弾闘争はつねに無辜《むこ》の市民たちを危険にさらす。暴力、とくに爆弾という卑劣な手段はどんな理論を展開しても、正当化されるものではあるまい。沖縄やアイヌの人たちにとっても、迷惑このうえないことだろう。

警察庁は全国の警察本部に警察施設の警備に全力をあげるよう指示したが、道警でも、庁舎管理の体制を根本的に改める。爆弾闘争がエスカレートすれば、警察の警備がさらにきびしくなり、「窮民革命論」はかえってみずからの首をしめる結果になる。（50・7・21）

別件逮捕の重み

「私は潔白だ」と、恐かつ未遂事件の容疑で調べを受けた青年が、こんな話をした。「電話ボックスを出た。八人の刑事がいきなり、私を囲み、両腕をつかんで、近くの派出所へ連れ込まれた。任意同行の理由は教えてくれなかった。十一時間にわたって取り調べを受けた」。

この間、指紋、掌紋、だ液を取られ、筆跡も鑑定されたほか、ポリグラフまでかけられたという。まだ犯人と決まっていないのに、警察が実際にそういうことをしたか、しなかったのか、問い出せばきりのないことだと思う。しかしそれは、今までにも数多くあったことだし、これからも、いくらもありそうな事には違いない。

人殺しがいた。爆弾犯人が逃げている。容疑者が捕まると、「容疑にすぎない者」であることは忘れがちである。容疑者に集まる憎悪に、警察は悪乗りしようと思えば簡単である。あなたがたの敵を捕らえた、こんな悪いことをしたと、二、三、目ぼしい証拠をあげると、だれしもそうかなと信じたくなる。警察の仕事は、実に楽になる。

犯人と信じられた人が、実は無実、潔白と分かってきたときはどうなるか。警察、つまり国が犯した誤りは、どういう風につぐなってもらえるのか。幾度となく繰り返し問題になるテーマだが、その答えはいぜんとして出ていない。犠牲者は、不治の傷を受けて、生涯苦しみ続けるということが、はっきりしているだけである。

見込み捜査、別件逮捕などという。別件で捕らえ、本件を掘り起こしていくのも、捜査の一つの手順なのだろうが、その手順は、便利であるだけに、非常に危険なものでもあるわけだ。戦前、「予防検束」などといって、どれほどその手順が乱用されたか。それは警官の点数かせぎでしかなかった。

警官がピストルを盗まれたというと、警察に非難は集中する。しかし別件で逮捕という記事はつい軽く見過ごされがちである。そしてみんなの目が、〝軽く〟なればなるだけ、警察は重くなってくる。（50・7・23）

犯罪者の表と裏

リビア側に武器を渡し、荷物を持って飛行機を離れるとき、ゲリラは一人一人座席にいた四人の人質の手をにぎって、ご苦労さんでした、サンキューを連発していた。日航の乗員には「大変お世話になりました」とあいさつしていたという。

クアラルンプールのＡＩＡビルで人質となった日本の会社員は「リーズナブルな取り扱いを受けた」と話している。ゲリラは「言葉づかいはていねいで、英語で立派に交渉していた」ともいう。浅間山荘事件で二百十八時間も人質にされた牟田泰子さんは、救出後に「彼らの気持ちが半分ぐらいわかったような気がします」と語ったのが思い出される。

憎しみがうすれているのだ。ゲリラは犯罪を犯したものと、頭では理解していても、それをまともに犯人だと呼びたくない気持ちが芽生えてくる。そんな心の動きをどう考えればいいか。「人格というものを、公的なものと、私的なものとに分けてしまうんでしょうね。公的人として殺人を犯しているが、私的人としては、まことに感じがいいとなると、公的人の側面は見過ごされがちになる」と、阪大の社会心理専攻の先生がいう。

暴力団と有名タレントとのくされ縁が問題になったとき、ある有名人は「たとえ彼が暴力団員であるにしても、人間としては、実に立派な男ですよ」と、発言したことがあった。近ごろの暴力団は、紳士的であることの方が多い。青少年が、たぶらかされるのも、その紳士的で、やさしい態度にごまかされてしまうのである。

「狼」の教典となっていた例の「腹腹時計」の一節に「居住地においては、ごく普通の生活人であることに徹せよ。市民社会での友人についても、ごく普通の関係を持て」とあった。普通人をよそおうことによって、中身の凶悪さをかくしてしまう。犯罪者といっても、最近は、よそおいがうまくなった。そのうまさに〝私的〟に見とれすぎていると、〝公的〟にどんな災難が降ってくるか分からない。犯罪の表に装いがある。（50・8・12）

三億円の行方

三億円事件の時効まで、あと九十九日となった。重さにして約三十キロという札束の山を、犯人は手をつけずに七年間我慢しているのだろうか。札番号が分かっているのは五百円札だけだというから、千円札や一万円札を使っても、まず足がつく心配はない。だが犯人は一枚も使っていないだろう、というのが捜査陣の勘だそうだ。

単独犯だと仮定すると、綿密な計画力のある冷静な犯人像が浮かんでくる。一年前から計画を練りに練り、一発勝負でほとんど完ぺきに成功した。おそらく人並み以上に自制心のある男であろうから、札束の山に囲まれても、その誘惑に負けずじっと待っているに違いない。

捜査本部には、毎日十数件の情報がはいってくる。そのほとんどが「急に金遣いが派手になった男」についてである。刑事たちはその一つ一つを、丹念に洗っている。一度お金に手をつけたら、歯止めのなくなるのが人間の性《さが》だ。千里の堤もその一穴で崩れる。人目に立つ存在にならぬよう、犯人は自制しているという推理である。

しかしそれほど抜け目ない犯人も、予想しなかったのは日本のインフレだったはずだ。

犯行当日の四十三年十二月十日の新聞を見ると「二六〇円亭主の体面の保ち方――昼めし、タバコを引くと実質三〇円の現実」という週刊誌の広告が出ているのは、感無量なものがある。

当時の三億円も、消費者物価指数で計算すると、いまは一億五千五百万円の値打ちしかない。金は世につれ、世は金につれで、二十三歳の銀行員の女性が二億円をごまかせたり、下宿屋のおばあさんが六千万円の現金と証書をタクシーに置き忘れる時代だ。三億円事件も、一億五千万円事件になり下がってしまった。

「割が合わないなあ」と、年々目減りする札束を前に犯人はぼやいているのではないか。泥棒にも割が悪い。なんとも情けないお金の値打ちだ。(50・9・2)

「向腹時計」

過激派グループは爆弾製造の教本「腹腹時計」を持っている。ゲリラ兵士としての心構え、組織、火薬・起爆装置の技術、爆破方法、作戦の原則と、事細かに記されている。ところが爆破で被害を受けるわれわれ市民側には、守りのための教本は何もない。

警察に頼るしかないというのでは、余りにも手がなさすぎる。腹腹時計に対する

「向腹《むかつぱら》時計」があってもいいはずだと思い、「腹腹時計」のスタイルをまねて、こんな文を考えてみた。まず、被害者市民としての「個人的準備」から。

「居住地において」――都市住民は、隣は何をする人ぞと、すまし込んでいてはならぬ。隣家、隣人には無関心であれ、かまうなという都会的知恵は消しさるべき時に来ている。隣が何をしようともほうっておくと、大爆発が起こり、人命、財産ともに、吹っ飛ばされる危険が現在化しつつあるからである。

市民は「市民社会に自らの正体」を進んであらわにしてもいいと思われる。「親、子、兄弟、妻、夫、友人などとの関係について」は「ベタベタする必要はない」が、お互いに十分に連絡を取り合い、事なきを期すべきであろう。警察との関係については、協力すべき点は協力すべきである。警察は「徹底的に質が悪い。信用できぬ」などとは、過激派的な過激な言い分であって、賢明な判断とはいえない。

「さらにいくつかの基本的注意」。市民は爆弾の材料となるものは基本として持たぬ。持つものは徹底した保管の義務を負うべきこと、それを怠ることは、危険この上なく「絶対にまずいので、われわれはそれをタブーとしなければならない」。

以下「腹腹時計」は、具体的な技術論にはいっていくが、「向腹」の具体論については、市民のみなさんの判断にまかせよう。たとえばアパートの管理人が入居者について、いま少し配慮をすれば、爆弾犯の潜入も多少はむずかしくなるだろう。知恵を出し合い、

腕を組みあって、この向腹を、完成していきたい。(50・9・10)

死んで責任をとるということ

一人のまじめな技術者が、自殺した。国鉄大阪駅前のビル工事現場で起きた事故の責任者として、心労のあまり死を選んだという。現場の作業に手落ちらしい個所があり、そこから地下水が流出して、地上の道路が陥没し、家屋、商店までが傾いてしまうという、あまり類のない、規模としても大きな事故だった。

発生は十三日夕、彼は徹夜で復旧作業にあたり、十四、十五日は現場責任者として警察の事情聴取に出頭し、十六日午後、旅館を死に場所に選んだ。心もからだもおそらくくたくたになっていた人が、警察で調べを受ける。警察というだけで、心理的な重圧がある。心労は極限に達したに違いない。

死んで責任をとるという。さる二月には、日航ジャンボ機内で起きた食中毒の責任を感じて関連会社の支配人がピストル自殺をとげた。四十八年一月には、工場の爆発事故の責任をとって、製品開発の技術者が、妻子三人を道づれに心中するという事件もあった。むごいことだ。なぜそれが、むごいことなのかと考える。

ひとりに罪をきせている。しかし、罪はひとりにあるわけではないと、だれもが感じているし、その感じはおそらく間違ってはいない。それなのにひとりが罪を背負い込み、死でつぐなおうとする。それは間違っているし、間違いのまま一人の人が命を絶つ。死によっても、責任は明確にはならない。人が死んだために、事故後の処理や対策に真剣味が加わるということはある。

人の死とは、ただそれだけのことでしかないのかと思うと、心は暗い。責任を問いつめ、自らに死を課すという、そこにくみとりたいのは、正直さである。だが「すべてを一身に受けて死ぬ」という崇高な行為は、その崇高さのために、責任の所在への連鎖を断ち切る場合もあるに違いない。（50・9・21）

名をどう呼ぶか

「自分の名は一つのはずだ。日本語の都合ではなく、韓国流に自分を呼んでほしい」という訴訟を在日韓国人の牧師がＮＨＫを相手に起こした。牧師さんの名は崔昌華で、「チォエ・チャンホア」と発音すべきなのに、ＮＨＫは「サイ・ショウカ」と放送した。謝罪と一円の損害賠償を求めたのは、金銭の問題ではないことを訴えているのだろう。

日本人同士でも、名前を正確に読まれないときは、少々気になる。チェさんが、自分が不愉快に感ずる呼ばれ方をされたくないというのであれば、それは十分な理由だろう。日本には植民地時代、朝鮮、台湾住民の氏名を取り上げたという文化的蛮行の過去がある。日本人の便宜で名前を発音されたくない、という抵抗には、歴史の底流があることをわれわれは知っている。

そこでチェさんが日本でそう呼ばれることを望むならば、われわれはなるべくその意向にそうべきかも知れない。その場合は、片仮名かローマ字で自分の名を表してほしい。「崔」に「チェ」と振って読ませることは、われわれに外国語を勉強せよというにひとしく、たいへんむずかしいことだ。

漢字の読みでは、日中の問題がある。中国人は田中さんを「タナカ」とはいわず、「ティエンチュン」と中国流に発音する。三木さんは「サンムー」になる。同じように日本人は、毛沢東主席を「マオ・ツォートン」といわずに、「モウタクトウ」という。読み方の相互主義で、おたがいに自国流で読むわけだ。その方が覚えやすいし、親しみも感じられるという利点もあるように思う。

同じ漢字をもつだけに、読みについては厄介なことになる。問題は、われわれが日本流の読み方をするとき、相手がそれを偏見と感じるか、便利の問題と受け取るかにある。偏見だといわれれば、それはそう感じる人にとっての真実であろう。われわれがいかに

説明しても、納得してもらえそうにはない。（50・10・5）

理想の町

この話、聞いていて、なんとなく冷たくなってくる。大阪・寝屋川市で、寝たきり老人のためのホームを建設しようとしたら、近くの住民たちが反対運動を始めたという。時価二億円ていどというその土地は、地区の老人が、日本基督教団の教会へ寄付したものだ。教会は「社会のために役立ててほしい」という老人の意思を生かして、老人ホームをつくることにした。善意の輪も、広がりはじめはいいのだが、たちまち障害にぶつかってしまう。

反対の理由は「悪臭や消毒臭が出、排水路に汚水が流れ込むおそれもある」「霊きゅう車や寝台車の出入りは不快感を与える」「せっかく家を買ったのに地価が下がる」などである。要するに、寝たきり老人のホームは、環境によろしくないということだろう。

この記事について、読者からの声が寄せられている。

「老人ホームは不便な郊外にあり、うば捨て山のイメージでしたが、地域に老人ホームをとの声が起こり、市街地の中にもぼつぼつ建設されていています」「まるで廃品か汚物のように、不快だ、よそへ行けという発想は驚きです。生活権や環境権は弱い立場の老人にこそ認められるべきでしょう」。

町の環境とは、どんなものが理想なのだろうか。強い人、弱い人、おとな、こども、いろんな人が、肩を寄せ合って生きている町こそ、町らしい町なのだろう。日本の小学校のよさは、あらゆる階層のこどもたちが、いっしょになって教育を受けることができる点だという。金持ちだけの寄り合う学校では、金を持たないものへの感受性は、退化してしまう。

多様性のない町とは、金持ちの学校と同じようなものだろう。町としても、楽しくない。静かな住宅が並んでいて、時々高級車が出入りして、上品なご主人、奥さんが道を通る。こどもの遊ぶ声も聞こえない。そんな単色の町を、別に理想としたくはない。

（50・10・8）

政治

「きもの議員」に物申す

「きもの議員連盟」というのが、国会で発会式をあげたそうだ。「ソデすり合うも他生の縁」とかで、与野党の面々が、男は羽織、ハカマ、女性は和服でゾロリと集った。共産党も趣旨には賛成だというから、文字通りの超党派。「国民そろって和服を買える世の中にしよう」と、厳粛な宣言をしてお開きになった。

「衣ばかりで和尚はできぬ」、きものを着て政治がよくなれば世話はない、などとカゲ口は申すまい、申すまい。御一統、さぞ重大な決意を秘め、「エリを正して」集ったのだろうとお察しする。

世の中、どうもホコロビが目立ちすぎる。ぬい直すそばから、ほころんでいく。その都度の「弥縫策《びほうさく》」だから、「ツジツマ」はさっぱり合わない。衣食住の値はどれも上がりっ放し。商社の買占めで、米も、トウフも、材木も、繊維も「ゲタをはいて」歩いている。その高値で、国民は泣く泣く買わされる。

政治に「ゲタをあずけた」国民は、「ソデにされ」、「弊履（破れゾウリ）のごとく」扱われ、「ないソデは振れぬ」と悲鳴をあげながら、「身ぐるみはがされる」ように重税をむしりとられている。人心は「エリ元（権勢と富貴）につき」、国民の疑惑はもっぱら「ソデの下」にあつまっている。頼みの国会論議は「オビに短し、タスキに長し」で、中途はんぱでもうひとつ国民のものにならない。

「きもの議員」たちは、この現状をわがことのように憂え、政治の「衣がえ」の必要を痛感し、今回の壮挙になったのであろうと察せられる。そして「借着より洗い着」、政治を洗いたてのさっぱりした国民のものに戻すために、何をなすべきか。まず「きもの」を着るのが先決である、という決意を固めたのにちがいない。さすがわれらが選良、という感が深い。

衣装はかえても中身は同じ、「色直しさ」などとは、いうまいぞ、いうまいぞ。（48・2・26）

悪質な延期

低公害の自動車を作れ、という米国のマスキー法が一年延期になりそうだ。日本では、市街化農地の宅地なみ課税案が、やはり一年延期の見通しが強い。国鉄労組のストも、当分の間、延期することを決めた。

この三つ、問題はそれぞれちがうが、中止もせず、断行もせず、「延期」する点では共通している。マスキー法は、自動車業界の巻返しのためという。宅地なみ課税案は、課税される農民と宅地に困る都会の住民との板バサミで、自民党がシリごみした。スト延期は、通勤者の反発を考えたためだろう。

この複雑な世の中で利益がはげしく対立したとき、多数決だけではニッチもサッチもいかぬことがある。だから結論を延ばして、時間をかせぐ。ただし日延べがチエとなる場合もあるが、「無責任」や「ご都合主義」に終ることもある。

「延期とは、もっとも官僚的な解決法だ」という人もいる。中国問題、土地問題など大事な問題をタナ上げすることで、最長不倒距離を記録した佐藤内閣は、この例だろう。物事を決めないことで命を長らえるというのは、政権にとってはチエかも知れぬが、国民にはありがたい話ではない。

悪質な時間かせぎには、選挙違反の裁判がある。一審で有罪になっても、あの手この手の法廷戦術でねばり抜く。そのうち議員の任期も終るだろうし、恩赦の時期もくるという計算ずくだ。こういう手合いには、公正な裁判とは迅速な裁判でなければならない。

「延期戦術」の最たるものは、水俣病事件だ。言語に絶する被害者がつぎつぎに出ているのに、十数年もの間、会社は逃げ口上に忙しく、もっぱら引延し策に終始した。きょうの判決がどうあれ上訴権を放棄する、と会社はいっているが、当然すぎるほどの話だ。

戦後マレにみる、この非人間的な事件の判決を怒りをこめて見守りたい。（48・3・20）

青島クンの質問

参院議員、青島幸男クーン「総裁選が近づくと札束が動くときいた。総裁の座をカネで買ったことにならないのか」。内閣総理大臣、田中角栄クーン「（顔を真赤にして）そんなことはありません」。

参院予算委で、田中首相が激怒した。一国の総理の座を「カネで買った」といわれて、田中首相も、口グセの「わかった、わかった」ではすまされなくなったらしい。大体、青島クンは「いじわるばあさん」のクセが抜けず、詰らぬ質問ばかりするとでもいいたげだ。

いまほど金銭に清潔な政治が日本で行われたことはないと、説得したいのかも知れない。その証拠に、政界をゆるがすような疑獄事件は、最近起ったことがない。公正、廉直な司直の手が政界にだけ伸びないのは、政治がシミ一つないほど清潔になったためだというわけか。そんなことは青島クンでなくとも、だれも信じてはいない。

青島質問はさらに、田中派も昨年の自民党総裁選で、カネを使って票集めをしたといっているが、これまたたいへんな見当ちがいなのだそうだ。総裁選直前、各派閥が毎晩「都内の料亭」で会合をかさねたのは、総裁選のことではなく、国民のための政治を研究するためだったことになる。

それに青島クンは、新聞記事を信用しすぎるのではないか。田中派といわれる五つの政治団体を挙げて、その献金について質問しているが、田中首相が「そうした団体の運営に関与していない」という以上、これほど確かなことはない。どの新聞記者に聞いても「関与している」と答えるだろうが、あれはみんな職業上の錯覚なのだということらしい。

国会とは妙なところで、当り前の疑問が「くどい質問」にみえたり、「品がない」といわれたりする。赤ジュウタンの上で逆立ちしているので、世間の人が逆さに見えるのかも知れない。（48・3・25）

フラフラ内閣

ネコの目のように変る内閣だ。毎日朝晩、あっちへフラフラ、こっちへフラフラ。南ベトナム臨時革命政府の要人を入国させるか、させないかをめぐる、この四日間の政府見解のことである。

二十四日の参院で、田中法相は「入国受入れの用意あり」と明快だった。その二時間後に、二階堂官房長官が「ケース・バイ・ケース」と、あわてて火を消した。二十六日朝の参院では、官房長官は「国会答弁が優先する」と、法相発言を追認。その日午後五時、法眼《ほうげん》外務次官の記者会見は「いま申請が出ても認められない」。

その夜七時、官房長官も記者団に「事実上、困難だ」とひっくり返る。二十七日の参院、眠たげな顔でダンマリ戦術をとっていた大平外相が「法相発言を是認する」と、重たそうな口。まず第一の疑問は、この国ではだれが政策決定を下すのか。官僚が「認められない」といい出すと、国会で大臣が発言したことも、ハチの巣をつついた騒ぎになる。

第二は、言葉の言回しでごまかそうという気が強すぎないか。法相が「いろいろ検討すべきことはあろうが、受入れの用意がある」というと、それは「検討すべきことがあるので、いまはダメ」という意味だったという。三百代言でも、こんな子供だましの手は使わない。

ベトナム援助をきかれると「サイゴン政権を援助すれば、南ベトナム全土にいく建前だ」と、外務次官がいう。本人だって、自分のいっていることを信じてはいまい。パリ和平協定とは、南ベトナムに二つの政権があること、その上で和解をはかることを国際的に確認し合ったものだ。そんな協定はどこ吹く風、といわんばかりの姿勢である。「舌足らずの発言が多い」と政府は嘆いているそうだが、とんでもない。本音をごまかすため、舌ばかり長すぎるのだろう。(48・3・28)

小選挙区は誰のため

十九世紀はじめに米マサチューセッツ知事をしていたゲリーさんは、ただ一つのことで、後世に名を残した。彼は選挙を有利にするため、政敵の地盤を分割したり、自分に有利な地区を結びつけたりして、選挙区割りをつくった。

出来上がった地図をみると、なんとも怪奇、珍妙な形をしている。「ギリシャ神話に出てくるトカゲ(サラマンダー)のようだ」とだれかが言出し、このサラマンダーとゲリーさんの名を合わせて「ゲリマンダー」という言葉が生れた。自分に有利になるよう選挙区の境界をきめる、というこの言葉は、辞書や事典にのる英語となった。

かつて鳩山首相が小選挙区制をやろうとしたとき、「ハトマンダー」といわれたが、こんどは田中首相の「カクマンダー」が登場した。衆院選挙をいまの中選挙区のかわりに、一人一区の小選挙区に変え、これに府県別単位の比例代表制を加味しようという内容である。

　選挙制度というのは、シロウトにはなかなかわかりにくい。比例代表制は各党の得票率に応じて議席を配分するもので、いま実行すれば、自民党は過半数をわってしまう。小選挙区制にすれば、各区で一番得票の多い候補者一人だけが当選するので、自民党の大勝利は疑いない。

　この二つをほどほどに案配するというのが、こんどの自民党案だが、さて、その「ほどほど」が問題だ。昨年暮れの総選挙をあてはめると、自民党議席の占有率がいまの六割から八割になる点では、共産、公明党、朝日新聞社の試算はどれも一致している。

　これではいくら美辞麗句をつらねても、衣の下のヨロイはむき出しだ。自民党の得票率は、総選挙ごとに落ちている。こう黒星がつづくのはおれが悪いのではなく、土俵の形がよくないせいだと開き直るスモウさんに似ていないか。なんとも厚かましい党利党略だ。（48・5・1）

衆議院議長の立場

「ごまかし」というたった四文字で、中村梅吉さんは衆院議長の地位を棒にふった。「慎重に処理するといって、野党をごまかしておいた」と本当にいったのか、どうか。証拠に残る物もないようだが、ご当人は「真意はちがう」「覚えていない」と繰返し弁明しながら、ついに「いわなかった」とは言い切らなかった。正直な人なのだろう。発言の場所は、船田前衆院議長の叙勲祝の席だった。

中村さんは、河野参院議長とコンビを組んで、例の小選挙区制を食止め、野党の評判はたいへんよかった。そのかわり、出身母体からは「野党より」という批判がきつかった。そこで内輪の人が多いお祝いの席に出て、ちょっと義理が悪いと感じたのだろう。みんなをなだめようとして、ついつい言ってしまったのかも知れない。

その事情は分からぬではないが、衆院議長の公の発言となれば、同情ばかりしていられない。衆院議長といえば「国権の最高機関」である国会の長である。それだけの権威と見識が求められるのは当然で、公正でなければならないだけでなく、その言動もまた公正に見えなければならない。与野党のどちらにも義理が悪かったり、ひけ目を感ずるようなことでは困る。

戦後の衆院議長をかぞえてみたら、十八回交代している。任期が平均して一年半というのは、いかにも短すぎよう。参考までに、戦後の下院議長の平均は英国が六年、米国が四年半で、長きがゆえに尊からずとはいえ、やはり腰かけでは議長のイスを重からしめるものではあるまい。

議長は重要法案を強行突破させて、国会が混乱すると辞める場合が少なくない。健保、日韓などでおなじみのコースだ。いってみれば衆院議長を入れかえ、取りかえして、将棋のコマのように使う歴代政府が、議長軽視の元凶というべきだろう。（48・5・29）

ノーカー語録

「世界環境の日」にノーカーを実行した大臣たちは、翌六日には、もちろんカーで出勤した。「なんだ、一日だけか」と、目クジラ立てるつもりはない。たとえ一日でも、やらないよりはよかった。

二階堂官房長官は、さすがスポークスマンだけあって、この「一日体験」を「ディスカバー　ジャパン（日本発見）だった」と上手に締めくくった。われわれからみても、各大臣の「ノーカー語録」の一つ一つが、なんとも新鮮な「ディスカバー 大臣（大臣発見）」であった。

「省線時代とあまり変ってないね」と、坪川総務長官がいったとか。省線が国電になったのは昭和二十四年だから、恐れ入った。大平外相は、地下鉄の切符を珍しそうに見ながら「十年ぶりぐらいかなあ」。桜内農相は「小ゼニがないので、護衛の人に四十円借りました」といったそうで、なるほど大臣になれば十円玉を使うことはないだろうなあ、とあらためて感心した。

中曽根通産相の語録「地下鉄は山手線のようにぐるぐる回っているのかい」を紹介したものもあったが、御本人は「事実無根」と憤激の面持ちだそうだ。なかには少々脚色を加えたものがあったかも知れぬが、語録の数々から、大臣たちの民情にうときことといかばかりかは十分察せられた。一日も早く、自分で切符が買えて、間ちがわずに電車やバスに乗れるような大臣になってほしいものだ。

小国寡民、スウェーデンの話。グスタフ・アドルフ国王は九十歳で御壮健だが、あるときバスに乗ると、女学生がひそひそ話をしていた。「王さま、ずい分お年をとったわね」。これを耳にはさんだ国王が「お嬢さん方、年はとっても耳は元気なのですよ」といったという。

つり革で隣合った大蔵大臣に「物価、なんとかなりませんか」と話せるような世の中

にならないものか。（48・6・7）

東京燃ゆ

東京の都議選は残すところあと四日、「東京燃ゆ」とばかりに選挙運動ははげしくなった。各党がただならぬ様相をみせているのは、もちろんそれだけの理由がある。まず、なみの地方自治体の選挙ではない。首都の選挙だ。首都での勝敗は政党の威信にかかわる。それに有権者八百二十万人を相手とする選挙である。日本の一割、小国なみの大きさをもっている。つぎに、来年の参院選を占う風見鶏《どり》でもある。もし自民党が参院議席の過半数をわれば、戦後の保守政治にはじめての変動が訪れそうだ。

そこで与野党とも、負けられぬ「首都決戦」だといい、スピーカーのボリュームは上がる一方だし、通りは紙クズで散らかるばかりとなる。陣ダイコをならして、当選の頭数をふやすことだけに血眼だ。田中首相が「自由をえらぶか、統制をえらぶか」と声を張り上げれば、美濃部知事は「田中さんをこれ以上政権におくと、大変なことになる」と言い返す。

時の勢いといえばその通りだが、さて、これが地方自治体の選挙なのか、という素朴な疑問がわく。自治体の手にあまり、政府がやらねばならぬ問題が山積みしていることはよく分かる。だが、東京の問題の何もかも、体制選択にすりかえてもらうのは迷惑な話だ。

自治体としてどこまで、何ができて、何ができないのかを、もっと地味に、正直に主張してほしい。たとえばゴミ工場や日照権のことになると、触らぬ神にたたりなしで口をぬぐうのは、正直ではない。本社世論調査で「都議選の意味」を聞いたとき、二八％が「都のさまざまな問題解決のための選挙」、一四％が「来年の参院選や国政を左右する選挙」と答えている。

身近な問題をほうり出して、資本主義か社会主義かと大言壮語する人より、世間のバランス感覚の方がさめている。（48・7・4）

田中内閣一年

田中内閣は昨年の七月七日に生まれたので、一周年を前に首相が記者会見をした。「決断と実行」でスタートした直後、八月の支持率は六二％（朝日新聞世論調査）、それが今年四月には二七％（同）に急落した。

まこと人気のはかなきこと当世流行歌手のごとく、人心の常ならぬことうたかたのごとしだが、実績の方もまたそれにふさわしい。それでも首相は持ち前の強気一方で、記者団にしゃべりまくった。支持率は気にしない。一%になっても「やらねばならないことはやる」と角栄節をうたった。

またインフレではないという。「物価は上がっても、それ以上に生産も国民所得も伸びている」と、これも強気の答弁だった。「総理になったら悪口を気にしない」というのが佐藤前首相の忠告だったそうだが、物価や住宅や世論の動きをもっと気にしてもらわぬことには、国民の方は浮かばれない。

ところでその佐藤さんは、このところ週刊誌登場で忙しい。「決断と実行、やっぱりもう一つ熟慮しないとね」と田中政権に苦言を呈している（週刊朝日）。何もやらない佐藤政治といわれただけに、走り出すとすぐエンストを起こす田中政治に忠告するとき、満更でない気分はかくせない。

「タイミングを待っているのを〝待ちの政治〟といわれて抵抗を感じた」ともいう。わが方は熟慮、熟慮の「ガマンの政治」だったというのだろうが、結局、待ちっぱなしで終わったのではなかったか。

田中首相の母親ふめさんは、息子が総理になったとき「しくじったらいつ帰って来てもええ」と、新潟でいっていた（文藝春秋）。そしていま八十二歳の母親は「アニ、おまえこのごろ評判悪いぞ」と電話をかけるのだそうだ(現代)。「あんまり心配しなさんな」と、「アニ」は向こう側で笑って答えるということである。(48・7・6)

「トロイカ都政」の手綱

東京の美濃部知事は、いままで社共という二頭立て馬車で都政を御してきた。それだけでは過半数にならないので、公明という借り馬にもたびたび助けてもらった。

今年はじめ公明党は与党となり、こんどの都議選の結果は、三与党がそれぞれ大差のない議席数をもつことになった。美濃部さんのトロイカ(三頭立て)都政が走るわけだが、三つの馬にどう手綱をさばくかはむずかしい。

馬力の強いのは、左側を走る共産号だろう。組織もがっしりしているから、うっかりすると馬車は左へ、左へと道をとる、という心配が御者の頭にあるようだ。右を走る公明号も実力があり、強力な応援団がひかえている。もっぱら一本買いの支持者ばかりである。

まん中を走る社会号はイメージが売り物だが、いままでの走り方でなんとかなるだろう、といった真剣味に欠ける印象がいつもつきまとう。しかも三頭は走りながら、目的地について意見が合わずにいがみ合うという関係もある。このトロイカと張り合っているのが、もちろん自民号で、今回はなかなかの底力を見せたが、予想はこの馬をちょっと見くびっていたフシがある。

この馬くらべで、東京中にまかれたビラ、文書が三億枚と聞いて驚いた。「東京燃ゆ」などといわれたが、あれは東京が紙くずに埋まっているからよく燃えるだろう、という意味だったにちがいない。紙の乱舞が、首都の問題を忘れさせ、国政の中間選挙としての意味ばかり強調された。それにビラや旗差し物の選挙は、ムードに訴えるイメージ合戦にしてしまった。

「同じことを百回言えば人は信じる」というのはナチの宣伝哲学だったが、「ビラを百枚渡せば、人は投票するようになる」という荒っぽい地方選挙は、これを限りにしてほしい。（48・7・10）

「攻めの田中」の手腕

なるほど定評通りに、田中首相は策に長じている。こんどの国会再延長の経過を見ながら、そのお手並みに感じ入った。ハイジャックで、国中の目が中東の空にクギづけになっている間に、国会は二転、三転、「六十五日間の再延長」を自民党だけで決めてしまった。

参院の強行採決のあと、河野議長が与野党の間に立ってあっせんをすすめていた。強行採決は議長も怒らせたし、世間の評判も悪い。それを見てとって、椎名副総裁を使者に立てて収拾を話し合い、世論のホコ先をかわした。

その間も、再延長への布石はおさおさ怠りなかった。二十日に招集した自民党両院議員総会は、若手タカ派がリードして全重要法案の可決を決意し、討ち入り前夜の熱気となった。田中さんもこれにのって「なまじのことでは収まりません」と、タイミングよろしく強い顔となった。

二十三日午後、河野あっせん案が出されたが、その日の午前中には、手回しよく議員、秘書団を総動員して、単独採決の準備万端をととのえている。肝心の河野案については、「なかなかよく出来ている」ともいい「党議からみて問題がある」ともいって、和戦両様の構えで野党の動きを観望だ。

案の定、野党は民社党をのぞいて河野案を拒否。察するに、このとき田中さんの胸中おどるものがあったにちがいない。その二時間後、「四野党が受諾すれば自民党も受諾します」と、おもむろに回答した。こうした田中演出の筋書きには、少々のゴリ押しをしても、世間はハイジャックや夏休みで忙しくて、すぐ忘れてしまうだろうという心底がほのみえる。
その計算に立って、策を練り「攻めの田中」の手腕をみせる。それはそれで功を奏する時もあろうが、「策士」というイメージは総理大臣にあまりふさわしいものではない。

（48・7・25）

エコノミック・アニマル外交の報い

田中首相は、記者団に金大中氏事件をきかれて「韓国のことばかり書かないで、もっと内政のことでも――」と、答えたそうだ（毎日）。

不思議な総理大臣である。日本中がこれだけ心配しているのに、総理大臣だけはなるべく馬耳東風でいきたいらしい。ニクソン大統領が、先日のテレビで「ウォーターゲート騒ぎをやめて、もっと大切な仕事をやろう」と訴えた「はぐらかし戦法」に、学ぶところあったのだろうか。

それにこの事件に対する警察捜査をみても、いつになく緩慢な動きにみえるのはどうしたわけだろう。当時、現場のホテル駐車場から出たナンバー「２１９７」の日産セドリックは、全国で二十台あることが分かっていた。そのうち十三台は無関係とわかり、残り七台を調査中だという。

一台、一台のアリバイを固める仕事は容易なことではなかろうが、それにしても事件後十五日間で十三台とは。能率、迅速を誇る警視庁が、この事件では、なんとまた慎重を極めることか。警視庁はきのうになって、ホテルを出た五台の車の下三、四ケタのナンバーを全国手配した。この重要な手配をするまでに半月かかっているのも、どういう事情があるのだろうか。

「日韓の警察は身内同士」という意識が、警察では強いそうだ。警察だけではない。「日韓の政府間はツウツウでやっている」という言い方もよく聞く。そうした体質が、意識的にか無意識的にか、第一線の捜査にまで及んでいるのだろう。この腐敗菌は、かなり奥深いところに巣くっている。自由化だ、自主規制だと、そういうお金の話だけで国の外交が成り立つとカンちがいしてきたフシがある。みるべき理念も、姿勢もない外交だった。

「困った、困った」を連発する政府をみていると、エコノミック・アニマル外交の報いがきたという感がする。（48・8・24）

ミスター20%

「おはよう、ところで今朝の首相はだれだね」。始終、内閣が変わるフランスやイタリアの政情を皮肉ったジョークだ。だからフランスには「政治とワイシャツはちがう。少々汚れたからといって、すぐ取り替えるのはよくない」という、自戒の言葉もある。

イタリアでは一カ月や二カ月、首相が決まらぬことはめずらしくない。着がえのワイシャツが見つからぬときは、仕方がないから「暫定内閣」というポロシャツで間に合わせておく。ニクソン大統領というワイシャツをどうするかで、米国はもう一年近くもめつづけてきた。

ギャラップ調査によると、大統領支持率は就任以来の最低二六%に下がった。過去三十六年間のこの調査では、トルーマン大統領の二三%につぐ歴代二位という芳しからぬ記録保持者となり、「ミスター20%」というニックネームを奉られた。

田中内閣支持率は二二%（昨年十一月の本社調査）だから、田中、ニクソン両首脳は東西の「ミスター20%」でもある。ニクソン大統領については「ワイシャツの汚れが目立つ」という意見もあれば、「いや、汚れではない。もともと色ワイシャツを着ているのだ」という説もある。

例の大統領録音テープで、最初は提出を拒否した。つぎに法廷に提出すると急変した。つぎに「テープがなくなった」といい、「日本製ソニーの性能が悪い」といったりした。そのつぎは秘書がボタンを押しまちがえて、テープの肝心な個所十八分間が消えてしまったと弁明した。

専門家が調べたら、それは念入りに何回も繰り返して消去されたものであることが証明された。彼は昨年十一月、全米の編集者を前に「私は悪党ではない」という演説までしなければならなかった。自分たちの元首であり、国家威信の象徴である大統領の口から、このような弁解の言葉を聞かねばならぬ米国民の苦痛は、察するに余りある。(49・2・5)

小選挙区制の長短

「英国を治めるのは政府か労組か」。ヒース首相がつきつけた挑戦状で総選挙をやった英国は、フタを開けると保守、労働党のはげしいツバぜり合いで、結局、どちらも議席過半数は取れなかった。「英国を治めるのはだれか」で、いまもめている。

小選挙区制の元祖とされる英国でのことだけに、この制度の矛盾がいっそう目をひく選挙でもあった。一選挙区で一人を選出するという小選挙区制は長短あるが、安定政権を生み出しやすいことが最大の長所とされている。つまり第一党は他党との得票率の差以上に、議席数で差をつけることができるという仕組みである。

しかしこんどの総選挙をみると、保守党の得票率は三八・一%、二位の労働党はそれより一%近く低いが議席では辛うじて第一党になった。得票率一位の党が第一党になれず、しかも第一党の労働党は安定政権には程遠い状態となった。

つぎに、議席数に反映しない「死票」があまりに大きすぎるという問題も出た。第三党の自由党はほとんど二〇%の得票率を得た。もしこれをそのまま議席に比例させるなら、百二十議席は持ってよいはずだが、実際はわずか十四議席を得たにすぎない。

小選挙区制とは安定政権を作る目的だから、ある程度の死票はあらかじめ覚悟しているのだが、あまりに極端な結果だと思われる。自由党は百四十四人もの候補者が二位で落選したという。

「小選挙区制は理論的には支持しにくいが、現実的には支持しうる」という説もある。その意味は、民意を忠実に反映させるという民主主義からみて問題はあるが、政局安定のためにやむを得ない、といういかにも英国的な現実主義の考え方をいうのであろう。

しかし実際は、小選挙区制の本来の長所が発揮されず、「現実的にも支持しにくい」

ほどのデフォルメを生んだといえそうである。(49・3・3)

「日教組批判」をするとき

「国民道義は荒廃している」「教師は聖職だ」「子供より教師の徳育に問題がある」。田中首相、奥野文相らが日教組にネライを定めて、急に「撃ち方始め」となった。

格好な政治的標的が見つからない時に、「日教組批判」を持ち出すのは毎度おなじみのことだが、その唐突さに、こちらとしてはハトが豆鉄砲をくった感じがなくもない。参院選も間近いが、インフレが争点では政府・与党の分はよくない。

そこで、何もない時は「教師でも」という歴代政権の故知に学んだのであろうが、動機が動機だから急造の芝居小屋のように、論議の建て付けがガタピシしている。二十年前に作った「教育の政治的中立の確保に関する臨時措置法」などを思い出して、「行政罰にしたのがよくなかった。懲役、罰金などの刑事罰にしてビシビシ取り締まるべし」などといっている。

またホコリを払って、昔の日教組倫理綱領を読み直し、「偏向教育の元凶だ」と蒸し返したりもする。五年前の学園紛争当時、幹事長だった田中首相が強引に「大学臨時措置法」を成立させた。そのあとの総選挙で、自民党は三百議席の大勝利を得たので、柳の下にドジョウがもう一匹いるかも知れぬと考えているのかも知れぬ。

教育が中立でなければならぬことに、少しの異存もない。教育が特定の政党に利用されぬよう、細心に配慮すべきだと思う。ただし「教育の中立性」は野党からだけでなく、政府・与党の支配からも守られなければならない。

「中立」とはしばしば、相手の党派の都合を悪くし、自派の都合をよくするために作られる政治スローガンである。選挙目あての教育論ほど、「中立」に似て非なるものはあるまい。こういう心底の見え透いた観念論争は、いい加減にほうっておくに限る。

（49・3・15）

空白の四カ月

一八五六年八月二十一日、米国最初の外交官タウンセンド・ハリスは下田に着いた。ペリー提督との間で結んだ神奈川条約にしたがい、大統領の信任状を持って赴任したのだが、鎖国主義の幕府には迷惑な話で、その懸命な引き延ばし作戦にあった。

結局、将軍に信任状を提出するまで一年四カ月近く下田で待たされ、待ちくたびれて

「日本の役人は地上最大のウソツキだ」とののしり続けた。米国の新駐日大使が四カ月ぶりに内定したと聞いて、思い出したのは、百十八年前のハリスのことだった。

「駐日大使の空白四カ月」というのが、ちょっと物議をかもしていた。自民党右派の中には「田中内閣の中国政策を米国が怒っているせいだ」と、トラの威を借るキツネのような論法を持ち出す人もいたようだ。日本側は「早く来てほしい」といい、米国側は「日本を重視しているので人選に手間取るのです」と弁解に努めていた。草葉の陰のハリスは、さぞうらやましがっていることだろう。

対日外交だけに限らないが、ニクソン外交は友人に冷淡で、強敵との交渉では点数をかせぐというのが通説とされている。米国の国際政治学者でブレジンスキーという教授が、ニクソン外交の成績表を作った。科目別にいうと欧州「可」、中国「優」、中東「優の下」、ソ連「可の上」、そして日本は「不可」と先生は採点した。

その後「欧州」の成績はまた下がって、いまの米欧関係は日米関係よりまだ悪いといえそうである。ニクソン外交には、キッシンジャー密使で知られるように隠密好みで、人をアッといわせるような個人プレーの趣味がある。そのため長年の親しい友をないがしろにし、いきなり驚かせるようなことをしたあとで、友人なら支持してくれるのは当たり前といった独りよがりの感じがする。

大物といわれるホジソン新大使に、まずその辺の感受性を期待しよう。（49・3・

17）

紙一重の勝利

一票多くても勝ちは勝ちだが、こんどの京都知事選で蜷川さんが勝ったのだとは、お義理にもいいにくい。九八％まで開票して、なお勝敗が分からぬほどのデッドヒートを演じた。

蜷川さんはすでに六選、二十四年間京都に君臨し、その鼻っ柱の強さで府政を蜷川色で濃く染め上げている。一方の大橋さんは社会党の分裂で、告示までもめていた。いってみれば蜷川さんは何百メートルも先でスタートを切り、大橋さんはハンディを背負って追わねばならぬ立場にあったといえる。

それが紙一重の差のゴールで終わったのだから、「万歳」などといえたものではなかろう。政党とは現金なもので、保守であれ革新であれ、相手をやっつけるためなら「多選反対」のノロシをあげるが、自分の陣営が多選候補だとその旗差物をさっさと引っ込めてしまう。蜷川さんの七選にも、両陣営で同じような変身ぶりがみられたが、「蜷川はん、も一度だと八十一にならはるなあ」という京都人の心理が、この小差となったのではないか。

蜷川さんは、比較的失点の少ない知事だとはいえる。中小業者への補助金や融資を配慮したり、政府の米減反に反対したり、工場誘致条例を作らなかったり、庶民性と先見性をもった政治を打ち出してきた。が一方で、組合ににらまれると役所の幹部ははじき出される、共産党色の組織を通じると交渉や陳情がスムーズにいくといったように、過剰な忠誠心や行政の党派性の実例もしばしば聞かされてきた。

知事がどれほど心をくばっても、長期の権力は官僚組織を硬直させ、腐らせる傾向がある。こんどの開票結果は、そのきびしい反省を求めていると解すべきだろう。反省は社会党にもいえる。蜷川支持の社会党本部は一応勝ったことになるが、実体は、共産党の日常活動の実力の上に乗ったためだった。自分の非力を忘れ、手近な花をつんで酔うとしたら、その衰弱現象は絶望的である。(49・4・9)

国土利用計画法案

むかし人間がまだ純朴であったころ、中国では商人から税を取るようなことはなかった。ところが、あるとき利にさとい男が現れた。市の立つ広場にやって来ると、必ず壟《ろう》断《だん》、つまり小高い丘に店を張った。

その店はどこからもよく見えるので、お客が集まり、ぼろもうけした。いつも彼だけが地の利を得て、利益をひとり占めするので「あの男から税金を取れ」という声が起こった。これが商いに税をかける始まりになった、と「孟子」の「公孫丑篇」に書かれている。

「国政を壟断する」などと使われる、この言葉の由来だそうだが、土地の恨みはそれほど古くて、深いというお話にも受けとれそうである。評論家の故笠《りゅう》信太郎氏が「〝花見酒〟の経済」という題で、地価高騰を強く警告したのは十二年前だった。

「政府はこの地価上昇には目も耳もふさいだまま、何の手も打とうとしていない。政党もまた、この事態を前にしながら何の対策も講じようとしてはいない。何たる怠慢であろうか」と、怒りをこめて書いていた。手をこまぬいていたのは、歴代政府が「土地」という私権に制限を加えることを恐れていたためだった。

きょう国会に提出されるはずの「国土利用計画法案」を読んでみた。私権絶対主義の蒙《もう》をひらくのに、なんと多くの歳月と犠牲を費やさねばならなかったことか、というのが正直な印象だ。だが法案自体は自民、社会、公明、民社共同というめずらしい議員立法だし、結構だと思う。

内容も、知事が区域を指定して事実上の地価凍結をできるようにしたり、土地売買の届け出を義務づけたりというように、かなり思い切った考え方もふくまれている。しかし法律は生かすも殺すも人次第だ。知事や首相が、農民や開発業者の反発を覚悟しても、法律であたえられた権限を行使するかどうかを見守りたい。(49・4・26)

大海原の話

二十日から南米ベネズエラのカラカスで開かれている第三次国連海洋法会議には、百四十七カ国が集まり「領海」を決める交渉をしている。大勢がどう動くかは、日本人にとって誇張なしに死活的な問題だ。

長い間、沿岸から三カイリがその国の主権の及ぶ「領海」とされてきた。昔の軍艦の射程から割り出したものだそうだ。日本のように世界中の海に出かけ、世界の漁獲の七分の一を自分の手にし、商船の保有船腹数でも世界一という国にとっては、いつまでも「三カイリ領海」であってほしい。だが、自国の沖合で魚をごっそり取られてしまう国にとっては、領海は大きいほどよい。

魚や航行だけではない。地球表面の七割を占める海は、地球が人類に残してくれた最後の玉手箱だと考えられている。すでに世界の石油の一八%は海底から採っているし、一九八〇年にはそれが三分の一を占めるだろうという。天然ガス、銅、マンガン、ニッケルなどの資源も、無尽蔵に近い量が海底深く眠っている。

三カイリ領海を十二カイリにするのはいまや世界の大勢だそうで、日本だけががん張っても車にオノを振り上げるカマキリだというが、そのことより中南米やカナダ、オーストラリアなどの主張する「二百カイリ経済水域」の方がさらに重大だ。

この主張通り、二百カイリ以内の一切の漁業、海底資源は沿岸国の所有ということになれば、いま公海とされている海洋の三割がどこかの国の管轄に入る。日本の遠洋漁業の水揚げの四分の三はこの水域になるわけで、その深刻さは推して知るべしだ。

ちなみに「カイリ（海里）」とは一八五二メートル、赤道近くの緯度一分の長さだと昔教わった。専門家に聞くと、赤道近くの緯度一分は一八四二メートル余りで、十メートルほど短いそうだ。地球と表面積を同じにした完全な球を作ったとき、緯度一分が一八五二メートルになるというのだが、大海原の話にしてはちと注釈が細かすぎたかな。

（49・6・21）

「有名」という地盤

七夕選挙もゴール寸前。だれは当確、だれは危ないとの下馬評にも、ようやく熱がこもってきた。前回と同様、注目の的はタレント候補。なにせ美人だからねェ、などとビューティー・コンテストばりの票読みもしきりだ。

その最大の強みは、世間に名前がよく知られていること。顔が売れていること。タレントたちは、いわば「有名」という地盤から選挙戦に出馬している。だれもに親近感を抱かせるというだけでも、有名人とは一つの魔力を持っている。ではどこで、どうやって、彼等はこの魔力を手に入れたのか。

むかしは有名になるというのは大変なことだった。すばらしい作品を書く、学問的業績を残す、とにかくなんらかの分野で、人なみすぐれた仕事をしなければならなかった。名声とは長年の努力の積み重ねのすえの賞与だった。一朝目ざむれば天下の人、と詩人バイロンが得意満面になったのも、有名になるのが当時至難のワザだったからに違いない。

だがいまは違う。マスコミ、ことにテレビが、いとも簡単に、あっという間に、だれ、かれを有名人に仕立てあげてしまう。きのうCMのはしっこに顔を出していた女の子が、きょうはもう主役、といったことにもなる。テレビはもっとも強力な「有名人製造機」だといえるだろう。

極言すれば、現代で有名人たらんとするには、なにをおいてもまず、ブラウン管ではねたり踊ったり歌ったり、ニコニコ顔で司会することだ。有名ということの本質が、むかしとは変わってしまった。有名人とは人工的につくられるものになりつつあり、それが衆にすぐれた人の代名詞ではなくなった。

だからといって、タレント候補がいけない、というのではもとよりない。ただ、有名ということにあまり大きな価値を認めるのは、一種の錯覚ではないかといいたいだけ。有名無実という言葉もあることだ。（49・7・3）

投票への「四つの目安」

投票はいよいよ明日になったが、だれにしようかと考えるほど難しくなる。とくに百十二人もいる全国区候補者の中から一人だけ選べといわれても途方にくれるばかりだ。

インフレ問題が焦点だというけれど、どの候補者も「インフレを抑える」という。ではどうすればよいかは専門家の議論でも果てしないような大問題だし、ちょっと聞いただけでは、どこが違うのかが区別しにくい。

以前の安保条約のように、外交路線の選択が争点になるようなこともない。教育は民族の将来にかかわるといい、福祉優先だといい、道義を確立すべきだというのはだれもが同じようにみえるし、具体策はあまり聞かせてくれない。

そこでコラム子が考えた「四つの目安」は、次のようなものだ。第一は、自民党が過半数をとることに賛成か、反対か。衆院と同じように自民党が強くあってほしいか、それとも野党や反自民系の無所属をふやして与党をチェックしたいかは各人の判断だ。

第二は衆院の独走を抑えるため、参院ではとりわけ人物を選びたいが、これが難しい。まず、略歴は重要な目安だろう。テレビや選挙公報、街頭演説の印象も、虚実判じ難い情報がはんらんする中では貴重となる。あのしゃべり方や印象は実力と情熱によるものなのか、内容空疎な大言壮語なのか。自分の目を信じるほかはない。

第三に、金権候補はやめにしたい。選挙違反の摘発は投票後にはじまるので、だれが札束選挙の犯人かの見当がつきにくい。が、事前運動で派手にポスターを張った人は、まず金に物を言わせたい候補者と考えて間違いなさそうだ。

第四は、投票を事実上強制させるような候補者はご免こうむりたい。企業が職制を使ったり、地域が申し合わせをしたら、そのことだけでもこちらがそっぽを向く十分な理

由だ。こういうやり方を許したり、黙っている政治家が、人間の自由を守る政治をやってくれるはずはない。（49・7・6）

清潔な選挙

七夕は雨が降った方がよいというのは、牽牛《けんぎゅう》、織女のランデブー伝説が中国から渡来する前の、日本の民俗信仰だったらしい。七夕雨がよろこばれ、この日に女が髪を洗い、子どもが水浴びをし、飼い牛を川で泳がせたりした。ケガレをはらう民俗行事だといわれる。

中国では、七夕に雨が降るのは、相思相愛の牽牛、織女が天の河にさえぎられて、悲しむからだという。「泣涕零《きゅうていお》つること雨の如し。相去る復《また》いくばくぞ」。相隔てられてこぼした涙が雨になるとは、はなはだロマンチックだ。

きょうの七夕は、西に台風をはらんで、泣涕雨の如しになるかどうか分からぬ。がいずれにしろ、金権、企業ぐるみ、事前運動と、いやになるほど見聞きさせられた選挙運動のケガレを、七夕の一票できれい、さっぱりと洗い流したいものではないか。旧暦の七夕をうたった芭蕉の句に「七夕や秋を定むる初めの夜」があるが、これをもじっていえば「七夕や国を定める初めの日」。

清潔な選挙で知られたのは、古くは、犬養毅と尾崎行雄だった。犬養を推す岡山の選挙民たちの間で、相手が金力、権力、暴力の運動をやるというので、「金力には金力を」と騒ぎ出したことがあった。

「犬養木堂伝」によれば、犬養が選挙区の会計責任者に手紙を送り、自分は「四十余年間、毎次一千円以内で」選挙をやってきたと説明したあとに、木堂の面目躍如たる一文がある。「老生、選挙革正を主張するものにて、自己の選挙において大金を要するが如きは、断然これを避けたし。これを避けるために落選しても、落選はかえって名誉なり」。

当時、首相だったから格好いいことを言えたのさ、とは思いたくない。こういう言葉を言いたくてもいえぬ首相だっているかも知れぬ。時代がちがうんだよ、とわけ知った風な解釈もとりたくない。立派な人がいたと思う。（49・7・7）

田中政治への「待った」

手痛い敗北を喫したあとの記者会見で、田中首相は、自分を納得させるような口調でしゃべっていた。「月給がこんなに上がった国は世界中にない。だがそれよりも、こう、なにか、物価高へのいらだちが明確に反映したと思いますね」。インフレになっても給料がふえればいいじゃないか――という田中式心理学がみごとシッペ返しを食わされたことを、胸中でかみしめていたのだろうか。民衆はもっとまじめで、堅実で、平衡感覚にすぐれていることを、こんどの選挙はまた教えてくれた。収入さえふえればインフレと仲良く暮らせるのだ、といった考え方が不健康なものだと、ちゃんと知っていたのである。

いらだっていたのは、実は田中政治のやり方であって、民衆はもっと落ち着いたクールな目で「待った」をかけたのではないか。それが自民党得票率（地方区）を四割以下という記録的な低率にした。といって極端に走ることはしなかった。社会党善戦というが、虚心に考えれば、どうして勝ったのかを自分で不思議がってよいはずのものだろう。もし日常活動が物をいったとか、政策に魅力があったせいだと考えるなら、独りよがりもはなはだしい。まだ政権を担当するだけの責任感と力はないことも知りながら、そうした反省を求めてなお社会、公明両党に票を投じたものが多かった、と思う。

共産党は、議席数を大きく伸ばした。しかし得票率（地方区）は、前回の参院選と同じだった。自民党が「自共対決時代」といい出し、共産党がこれを受けて立ったが、民衆はこういう作られたムードには乗らなかった。金権、企業ぐるみは得にならないことも、完全といえないまでも、立派に示した。財界首脳をして「企業ぐるみはやはり行き過ぎだった」と反省させるほどだった。

善戦健闘したのは、だれでもない。選挙民だった。（49・7・10）

大学臨時措置法五年

大学紛争のころ、あれだけ騒がれた「大学臨時措置法」が、来月十六日で施行五年になる。当時、この法律に賛成した人も、反対した人も、五年の限時法だから五年たてばおのずとなくなる法律だと思っていた。法文にも「五年以内に廃止するものとする」と、ちゃんと書いてあった。

ところがそのままほうっておくと、五年を過ぎた後も、この法律は存在し、その効力は生き続けるのだと聞かされてびっくりした。なるほど林修三「法令用語の常識」という本を読むと、限時法とは「〇年〇月〇日限りその効力を失う」などとはっきり書かれ、特別な立法を必要とせずに当然効力が失われるものをいうのだと書いてあった。

大学臨時措置法の「廃止するものとする」という表現は、限時法に似て非なるもの。立法に当たっての方針をのべたにすぎず、廃止には廃止のための法的措置が必要なことは常識なのだそうだ。文部省に問い合わせたら、当時の国会でこういう論議は一切出なかったという。

政府が知っていて言わなかったとしたら、ずるい。野党もその点を確かめなかったのは、やはり勉強不足といわれても仕方あるまい。もっともこの法律をそのままにしておけば、法的には有効だが実際には使いづらくなる。つまり政治的には「仮死状態」になるだろうという。

映画輸入の第一人者、川喜多かしこさんにお会いしたことがあった。「いい名前ですね」といったら、「ほんとは〝仮死子〟になるはずでした」と、その由来を話してくれた。仮死状態で生まれ、なかなかオギャーといわなかった。そこで父親は「仮死子」と名づけたが、それを平仮名にしてくれたのは親の慈悲だったそうだ。

仮死子は成長して、世界中を飛びまわり、日本女性で数少ない国際人となった。人間の「仮死」が息を吹き返すのはよろこばしいことだが、法律の話では無条件でそうはまいらぬ。(49・7・12)

新閣僚の顔ぶれ

清新が看板の三木新内閣だけあって、閣僚名簿の発表の仕方からして変わっていた。昨夜、テレビをみていると、井出官房長官が新閣僚の一人ひとりを「選考理由」の解説づきで読み上げていった。「稲葉法務大臣。中央大学法学部教授をつとめた法学博士でして」「宮沢外務大臣。国際的視野も広く、語学力も堪能《たんのう》で」といった具合。とぎれとぎれの素人っぽい語り口は、学者はだの井出氏の持ち味でもあるが、三木派の番頭から一躍、政府のスポークスマンの座について、いくぶん、あがったようにもみえた。新官房長官としては「国民との対話」という三木氏の意をうけて、適材適所を強調したかったのだろう。

新閣僚の顔ぶれには、たしかに〝三木色〟がうかがえる。党内では〝清潔〟で知られる坂田防衛庁長官らの名がみえるし、ひところに比べると、官僚が減り党人がふえた。民間人、永井文相の起用も異色ではある。しかし、前途多難な内閣だ。

目立つのは、ハト派とタカ派の雑居体制。もともと政治哲学を異にする三福の提携が土台になっているのだから無理もないが、閣僚では憲法改正論者の稲葉法相。党三役も灘尾総務会長と松野政調会長は右寄りだ。一方、宮沢外相、永井文相らがハトの首相を支える役回りか。

大福の動きが、新内閣の命運をにぎるともいわれている。経企の福田氏と大蔵の大平氏がぶつかり合うのか。それとも、インフレ・不況という難題でタガをはめられて、両氏の対立関係が封じ込められることになるのか。

このところ、閣議で活発な議論があったという話を聞いたことがない。内政、外交を問わず、手堅いベテランも入閣している。一時間でも二時間でも、たっぷり時間をかけて議論してもらいたい。派閥均衡の上に立った三木氏の立場は必ずしも強くない。各省大臣は所管事項だけに閉じこもらずに、まず国務大臣であることを自覚してほしい。

国民が注目しているのは三木首相だけではない。自民党政治をみつめている。（49・12・10）

三木さんの所信表明演説

三木首相の初めての所信表明演説を聞いた。この人の演説のうまさは定評のあるところだが、さすがにちょっと硬くなり、何となくぎごちなかった。内容も短くて、ヤマのないままに終わってしまった。

もっとも声はよく通るし、ソフト・タッチなしゃべり方は、国民が同時に見ているテレビ時代にふさわしい演説ぶりではあった。これで、もう少し、若い世代にもわかるようなくだけた表現をとれば、いっそう親しみやすいのだが、三木さんのは人柄のせいもあってか、いささかまじめ過ぎる。

政治家に演説はつきものだ。いや、かつて「雄弁」は、政治家の絶対的要件でもあった。だが、最近の総理大臣には、演説のうまい人は少なかった。とくに所信表明は、官僚の作った作文を棒読みしていると思われるような人もいた。三木さんは原稿も全部自分で書き、何度も手直ししたという。

しかし、演説が手製で、その読み方がうまい、というだけでは困る。昔から「雄弁は銀、沈黙は金」とか「巧言令色鮮《すくな》し仁」とか、言葉のうまいことには、むしろ警戒的である。いまの政治家には「不言実行」かあるいは「言行一致」を望んだ方がいいのかも知れぬ。

だが、田中内閣の崩壊は、国民が政治に強い不信をいだいたところに始まった。その不信をときほぐし、「理解と協力」を得るためには、まず話しかけて行くことが必要だろう。その意味で、三木さんの話しぶりは、一応、効果的だったろう。

それにしても、中身が相変わらず「総論」に終始し、各論のないのはまことに物足りない。名調子の「総論」も、なんども聞かされると「またか」という気にもなろう。所信表明演説というのはこんなもの、といってしまえばおしまいだが、狂瀾怒濤《きょうらんどとう》の時代だけに、「日本丸」の船長さんには、もっと具体的な乗り切り方を示してほしいのである。(49・12・15)

社会党に問われるもの

社会党大会はまた午前サマになってようやく終わった。例によって例のごとく、人事問題でもみにもんだあげくのこと。正直なところ、よくもまあ、あきもせずにという感じなのだが、消息通にいわせれば「なにせ伝統だからネ」。

派閥抗争といい、金脈問題といい、この野党第一党は自民党に仲よくおつきあいだ。なんでこんなことになるのか、きびしい自省がなによりも必要だ。滋賀の黒い霧にしても、支配層の革新分断に対する〝階級的警戒心〟の欠如が原因、というだけで、一件落着とすましていられては困るのである。

革新の首座だ、カナメだと言いたてる前に、そもそも革新とはなにかがあらためて問われねばなるまい。この世の中のどこを、どうつくり変えてどんな社会をつくろうとするのかを、はっきりさせねばならない。実際、多様化、複雑化した社会では、なにが保守でなにが革新なのかと考えこんでしまう人も少なくない。

〝マルクス・レーニンことば〟が会場を飛びかう。だが、さきごろの参院選で社会党に投票した人たちは、こんな言葉を使っているだろうか。社会党の得票は地方区で千四百万、全国区では八百万。一方で面白半分にタレントへ、一方ではせめて田中政権を批判したいからと社会党へ、という向きも多かったはず。そんな人たちがこの難解なイデオロギー論争についてゆけるだろうか。

控室では、派閥ごとに別あつらえの弁当をつつき、伝令がくれば議場にとってかえす。ウラ工作とかけひきばかりが目立つ大会の進め方が、どこでどう国民大衆とつながっているのか。この党にとっていま肝要なのは、党の、よって立つ基盤はなにか、いったい党を支持しているのはだれなのかを再点検してみることだろう。

党内での政争だけがあって、国民に問う政策のない政党には明日がない。社会党にシャドー・キャビネットが期待できるのはいつのことか。野党第一党の脱皮を望むや切。

(49・12・24)

政治家の資産公開

三木首相の資産が公表された。政治家の「資産公開」は日本でははじめてで、その是非についても、意見は分かれている。が、ともかく国民の疑惑に答えようとする首相の姿勢は買うべきだろう。

都心に一千平方メートルの土地を持っているといえば、それは大変な財産ともいえる。しかし問題は資産づくりの方法とその運用だ。三木さんは都内千代田区五番町に「番町会館」という事務所を構えている。この建物は、千代田企業株式会社の所有で、この会社の全株一万株（取得価格一億一千百万円）をもっているという。クリーンを標榜《ひょうぼう》する三木さんとこの事務所の関係をどうみるか。

ニクソン、田中と、高名な政治家が、次々と資産の公表を迫られた。ひとつには、高名で、政治家であることは、どれだけお金もうけに役立つかという疑問である。三木資産の公表をどう思うと、行き当たりばったり尋ねてみたら「おおよその、輪郭だけでも分かってよかった。しかし、本当にあのていどだろうか」という。三木個人ではなく、政治全般への不信である。

国民が知ろうとするのは、資産づくりのからくりである。むずかしくいえば「取得資金の出所」だ。こんどの公表では、そこのところは「公表」されていない。ということはつまり、この公表が「自ら進んで」と胸を張るほど、「ガラス張り」かということにもなる。

「自民党は金があるから強い」という常識が、常識でなくなりつつある。金だけでは、選挙には勝てない。政治の金離れ現象だともいう。国民の目は「金がある」ことより「どうしてその金が作られたか」に向けられる。もうけ方に難があれば、情けようしゃなく批判されることは、例の商社事件で実証ずみである。

われら無産派は、資産の公表を迫られることもない。身軽で自由である。この自由を政治家にもおすそ分けしたいと思う。(49・12・28)

都民に違いの分かる選択をさせよ

四月の東京都知事選は、美濃部知事と石原慎太郎代議士の対決になるようだ。美濃部さんが「都政は私の戦場であり、墓場であります」と見えを切れば、石原さんは「闘いならざる闘いに出ていく戦士はいない」と、はやくも闘魂を燃やしているようにみえる。

美濃部さんは四年前の都知事選で三百六十一万という空前の票を集めたし、石原さんは六年半前の参院全国区で三百一万票という当時の新記録を打ち立てている。タフで、スタイリストで、女性票に強いことでは共通だ。美濃部さんがみるからに値の張りそうな背広と飾りハンカチなら、石原さんは白のブレザーコート、胸に日の丸をセールス・ポイントにした。大衆社会におけるイメージ操作の腕前には、心にくいものがある。

自信がお強いことも、甲乙つけがたい。四十二歳の石原さんは「恥をしのんで自民党にはいった」そうだし、「美濃部を倒すのもお国のためだが、田中を倒す方が先だ」といって、党内で倒閣宣言を書いたりしている。七十一歳の美濃部さんは「東京百年」の記念講演で「東京市長の後藤新平は歴代の市長、都知事の中では、私をのぞけば一番偉かった」と、しゃあしゃあ言ってのける。

石原さんが正式に立候補を受ければ、首都決戦の幕が切って落とされるわけだが、都知事を選ぶのは俳優のブロマイドを買うのとは少々ちがうはずであろうから、ハンカチの趣味や頭の刈り方で有権者の心をかき乱すような戦術はご免こうむりたい。

石原陣営は、恐らく東京都財政をとり上げるに相違ない。高度成長に便乗して、口あたりのよい福祉や人件費に金を使った放漫財政のツケが回ってきたのだ、と美濃部批判をやるだろう。美濃部陣営は、石原さんが「核武装論者」であり、青嵐会幹事長であり、安心して一千万人の都政をまかせられるような知事ではない、という論法に力を入れるだろう。

双方の言い分と反論をじっくり聞かせてもらい、違いの分かる選択をあたえてほしいものだ。(50・2・8)

変わる地方首長選挙

接戦を予想されていた愛知県の知事選挙で、保守系の仲谷義明氏が大勝したことに、自民党は大いに気をよくしているようだ。これで、年頭以来の知事選挙に七戦全勝。強気の解散論も出て来ているという。

革新側の敗因は、端的にいえば、「保守対革新」という図式を信じすぎた油断にあるように思う。四年前、絶対有利といわれた現職の桑原知事に、新人の学者候補が肉薄した。そのあとの衆院選では、自民党議席を名古屋市で全滅させ、余勢をかって、名古屋市長選では、現職を破り、革新市長を実現させた。革新陣営は、この時の票がそのまま今回も期待できるとふんでいたようだ。

そのせいか、肝心の候補者がぎりぎりまで決まらなかった。こんどの成瀬氏は、二人の学者候補に断られたあとの三番目のピンチヒッターだ。極端にいえば、革新政策を体する人であれば、候補者はだれでもいい、有権者は、党で選んだ候補者に、黙って一票いれてくれればいい、といっているようにとれた。そんな党略第一主義の姿勢が、心ある県民に反発を感じさせたことはいなめない。

それにひきかえ、仲谷氏は早くから、行政を通じて名前を浸透させてきた。とくに、教育長時代は、やわらかな物腰で、婦人たちの人気を集めた。立候補に際しては、まず民社の推薦をとりつけ、自ら「われこそ革新」をとなえた。選挙戦術も、相手がグリーンなら、こちらはオレンジカラーと、当世流行のシンボル合戦でも負けていなかった。

つまり、仲谷派がわざと、保守対革新という図式を打ちこわしたのに、成瀬派はそれに固執して、候補者個人の魅力や手腕を売りこまなかった。中央でのイデオロギー政争を、そのまま持ちこんだ形の多かった地方首長選挙も、どうやらパターンが変わりつつあるようだ。

愛知県知事選についで、北九州市長選でも保守系が勝利をおさめたが、以上のような意味では、自民党が「わが党への信頼の現れ」などと考えるのは、いささか早計にすぎるというものだろう。（50・2・11）

有権者の判断

統一地方選挙がはじまった。候補者たちの「保革対決」はなかなか熱っぽい。だが、熱っぽいわりに中身の方はいかがであろうか。熱燗《あつかん》だがアルコール分が少ない、というおちょうしもある。そういう酒を飲みくらべて、自分の酒を決めるには、吟味の腕、いや、舌を必要とする。

たとえば東京の場合、美濃部さんは「明るい革新都政をつくる会」で、石原さんは「新しい東京をつくる都民の会」で、松下さんは「正しい都政をきずく会」だ。「明るい」のと「新しい」のと「正しい」のと、どれが一番よいかと聞かれても答えに窮する。それにいずれも無所属だが、実は各政党の「かくし砦《とりで》」から出陣した三候補だ。三部合唱で「物価の安定」をいい、「住みよい都会」を歌うことに、変わりはなさそうにみえる。美濃部さんも石原さんも、相手が「ファッショ」だと攻撃する。おたがいに言葉は威勢よいが、どの酒が甘口か辛口か、どれが芳醇《ほうじゅん》であるかが判然としにくい。

これは東京だけの話ではあるまい。選挙とは、自分の方が一〇〇%正しく、相手はまるっきりだめだという旗差し物を掲げて争うことに、昔から相場が決まっている。故大野伴睦《ばんぼく》氏が「サルは木から落ちてもサルだが、代議士は選挙で落ちればタダの人」と、名言を吐いたことがある。

何が何でも勝たねばならぬのが政治の世界だとすれば、「私は八〇％ぐらい正しい」などと人間らしいことを言う人はまずいない。だが、有権者はそんなことは百も承知だ。自治体財政が破産状態なのは、国の政策も悪いが、全部をそのせいにする人にも責任があることを知っている。

そのどちらを重くみるかで、投票の態度を決める。また、地方選挙は地域の問題を改善してくれる人を選ぶことだが、同時に、それが国政の動向を左右する結果になることも知っている。人物と国政の方向の両方が合致することになればよいが、それが合わないときは、どちらを優先させて考えるかは有権者の判断だ。（50・3・20）

現職は強い

知事選挙の結果をみて、現職は強い、というのが偽らざる印象だった。この結果が保革のどちらに軍配をあげたのかについては、いろいろな分析があるだろうが、新旧の勝負とみれば「旧」の勝利は歴然としている。

十七の知事選で十三人の現職知事が立候補したが、負けた知事は一人もいなかった。三大市長選の横浜、川崎、札幌でも、そろって現市長が当選した。現職が勝ったという点では、保守革新の別はない。

現職知事は勝っただけでなく、その強さも相当なものだった。「新」が「旧」を追い、大接戦を演じるところまでいったのは佐賀県ぐらいではなかったか。他の都道府県で、予断を許さぬ一騎打ちといわれていたところも、フタを開けたら知事が予想以上の大差をつけていた。

現職がいかに強いかを、八大都道府県の知事選の歴史で調べてみた。知事公選制になって二十八年の歳月がたつが、まず、知事が選挙で敗れたことがあったか、どうか。東京、北海道、神奈川、愛知、京都にその例はない。百戦百勝、例外なく知事が勝っている。

他の府県では、兵庫県で二十年前、革新系の故阪本勝氏が現職を破った例が一つだけある。福岡では二回ある。昭和三十四年に故鵜崎多一氏が知事に勝ち、その八年後に鵜崎知事は亀井現知事に敗れた。大阪では四年前、黒田知事が四選目の左藤知事に打ち勝った。

過去二十八年間に、この四例しか見当たらない。この間、八大都道府県で知事が立候補した選挙は計四十五回、勝ったのは四十一回だから、現職の当選率は九一％になる。

もちろんこういう確率には、将来における政治意識の変化といった要素は計算にはいっていない。きのうまたかくてありけり、きょうもまたかくてありなん、という前提においてしか確率による分析は成り立たない。しかし、知事の立つ百の選挙があれば、そのうち九十一回は現職当選というのは、しんどい数字である。（50・4・15）

警護という仕事

三木さんが暴漢に襲われて、公安委員長が「失態」を首相にわびた。警察庁長官は、閣僚らの警護を今後いっそう厳重にするといい、警視庁ではこれを受けて、終始離れずに警護する「直近」警護方式を強化することにしたという。

警護とはたいへんな仕事だと思う。前方三分、後方七分、八方にらみなどという鉄則があって、周りの気配、人の動きに神経を張りつめていなければならない。それも一、二時間といわず一日、二日と続くこともあるのだから、文字通りやせ細る思いだろう。事が起これば、わが身をマトにして守る。凶器、凶弾をわが身で受ける。その「わが身」を守ってくれるものはいない。不安で孤独な仕事だ。

守られる人が、すなおに守られてくれればいいが、警護ぎらいの要人はたくさんいる。

天壌無窮の話

鳩山内閣時代には、ボデーガード廃止を申し合わせたこともあり、河野一郎氏などは、夜のプライバシーの時間など、警護を帰してしまう。閣議で国家公安委員長から「警察の職責が果たせない」と抗議されたこともあるという。

ケネディ暗殺をドキュメント風に描いた「ダラスの金曜日」という本にこんな一節がある。ケネディ大統領のダラス訪問が発表されてから、大統領護衛官はにわかに忙しくなる。「沿道の建物を検査した。生け花に爆弾が仕掛けられはしないかと、生け花類も調べることになった。大統領が食べるステーキの肉は、食事に出されるはずの二千五百人分のステーキのなかから任意的に選ぶはずだった。もしだれかが大統領を毒殺したいと思えば、彼は出席者の全部を毒殺しなければならないだろう」。

徹底した警護だった。それでもケネディは暗殺された。そこから得られる教訓は、完全無欠といえるような警護はないということだろう。だが、それを無欠にするための努力は続く。果てしなく、終わりない目的だと知りつつ、その努力に身をかける。守る人も、守られる必要もない、そんな日はまだ当分、来そうもない。（50・6・22）

「十年協定」で、蜜月《みつげつ》時代がくるのかと思わせてまだ二カ月というのに、共産党と公明党、創価学会の仲が険悪になってきた。まあ、そうだろうな、という感想もある。

もともとマルクス主義と宗教、別の言い方をすれば唯物論と唯心論はそう簡単に折り合えるはずのものではなかったろう。池田会長は「社会主義も、虐げられた民衆をどう救うかの発想が原点だった」といい、人間の善性への信頼をいっている。宗教者としては敬意を払うが、いささか観念的な感じもする。

マルクス主義とキリスト教の対決は、発想や善意が同じであるということでは片づかぬ歴史的な厳粛さをもっている。それは世界と人間について、両者が対極にある根本的な考え方の違いである。したがって、何を人間の幸福と考え、そのためにどのような方法を選ぶかについての原則上の妥協はない。

マルクス主義も宗教も、自分の原理によって世界を統一的に解釈する。その原理は絶対であり、他に譲れぬものであり、その原理を信ずる者はそれにしたがって行動することを要求される。他と妥協し、あるいは提携することがあっても、それは一時的な戦術上の妥協にしかすぎない。

共産党の宮本委員長は「共産主義社会でも人間の悩みはなくならないし、宗教活動は保障されるだろう」と語って、世間を驚かせたが、ＳＦ作家の言葉を聞かされているような感じもあった。共産主義社会になると、国家も政党も、社会悪も消滅する。

人間は能力に応じてはたらき、各人の必要に応じて物をあたえられる、という。そういう社会がどんな社会であるのか、想像力をはたらかせても、一向に頭に浮かんでこない。しかも宮本さんは、そういう社会でも人間の悩みはなくならないし、宗教は存在するという。気の遠くなるような、抽象的な御託宣だ。

こういう天壌無窮の話よりも、この宗教政策は次の選挙にどれだけプラスになるかという話の方が、凡人には分かりよい。(50・9・27)

市民の目に立ちかえれ

枝葉が茂りすぎると、幹が見えなくなる。公害の論争だけが激化して、公害患者の救済という、かんじんのところが見失われていく。副知事、出納長という特別職が全員空席のまま、二カ月近くたつ大阪府の場合がいい例である。府民という〝幹〟は不在の空転である。

知事が二人の副知事のうち一人と、出納長を再任せず、議会がこれを問題にしたのが、ことの起こりだ。黒田府政は府県段階ではわが国ではじめての「共産党単独与党」で、その共産党は少数である。野党にしてみれば、その知事に主導権をほしいままにされてなるものかという意地もあろうし、その意地が三役選任というかっこうの、攻撃材料をみつけたといえるだろう。

知事と議会との話し合いはあったが、決着はつかず、副知事と出納長はいなくなってしまった。行政とはそれでも、なんとかなるものなら、副知事など、もともといらぬものかと、いやみのひとつもいいたくなるし、無くて困るものなら、全力あげて正常化を図るべきだろう。だが、知事も議会も、全力をあげる目標を間違えてしまったとしか、見えない。

大阪府は千二百億円もの税収不足で府財政は開府以来の、非常事態になり、新規事業はほとんど中止、職員のベースアップさえむずかしい。山積する府民の問題が、非常を訴えているときに、副知事紛争の異常事態に明け暮れている、それ自体が、財政の非常よりはるかに異常であることに気付いていないようにみえる。

副知事問題のほかに知事の失言が議会で追及されている。二度、三度と失言をくり返すのは不注意きわまりないが、その攻撃が首長いじめの材料に堕してくると府民はもうついてはいけない。そこに、異常さを感じてしまう。

少数党の単独与党という自治体はこれからもふえてゆくだろう。そして同じような紛争と混迷がくり返されはしないかと心配である。地方自治体が、政党の思惑やかけ引きだけにおぼれていては、問題は解けない。知事も議会も当たり前のことを当たり前に見

る、市民の目に立ちかえることが必要だろう。(50・10・9)

にっぽん政治修辞学

政治とは、裏を読まねばならない。呼吸をのみ込まねばならない。ハラをさぐらねばならない。話の含意をつかみ、文字の紙背にまで目を通さねばならない。たいへんむずかしい。この難解な「にっぽん政治修辞学」を知るのに格好な教材は、国鉄のスト権をめぐる政府、自民党、国鉄のやりとりだった。九日、公共企業体等関係閣僚協議会専門委員懇談会という会があった。漢字が二十字も並ぶこの会に出席した国鉄副総裁は、スト禁止の抑制効果はほとんどないが、いずれにしても国民の迷惑を少なくすべきで、スト権の問題は究極的には高度の政治判断だという意見を述べた。

「いずれにしても」とか「究極的に」とかいう言葉がくせ者だ。「国鉄は政府にゲタをあずけた」とスト権反対派は喜んだ。後日になって国鉄は、あの発言をよく読めば条件つきスト権賛成の基調を出していると開き直った。「基調」とは、これまた難解な言葉だ。言葉に悩まされ、だまされたような気分もなくはない。

十六日に国鉄当局は、全国総務部長会議で「条件つきスト権が現実的だ」という文書を渡した。二十日になると、藤井国鉄総裁は労組代表に「条件つきスト権は国鉄の統一意思だ」と述べた。当の総裁が「これが国鉄の公式見解だ」といっているのに、官房長官は「正式とはみなさない。九日の発言が国鉄の正式見解だ」とがん張ったりしている。はて「公式」と「正式」とはどこか違うのかな。だれがどこで話したことが本当の公式、正式で、どれとどれがウソの公式、正式なのだろうか。もっとも「問題はそんなに単純ではない。これは三木派と田中派と福田派が複雑にからみ合う政治力学の問題であって……」という解説もある。

つまりスト権の是非という本来の争点は、政局の舞台回しの小道具になるばかりで、この問題でだれが得をし、損をするかという力学だけが盛んになる。関係者は熱演だろうが、お客はあくびをかみ殺している。(50・10・22)

経済

投機ゲリラへの怒り

株価を不正に操作した疑いで、飼料会社の重役や大手証券会社の支店次長らがつかまった。暴力団と一緒に恐かつを働いていた大手証券会社の部長もいる。世の中ずいぶん汚くなってきた。

株価操作の黒いうわさは前からあった。この事件は氷山の一角だそうだ。ひと皮むけば、大企業や証券会社は陰でまだまだ悪いことをしている。また、事件の背景には、株の時価発行というのがある。違法ではないが、昨今の異常株高に便乗して、大企業は競争で大もうけしているという。

株の時価発行といえば、ばか高値でNHK本館跡地を買った不動産会社の資金源が、この時価発行だとうわさされていたのを思いだす。時価発行で大もうけした何百億かの金が、土地、株、その他の投機に流れて、インフレを促進する。そういう悪のからくりであるらしい。

株の仕組みの話はむずかしいが、大企業や商社の投機のひどさなら、だれでも知っている。木材、繊維、大豆、米の値上りで、みんな痛い目にあった。「地価対策に手を打つと商品相場が怪しくなる。大豆を抑えれば米に火がつく。まるでゲリラだ」と、自民党の幹部もあきれていっている程だ。

「買いだめ、売惜しみ、暴利取締り法」の提出を自民党が考えているそうだ。相手がゲリラなら警察に取締まってもらえ、というわけだろう。どこまで本気でやる気かは、わからない。効果に疑問もある。しかし、国民の暮しを痛めつけるような投機は今や犯罪行為である、という考え方はいい。大賛成だ。

警察は物価機動隊でも編成して、有力企業であれ有名経営者であれ、投機ゲリラどもを根こそぎ退治してほしい。そういいたいくらい民衆は怒っている。（48・2・25）

猛烈社員はどこへ行く

「公害や資源問題の将来を考えて、今こそ思い切った産業構造の大改革を」と産業計画懇談会が提言した。そのなかで私たち日本人の意識が今後どう変っていくかを予想している章がある。

年々、公害はひどくなり、資源の世界的な枯渇も目に見えている。このままでは成長一点ばりの日本経済は必ず行詰る。もはや「待ったなし」の状態がきた。生残るために、鉄鋼や石油をはじめ、あの工場、この工場「ためらわずに生産規模の縮小に踏切れ」というのが提言の内容である。

それがその通りだとして「では、果して国民の意識までその方向に動かせるものか」と、提言者である財界の有力者たちは自問する。何しろ日本経済全体の急転換だ。輸出増大とか重化学工業化といった今までの努力目標を一気に失ってしまう。国民は一体どんな心理状態になるだろうか。

財界人の予想はこうだ。「当分は惰性で動くだろう。その間は世の中、無事だろう。しかし長くは続くまい」「無理に意欲を燃やせとはいえないし」「何か自然発生的に大理想が現れればよいが、さて何が出てくるか」「結局どうも国民意欲の低迷期が来そうだ」。

産業構造についての前段の提言の明快さ、大胆さに比べると、どういうわけか、国民の心理構造については結論も提言もない。ごらんの通り、およそ自信がなく、しまらない語り方でおわる。とつおいつ思い悩んだすえに「どうも困りましたな」と、途中で投げてしまったようにも読めた。

生産規模の縮小はいい。しかし、つい昨日まで「働け働け」と追いたてられてきた私たち猛烈社員は、明日はどこへ走らされるのか。大事なところで財界有力者が結論を逃げてはいけない。(48・3・17)

「七二年世界企業番付」雑感

米「フォーチュン」誌による恒例の「七二年の世界企業番付」が、発表された。やはり日本の大企業の成長ぶりはすさまじく、売り上げ順で世界三百社のうちの七十九社を占めて、首位の座を保った。円の換算率が上がって得をした点もあるが、日本企業の強さは変わりない。

この番付表には、いつも米国企業が除外されている。もし米国を入れると、ベストスリーはゼネラル・モーターズ、エクソン（旧スタンダード・オイル）、フォードの三社で独占されてしまう。ベストテンの中、八つまで米国企業で占める。番付五位の新日鉄もUSスチールのつぎで、十八位となる。

つまり米国企業がずらりと顔をならべてしまっては、番付のおもしろさが半減してしまうわけだ。米国を除外するところに、あらためてその力のすごさを感じさせられる。

つぎに、このフォーチュン番付の二十位までをみると、日本からは新日鉄、日立、トヨタ、三菱重工業、日産の五社の名があるが、そろって一国企業の色合いのきわめて濃いのが特徴だ。

たとえば一位のロイヤルダッチ・シェル（石油）も、二位のユニリーバ（食品）も、超国籍企業である。日本の大企業がこれからいっそう大きくなっていくとき、一国企業のワクを抜けて、ますます多国籍化せざるを得ないのかも知れない。

外国人は、日本の会社を見るとたいへん不思議がる。「なぜ売り上げばかり気にするのか。こんな少ない利益で、量ばかり伸ばす商売をする」という。利益率や企業体質より、大きさが社会的地位を決める。だから売上高至上主義となる。

「大きいことはいいことだ」という考え方は、伸び盛りにはあるいは必要だったかも知れない。が、いつまでたっても背丈ばかり気にするようでは、また憎まれっ子の世界企業になってしまう。（48・8・28）

キリンの独走

ビール値上げの先陣を承って、サッポロの大びんが百六十円になった。アサヒ、サントリーの後詰めもひかえているという。ただ業界の王者キリンだけは「今期は値上げしない」と、社長が約束した。

キリンの販売シェアは、今年になって六一・八％に達し、独走態勢をつづけている。

サッポロとアサヒは、そのシェアが年々下がる一方で、大びん一本を作るたびにアサヒは三円、サッポロは一円の赤字を出しているというが、キリンは二円の黒字を上げて左ウチワでやっている。

苦しいから値上げにふみ切る。そこでどうなるか。値上げをしないキリンはますます消費者に喜ばれ、ますます売れ、ますます利益をあげる。値上げした方は、うらまれて、売り上げが落ちて、収益がまた悪くなる。強きを助け、弱きをくじく自由競争の冷酷な論理にあやつられるばかりである。

なぜ日本中が「キリン、キリン」と思い込まされてきたのかは、これ不可解というほかはない。「キリンは苦みがきいている」とだれもがいうけれど、目かくしテストで当てる人はきわめて少ない。ビールの味の頼りにならぬことは世相、人心のごときものだそうで、ビール会社の重役が自社の銘柄を当てられなかったというような話はざらにある。

キリンの会社自身が「どういうわけかキリンです」というコマーシャルを出すくらいだから、御当人もどういうわけか説明しにくいのかも知れない。独走ぶりがあまりきわ立っているので、政府は、その設備拡張をおくらせることを考えているという。キリンだけ輸入麦芽を制限したらどうか、会社を分割すべきだ、という意見も出はじめた。

創業以来六十六年、そろそろ麒麟《きりん》も老いて駑馬《どば》にしかずの歳月だろうに、このキリン

は怪獣のように成長し、日本中を席巻している。(48・10・10)

大減税とインフレ

来年は「大幅減税」だそうだ。七月の参院選をねらった田中首相の大盤振る舞いだというのが大方の解説だが、減税はやはり減税で、税金は少ないほどありがたい。

独身サラリーマンの課税最低限は、約四十四万円から七十四万円に引き上げられ、初任給に所得税がかからぬ人も出てくるだろう。年収三百万円の人の所得税は、二十万円から十万円程度と半分になる。来年四月からの給料袋で、「税金がへった」という実感はわくかも知れない。いままで「一兆円減税」といわれていたが、田中首相は「どうせやるならハデにやれ」とばかり「二兆円減税」にした。

この間の新幹線計画でも、決定ずみの五新幹線のほかに、もっとじゃんじゃん作れというわけで、北海道から九州まで十新幹線を追加した。万事、田中流で、景気がよいといえばよいが、どれもこれも選挙目当ての、ジャラジャラとお金の音ばかり耳について、はてと考え込んでしまうところがある。

「史上空前の大減税」も結構なのだが、給料袋がいくらふくらんでも、いまのインフレでは、来年の使いでがどれだけあるのやら。減税がまたインフレをあおることにならないのだろうか。所得税の軽減がインフレ要因になるのか、どうかは、専門家の間でも意見が分かれるところらしい。減税の大きさにもよるだろうし、他のインフレ対策との関連もあるのだろう。

税制調査会の権威たちにも「所得税の減税即インフレ要因と考えるのは、単純すぎる」という人もいれば、「いまの景気過熱を抑えるためには、所得税増税の必要すらある」という人もいる。ともあれ減税は賛成だが、「インフレは世界的現象」などと、他人事のような説明では困る。

中身のないアメ玉ばかりしゃぶらされると、いずれみんながその詐術に目をさます。

（48・10・21）

洗剤騒動

通産省の役人が東京の倉庫に乗り込んで、山積みの洗剤の出荷を指示した。近所の主婦たちも押しかけて「全部はき出せ」と、叫んでいたそうだ。

大正の米騒動を連想する。もちろん社会情勢はちがうが、当時も民衆がインフレに苦しめられ、「悪徳商人の征伐」が共感をよんだ。三井物産や鈴木商店などが米を買い占め、米価をつり上げて、自然発生的な暴動となったのである。

その五十数年ののち「もうかるときにもうけるのがなぜ悪い」と、開き直る人を少なからず見るのは、何やら似通った感じもする。「お奉行の名さえおぼえず年暮れぬ」という句がある。民衆の労苦の結実をかすり取って、暮らしている殿さまの名前など覚えてませんよ、という町人の反骨を歌ったものだろう。

「金銀は町人の氏系図」といったのも、御先祖さまだけを頼りにいばっている武士階級に対する心意気だった。町人の自由は痛烈な批判精神として存在していたのだが、今日では、私企業の自由が社会的公正を損なう場合の多いことをだれでも知っている。自由とはしばしば、売り惜しんで人を苦しめる自由であったり、石油を口実に、その何倍もの値上げをしてもうける自由であったりする。

われわれは複雑な流通機構のカラクリを知ることができない。小売店のおじさんに、いやみをいうのが関の山だ。いつまでたってもラチがあかないから「政府は何をしている」と怒り出す。おしりをたたかれた政府は「ビシビシ取り締まる」という。つまり統制だ。効果が上がらないのは徹底的にやらないからだという理由で、統制でインフレを押え込んだ歴史はないという経験も忘れて、統制は際限がなくなる。

結局、自制を知らぬ私企業の自由が、自分の首を絞めるのに精を出しているわけだ。

（49・1・19）

商社は国家なり

「朕は国家なり」といったのは、フランスの絶対君主ルイ十四世。「鉄は国家なり」と自負したのは、日本の鉄鋼業界だったが、近ごろは「商社は国家なり」とよくいわれる。大手の六商社に対して、公正取引委員会が「もっと自粛しなさい」という意味の警告を出した。この世に、日本の総合商社が取り扱わぬ品は一つも存在しないとさえいわれる。東にパルプがあれば飛んで行き、西に銅が出ればかけつけるという恐るべきエネルギーで、大手ともなれば一万以上の品目を扱っているそうだ。

A社に聞くと在外支店、子会社数は一一七、派遣社員八〇〇人、現地社員二五〇〇人と教えてくれた。参考までに外務省の在外公館数は一四八、在外勤務者一二〇〇人、現地雇用者二四〇〇人。一社で日本外交の布陣にほぼ匹敵するのだから、大手六社を合わせた実力のほどは察するに余りある。

公取委によると、六社の四十七年度売り上げは合計二十一兆円で、貿易取扱高ではわが国の輸出の四割、輸入の五割を占めている。また商社とは物をあきなう会社というのは昔の話で、六社で上場会社の半数の株主となり、非上場をふくめれば一〇五七社の筆頭株主でもある。

独占禁止法では、銀行は企業に対して一〇%以上の株主になってはいけないとされている。銀行の企業支配を防ぐためのものだが、商社だけが力に物をいわせて、つぎつぎに大株主になったり、巨大な資金を調達したり、融資したりで、銀行顔負けのことができるのは分かりにくい話である。

株の売買や土地の買い占めなどの実情も、報告書は明らかにしている。強いだけでは、世の中は納得しない。大平さんもおといの外交演説で「菜根譚《さいこんたん》」の一節をひき、「世に処するには一歩を譲るを高しとなす」といっていた。(49・1・23)

八百長懇談会はうんざりだ

田中首相以下の全閣僚と経済界代表の八十五人。すみからすみまでズラリと並んだ懇談会は、スター総出演、東西大歌舞伎顔見世大興行を思わせた。

もっともイスだけは双方にらみ合った形だが、いささか八百長の感じがなくもなかった。幕が下りたあと、亀岡建設相は「きょう来なかった人たちにこそ問題がある」(毎日）といい、永野日商会頭も「きょう集まった人たちは、たぶん悪いことをしていない」とエールを交換していた。

しかし、だからこの懇談会が無意味だったというつもりはない。これだけの人たちが、「三月まで値上げしない」という紳士の約束をしたのだから、約束しないよりはよかった。ただ観客から拍手がわかないのも事実である。国民からすれば、たっぷり便乗値上げをされたあとで「来月まで値上げしません」といわれてもそう素直に聞ける話ではない。それに再来月の約束を、だれもしてくれたわけではない。

田中首相は「値上げしないだけでなく、値下げを考えてほしい」といっている。カッコいいだけのセリフなのか、本当に経済人にその気があるのかどうか。たとえば首相によると、昨年後半の価格上昇率は、理論的にはセメントは九・九％なのに実際はその三倍、紙は六・五％のはずなのにその五倍の値上がりになっている。

理論と実際とは違うにしても、少々違いすぎるのではないか。首相は「このままでは公権力の介入は不可避だ」ともいっているが、覚悟あっての言葉と念を押しておきたい。昨年六月にできた投機防止法をみると、この法律できめた緊急放出命令も、強制立ち入り検査も、この物価狂乱の中でついに一件も発動されていない。「実施しなくても目に見えない効果をあげている」とは役所の決まり文句だが、「目に見えない効果」のお話ばかりで、われわれはうんざりしている。（49・2・6）

お米の話

米国を訪れた日本の指導者が「お国は米国、日本は米の国、浅からぬ因縁ですな」とあいさつした。通訳は目を白黒させて、絶句したそうだ。米の飯とお天道さまはどこにでもついてまわる、というが、お天道さまは無料で、お米の値段は上がる一方だというところがまるで違う。

政府は米価審議会に、消費者米価を三六％引き上げたいと申し入れた。この数字でいくと、一世帯の米代が一カ月で一〇一五円ふえる。もっともこれからの政治折衝で、三〇％前後に落ちつきそうだという。が、どう決まっても、米を作る人たちに直接の利害はない。

生産者米価、つまり政府が農民から買い取る方は、三七・四％の引き上げがすでに決まっているからだ。消費者には消費者米価は安いほどありがたいが、政府は米を高く買って安く売っているのだから、消費者米価を安くすればそれだけ赤字がふえる。赤字を埋めるため国庫から金を出す。その金の元をただせば税金である。このままでは赤字が一兆円になるという。

米価とは不思議な価格で、生産者の売値より消費者の買値の方が安い。こういうのを「逆ザヤ」という。「サヤ」とは値段の差のことで、「差異」がなまったのだという説もある。物は生産され、流通するにしたがって高くなるはずなのに、米はその反対だから「逆ザヤ」だ。

逆ザヤを少なくするには、消費者米価を大きく引き上げた方がよい。国の金庫を預かっている大蔵省はこの立場をとる。米の値上がりはインフレに拍車をかけるから、逆ザヤがある程度開いても仕方ないというのが物価お目付けの経企庁の立場だ。

自民党の農村議員は、逆ザヤを縮めておかないと来年の生産者米価の大幅引き上げがやりにくいから、消費者米価引き上げに反対しない。都市議員は反対だが多勢に無勢。経企庁長官は大平派だから、大平蔵相にあっさり譲ったという解説もある。お米の話は生ぐさい。（49・9・5）

企業を襲う不況の風

財布のヒモを緩めればインフレはひどくなるし、締めれば景気が悪くなる。物価の上がりようが少々おさまってきたと思ったら、新聞で「帰休」「賃金カット」といった活字を見ない日はない状態になった。

「経営の神様」といわれる松下幸之助氏の松下電器も減益を重ねて、ついに管理職のベア中止。作っても売れないから、午前中だけはたらく半ドン制に切りかえた。午後は、社員が義勇兵になって販売店を応援する。神様は「インフレをやめてもらわんと行き詰まりですな」と大局論をぶつが、「その妙手は?」と聞かれて一瞬絶句。「ひとことでは言えまへんな」。どうやら即答は不可能らしい。

「経営の知将」といわれるソニーの盛田昭夫社長も、八千人の一時帰休にふみ切った。優良企業のお手本のようにいわれてきただけに、三木首相も「ソニーよ、お前もか」とかなり深刻に受けとめたそうだ。強気で知られたこの知将も「世界経済は荒天状態で、ちょっとやそっとで晴れる見込みはありません」と、もっぱら「安全運転第一」を力説している。

「ナショナル」も「ソニー」も、「成長神話」を証明してくれた大企業である。一方は、元手百円、四畳半の工場でスタートして今日にいたった。他方は、焼け跡のバラックで開業したのが「世界のソニー」にまで成長した。

底力がある企業はよい。松下電器の半ドン制も給料カットなしというから、優雅なものだ。ソニーも「世界のテレビ市場はまだこれからだ」と、気が強い。余裕のある企業が当然のことながら、体力をつけるための手をうつと、苦しい企業の方は、生き残り競争にたえるために、もっと厳しい手段をとる。

こうして新規採用の取り消し、賃金カット、解雇がつづいている。苦しい者にほど、不況の風は冷たく吹きまくる。（50・1・22）

ジャーナリズム

映像のウソ

警察がテレビニュースに出たデモ隊の画面をビデオにして、証拠提出しようとしたら、大阪地裁がこれを却下した。裁判長は「報道の自由を主張するテレビ側が撮影者、編集者を明らかにしない以上、証人調べができない」ことを理由にあげている。

以前にも、大阪空港の騒音訴訟で似たようなケースがあった。住民側が被害を実証するため、NHK番組のフィルムを提出しようとしたが「制作者の主観が無意識にせよ、加味されうる」と却下された。「百聞は一見にしかず」というが、目に見るものもすんなりとは信じ難い世の中になってきた。

写真の話だが、写真家長野重一《しげいち》さんが三一新書「見る」の中で、「写真がウソをつく例」を述べている。浅沼さん刺殺の、あの有名な写真を見た人は「決定的瞬間」と思うだろうが、実は、刺したあと刃物を引抜いている事後写真だそうだ。また人間の笑う表情は泣いているようにも見えるので、作る気があれば笑顔を悲しい表情にするのは造作もないことだという。

カメラは露出のかけ方で、人も車もない「真昼の銀座」ができるし、望遠レンズの使いようで順法闘争の混雑ぶりを実際以上にみせることもできる。東大紛争のころ、朝日テレビニュースが「警官に同情的」と「学生に同情的」の、二つの編集をした10分フィルムを作って、女子学生にみてもらったことがある。

学生が乱暴する方を見た人は「もっと厳しく取締まるべきだ」という意見だった。警官が警棒をふるう方を見た人は「警察の行きすぎだ」という反応が強かった。

映像の秘密を知り、心にくいほどこれを利用した天才は多分ヒトラーだろう。ナチスの宣伝映画や大集会を、映像が人間の目を奪い、理性をマヒさせる舞台にした。映像が虚像となって政治に利用されるときほど、恐ろしいことはない。（48・4・18）

ＮＨＫ

「前田天皇」といわれて、ＮＨＫに君臨していた前田義徳会長が勇退することになったようだ。九年間、会長の座にいて、その強い個性がＮＨＫを一つのカラーに濃く染め上げた。

ＮＨＫのことは、悪口をたたいた方が気持よいことになっている。年間予算千二百億円。この間買った世界最大級のパイプオルガンは、パイプが七千六百四十本もあった。

朝の時計番組「北の家族」は、二千数百万の人が見ている。その大きさに、民間放送は歯が立たない。

しかもこの民放を、NHKは「商業放送」と呼び、内部でも「商放」という言い方を守る。われわれ「公共放送」とは同列にあらず、というお高い姿勢がまた反発をよぶ。金持でツンとして、しかも人に好かれようというのは、土台、無理な話だろうから、ねたみをまじえた悪口になる。

もっともNHKのすぐれた点をいわないのは、不公平というものだろう。とくに報道、海外番組には、他の追随を許さぬものがある。ただNHKのカメラは、デモでも騒動でも、いつも遠くから撮るといわれてきた。遠景は、苦しんだり、喜んだりする人間の表情をなくし、万事をきれいごとにする。

アナウンサーも同じことで、眉《まゆ》一つ動かさずに無表情でしゃべる。こうしたNHK調は、よくいえば整然、逆にいえば血が通っている感じをなくす。前田会長は、政府にも物をいうタイプの人だったが、それでもNHK全体としては、官に弱く民に強いという印象は年々強まっていた。

昨年、英国国営放送（BBC）の総支配人に会ったとき、「放送の自由とは、少数意見を人々に伝えることだ」と、ずばり語っていた。つづけて「意気地のない、政府の代弁者にはなりません」と放送人の誇りを説明しているとき、NHKのことが思い出され

てならなかった。(48・6・29)

不自由なペンクラブ

日本ペンクラブが例の「訪韓調査団」について、緊急理事会を開いた。その様子を新聞各紙で読んだ限りでは、文士の集まりというより、政治家のなれ合いという印象の方が強い。

何を恐れるのか、密室に閉じこもり、三時間あまりの論議を重ねた。部屋を出てきた理事たちはカン口令がしかれて、何も語らない。軍隊や警察の会議ではあるまいし、身を一管の筆に託す自由人の集まりだろうと思っていたのがこちらの不明だった。なんと不自由な人たちであろうか。

三十一日付の韓国紙東亜日報は、藤島、白井両氏が「日本ペンクラブの正式代表」として来韓し、「詩人金芝河の実刑宣告は、政治的活動が理由であるという事実を確認した」と語った、と報じている。日本ペンクラブはこの発言を「関知せず」と決めた。

日本ペンの見解だと誤解させた両氏の言動に対しても「悪意はないし、仲間だから」その責任を問わないことにした。ペンは、剣より強いかどうかは知らないが、身内意識の前にはあまり強くないようだ。代表を出したペンクラブにも、別に責任はないらしい。つまり、だれにも責任はない。

石川達三副会長が記者会見でいっていることも、読めば読むほどまことに分かりにくい。「言論弾圧がないとは思えないが、あるともいえない」「(弾圧という言葉の)ニュアンスがむずかしい」「一応は、弾圧はあると思われる」。どこまでがペンクラブの見解で、どこまでが個人的見解なのか。

読み返して分かりにくいのは「ニュアンスがむずかしい」ためばかりではあるまい。「表現の自由に対するあらゆる抑圧に反対すること」を誓ったペン憲章をポケットにしまい込んで、まあまあクラブをまあまあやっていくための言葉を探しているからではないか。

いっそのこと「クラブ・ペン」のネオンでも出したらいかがであろうか。(49・8・7)

マスコミの功罪

インドのガンジー首相の父親、故ネール首相が、世界平和の方策を聞かれて「新聞がなければ世の中はもっと平和になるだろう」と、答えたことがあった。

この哲人宰相が、国際紛争の原因はマスコミにあると考えたわけではあるまいが、逆説としておもしろい。事実を誇張したり、人々の興奮をかき立てるマスコミの悪癖を批判したかったのだろう。実際のマスコミは、それほど悪役ばかりをつとめているわけでもあるまい。

その情報によって、国家や人間がおたがいの誤解や誤算を少なくする役割もあろうかと思うのだが、「犬が人にカミついてもニュースにならないが、人が犬にカミつけばニュースだ」というのは、依然として一面の真理をついている。つまり近代ジャーナリズムには、乱を好む癖なしとしない。ジャーナリストは、その点で、少々気のひけるところがある。

東京の都立武蔵丘高校で、騒動がつづいている。発端は、A君がB君の弁当を盗み食いした。B君の親友がこれを知って、A君をなぐった。学校が、弁当をたべた生徒となぐった生徒を三日間の自宅謹慎処分にした。怒った生徒がバリケードを作った。一昨日までは授業ができぬ状態だったそうだ。

騒ぎがはじまると、さっそく各新聞社に電話で知らせてきたそうだから、さすが情報化時代の子だ。新聞やテレビで報道されると、バリケード派の意気は上がる。記者たちが構内を歩きまわるので、学校はますます異常な状態になる。

弁当一つで大騒ぎになるのは、そもそも教師と生徒の間に根深い不信感があったからだ、という。その通りだろうし、両方が大いに考え直してほしいことだが、当事者が興奮しても、外部の者にはやはり、たかが弁当一つの話であることに変わりはない。弁当を食べたのは盗みかイタズラか、三日間の謹慎は重罪か軽罪か。まあ、それぐらいのことは自分たちで始末できぬものか。（49・10・9）

国際

奇妙な戦争

ラオスの和平協定が二十一日、調印された。ラオス戦争はベトナム戦争のカゲにかくれ、かすんでみえることが多かったが、実は対仏独立闘争以来の、ベトナムより長い内戦だった。

それに、まことに奇妙な戦争でもあった。ビエンチャンの政府軍と左派の愛国戦線軍とがうち合いをしているというのに、ビエンチャンにはいまも愛国戦線代表部があり、その駐留部隊までいる。和平仮調印の朝も、この町の市場で、丸腰の愛国戦線の兵隊が市民といっしょに買物をしていたそうだ。

ラオス戦争は、殺さないように戦う戦争だともいわれた。兵隊さんは相手と向い合うと、空に鉄砲をうって帰ってきてしまう。昼寝の時間は、双方とも御休憩だ。攻めてくればさっさと逃げるし、敵がいなくなれば攻めていく。そんな牧歌的で、へんな戦争という一面もあった。

政府側のプーマ首相は副王の第一夫人の子、愛国戦線側のスファヌボン議長は第十一夫人の子で、異母兄弟だ。おたがいに「尊敬し合い」、書簡を交換したりしながら戦争をしていた。中立派のプーマ殿下と左派のスファヌボン殿下は考え方はちがっているが、王制を認めること、仏教徒であること、ラオスに二つの政府をつくらないことでは共通していた。「小さな舟は、みんながまん中にすわらないとひっくり返る」という、三百万人の小国のチエもあった。

このラオス人を血なまぐさい大国の代理戦争に投込んだのは、米国のラオス援助だ。金をばらまき、武器をあたえて、気に入らぬ政府を倒し、親米政権をつくってはいつも失敗した。鉄砲は空に向けてうつものでなく相手を殺すためにあると、この温和な民族に教え込もうとした。

米国が「世界の警察官」の役割をあきらめて、ベトナムにも、ラオスにも和平が訪れようとしている。鉄砲では平和がこないという、平凡で貴重な教訓だろう。（48・2・22）

不幸な事故ですませるな

リビア航空の旅客機がイスラエル空軍機に襲われて墜落し約百人の乗員、乗客が死んだ。「故意の殺人行為だ」と憤激するアラブ諸国をはじめ、この事件でイスラエルは国際的な非難を浴びている。

前夜からイスラエル軍はレバノン侵攻作戦をはじめていた。なるほど中東戦争は続いていた。そこへ、領空侵犯機があった。しかし、侵犯機は全く無防備な民間の旅客機だった。そうと知りながら、イスラエル戦闘機四機が取囲んで攻撃したのだ。こんな非人道的な話は聞いたことがない。

もっとも、イスラエル側の発表によると、最初から故意に旅客機を撃ち落したのではない。強制着陸させようとして警告したが相手が無視したので発砲した。旅客機は着陸態勢にはいったあと自分で墜落し爆発した。つまり墜落は「不幸な事故」だったとしている。

そのへんの正確な経過は、まだはっきりしない。一方、旅客機の機長がフランス人で、この機長は、戦闘機の警告を無視したというよりは、自分の飛行機がイスラエル領空内にあることを知らなかった。また接近したのがイスラエル空軍だとも気づかずにいて、いきなり発砲されたらしい。

もし侵犯機がリビア航空でなく日航とかフランス航空だったらどうだろうと考える。想像だが、練達のイスラエル空軍はもう少し慎重に行動できたはずだ。故意の撃墜でなかったにせよ、相手が敵対するアラブの旅客機であったために、力ずくで追回したのではないか。

その旅客機には、罪のない女、子ども、各国民間人が何も知らずにくつろいでいたことを思うと、胸がいたむ。「不幸な事故」といってすませるには犠牲が大きすぎる。（48・2・24）

激戦中の和やかな握手

パリ国際会議の二日前、南ベトナムのラム外相がレセプションを開き、「南」臨時革命政府のビン外相も招いた。ビン女史は華やかなアオザイに身をつつんで姿を見せ、二人はにこやかに握手し、親しげに語り合っていたそうだ。

そのへんが、どうもわかりにくい。ベトナム戦争は、つづいている。停戦が発効して一カ月、その間ほぼ一万人の戦死者を出した。双方ともに天をいただかずとばかりやり合っているのに、花のパリでは「和やかに握手」だ。米国の忍者キッシンジャー特使にしても、きのうまでの怨敵《おんてき》の地、北京やハノイに出没しては笑顔をふりまいている。

われわれは神州清潔の民なのかも知れぬ。世の中には善玉と悪玉とあって、善玉は見るからに味のある顔をして、悪玉は話しかけるのもゾッとするほどにくにくしげな人相で、あの国はよい国で、あの国は悪い国で、と整理しないと気持が落ちつかぬところがある。

二十六日、十二人の外相が集ってパリ国際会議がはじまった。慎重、練達の米ロジャーズ長官。外相十六年、ポーカーフェイスのグロムイコ・ソ連外相。一年前から中国外交の前面におどり出た姫外相。英国外交の老練さの権化のようなヒューム外相。折紙づきの雄弁でまくし立てるシューマン仏外相。それに、大国にもまれぬいた中立国オーストリアのワルトハイム国連事務総長。ベトナム和平を保証する、どんな「パリ宣言」が生れるだろうか。

日本には、とうとうパリへの招待状がこなかった。あとでオカネの方をよろしく、というまわり合せになるらしい。ベトナム復興に力をかすのは、大賛成だが、朝鮮でもベトナムでも、戦争のときは頼りにされながら、平和をつくるときは、とんとお呼びがない。

「大国日本」とは、世界ではどんな顔に見えるのか。他人の鏡で、じっくり見直す必要がある。(48・2・27)

『黒い九月』

パレスチナ・ゲリラにも穏健派から急進派まで、いろいろある。なかでも『黒い九月』とよぶ組織は最も過激なテロ集団で、機関銃や手投げ弾で武装した小人数の秘密部隊を、世界二十カ国の首都に送り込んでいるという。

去年、ミュンヘン五輪村でイスラエル選手団宿舎を襲ったのが『黒い九月』だ。続いて年末にはバンコクのイスラエル大使館を襲った。両方とも敵国イスラエルへの攻撃だったが、今度は一転して、本来は仲間であるアラブの国で、アラブの大使館を襲い、米大使ら三人の外交官を殺した。

ゲリラはいよいよ先鋭化し、神出鬼没、どこで何をやるかわからなくなってきた。とりわけ今度は、一国を代表する大使を人質にし、撃ち殺した。直接その国に攻撃をしかけたようなもので、昔ならば、これが原因で戦争になったかも知れないほどの出来事といえる。

しかし『黒い九月』組織側にしてみれば、最初から戦争のつもりなのだ。やり方が非人道的だという国際的非難も、おそらく覚悟のうえである。彼らパレスチナ民族は、実に二十年来、百数十万人が悲惨な難民生活をしいられている。この方がはるかに非人道的だといいたいところだろう。

パレスチナ民族にしても、長い間、国際世論の善意に期待して、平和な権利回復を願ってきた。その期待がすべて裏切られたうえ、今は仲間のアラブ諸国さえパレスチナ難民を見捨てて中東和平を急ぎだした。そんな、ぎりぎりのあせりの中から過激派ゲリラが生れた、という事件の背景も見ておきたい。

現地では、残り二人のアラブ人外交官の人質とゲリラを囲んで、なお緊張が続いている。もうこれ以上の悲惨はごめんだし、何とかパレスチナ人の心をくんだ真の中東和平を、と願わずにはいられない。(48・3・4)

海洋戦国時代

海の国際会議がニューヨークの国連本部で始った。議題は領海の幅、海底の資源、漁業水域、海洋汚染その他、いろいろあるが、すべて日本の将来の死活問題に結びつくものばかりだ、といわれる。

たとえば、領海幅である。日本は昔から沖合三カイリまでを領海としてきた。三カイリ以上は自由な公海で、公海の資源は国々の共有財産だという考え方だ。ところが近年、この領海三カイリ説は少数派になり、南米やAA諸国を中心に沖合二百カイリを領海だと主張する国々が多数派になってきた。

かりに国連で領海二百カイリの主張が通った場合、どうだろう。南米沖のマグロ、アフリカ沖のイカをはじめ私たちが毎日食べている魚の約三割は、その領海二百カイリ内でとれる。日本の漁船が各国から締出される恐れがある。高い入漁料を支払わされるかも知れない。

日本の遠洋漁業は大打撃を受けることになるが、逆に南米やＡＡ諸国にしてみれば、自国の沖の魚を根こそぎ持っていく日本漁船を追払いたい。ひとつには、そのための領海拡張運動なのだ。海洋が人類共有財産なら、一部の国が勝手に資源を略奪するのはけしからん、というわけだ。

水産資源だけではない。海底の石油資源も、海上交通とか汚染問題にしても、こういう権利主張が世界の大勢になった。海洋戦国時代といわれる。なかでも日本は、世界一の水産国であり、世界一の海運国だ。海への依存度が高い。それだけ、海の国際会議の行方が気にかかる。

「海は広いな、大きいな」と、のんきに歌ってはいられなくなった。世界の動きにつれて、年々、海はせまく、小さくなる。どっちを向いても日本の立場はむずかしい。

（48・3・6）

米国版「黒い霧」

米国ギャング映画「バラキ」に、主人公が組織の情報を警察に売ったため、仲間の報復におびえて、独房で自殺をはかる場面がある。結局、彼はいまから二年前、刑務所で殺されることなく無事病死するのだが、実話だけに、アメリカ社会の恐ろしい一面がまざまざとわかる。

バラキ事件は、過去のことではないらしい。民主党本部盗聴事件の主犯の一人、ニクソン再選委員会警備主任マッコードという男が、先日、裁判長に手紙を書いた。「真相をいうと、家族、友人の命が危ないという脅迫を受けている」。

この事件は、大統領選前の昨年六月、ワシントンの民主党本部に覆面五人組が盗聴器をもってしのび込み、つかまった。捕えてみると、元ホワイトハウス、元中央情報局（CIA）の職員で、ニクソン再選運動の幹部もいた。裁判になっても、肝心の背後関係になると、被告たちはピタリと口を閉ざしてしまう。

二十年、四十年という重刑を言渡した裁判長自身が「真相をいわないので、一応、仮の判決だ」と認めている。マッコード書簡は、このどす黒い恐怖にふるえながら書かれたものだろう。昔のアメリカ映画なら、こういうとき、ＦＢＩがサッソウと登場し、政治の圧力にも、金の誘惑にも負けず、勇猛果敢に挑戦するわけだが、頼みのＦＢＩにも近ごろは疑惑が濃い。

ＦＢＩは、この事件に終始乗り気でなかった。それに、ニクソン大統領がいまＦＢＩ長官にするための議会承認を求めているグレイ長官代理は、海軍の退職金をなげうって、ニクソン当選を応援した「旧友」。現職のまま、ニクソン応援でアメリカをまわったり、選挙用資料を提供したといわれる。

この米国版「黒い霧」は、ついに「正義の味方」が現れずに終るギャング映画を見るような気がする。（48・3・27）

国連大学

国連大学を日本に設けるかどうかで、ナラシマン副事務総長たちの国連調査団が、日本に来ている。もっとも「エコノミック・アニマルの道楽だ」といった反対は、いまも国内に少なくない。「そんな金があるなら、まず私学にまわせ」と、慶大の神谷不二教授も書いていた（東京新聞）。

昨年まで国連で反対していたのは、米、仏、英、ソ連という先進国だった。「大学とはもともと国際的なものだから重複する」というのが表向きの理由だが、本音は別だ。旧植民地の人材を、自分の国の大学で養成した方が国益にそうという判断があったからだろう。

ロンドン留学生、パリ留学生たちが国に帰っても、第二の故郷である旧宗主国に対しておのずと親愛の情がわき、好意的になるが、無国籍の国連大学に金を出しても、そういうウマ味はないということだ。これに対し開発途上国のほとんど全部が、国連大学案を熱烈に支持した。

これらの国ではせっかく優秀な人材を留学させても、そのままその国に居ついてしまうものが多い。ちょうど日本の過疎県のように、義務教育に金を使っても、そのあと人材は大都会に行ってしまって、利益が地元に少しも還元されないという悩みに似ている。といって途上国が、先進国なみの高い水準をもつ教育や研究を用意する力はない。そこに国連大学への異常な期待が生れるわけだ。日本の国連外交がこの問題で、中国といっしょに、開発途上国の立場に立ったのは立派だった。先頭に立って米、英、仏を説き伏せ、賛成票を投じさせたし、国連大学は「日本の議題」といわれるほど活躍した。国連調査団が候補地として、まず最初に日本にやってきたのも、そうした熱意が買われたためだろう。日本の国連外交は政治問題でないからええ格好ができた、と皮肉はい

いたくない。(48・4・17)

天皇のご訪米と日米関係

世界中を飛回るニクソン大統領が、行きたくても行けない国が一つだけある。ほかならぬわが日本だ。中国やソ連にまで乗込みながら、おたがいに因縁浅からぬ日本だけは、どうしても訪れる機会が来ない。

今秋の天皇ご訪米が延期されたので、これと組合せになっていたニクソン大統領の訪日もまた、ここしばらくは沙汰《さた》やみになった。米政府は「訪日については日米両国とも原則で一致している」と発表したが、これを翻訳すれば、「原則で一致」というのは「実際は当分タナ上げ」にほかならない。何かとシコリの多い日米関係を、この問題でまたこじれさせたくない、というアメリカの配慮はよくわかる表現だった。

最近の英字紙で「巻返しショック(ショック・バック)」という言葉を見た。日本がニクソン・ショックのしっぺ返しをはじめたという解釈だ。訪中、国際通貨など、アメリカは日本に平手打ちのようなショックをあたえたが、いよいよ日本の出番らしいといっている。

こんどのご訪米延期も、その一つの「天皇ショック（エンペラー・ショック）」だという受取りのようで、そこには、戦後お前にはあれほど面倒をみたじゃないか、といったアメリカの家父長的な心理がのぞいている。

ご訪米は政治に利用されない時機が望ましいし、共産党はもちろん、社会党も反対し、公明党も消極的な空気では、延期決定はやはり当然のことだったろう。六〇年安保のとき、マニラまで来ながら岸内閣の要請で訪日を取消したアイゼンハワー事件は、いま振返っても、きわめて政治色の強い計画だった。

天皇と米大統領の相互訪問は、話がまとまりそうになると、いつもこわれてしまう。日米関係に、政治的な無風状態は戦後絶えてなかったという事実の裏返しなのだろう。

（48・4・28）

はらぺこの世界

「おきさきさま、人民はパンがなくて飢えております」「なぜお菓子を食べないのかしら」。これは、仏ルイ王朝の栄華をきわめ、革命のギロチンで生涯を終えるマリー・アントワネットの逸話とされている。

この話を思い出したのは、スリランカ（セイロン）の女性首相バンダラナイケさんが「ケーキづくりはやめ、パン増産につとめるべし」という命令を、国中の製パン業者に出したからだ。この国の慢性的な食糧不足は、今年はとりわけ深刻で、首相みずから畑でクワをふるい、家庭菜園には国が補助金を出している。

「山イモや木の実を食べよう」と政府が訴えていると聞いて、思わず戦時中の日本を連想する。お隣のインドも二年つづきの大干ばつになりそうだし、バングラデシュは食糧不足のところに、国土の四分の一が洪水にあい、米作半減といわれて天の無情に泣いている。

北アフリカ諸国は、六十年来の干ばつだ。人々は木の葉まで食べて飢えをしのいでいるが、六百万人に、刻一刻と餓死が迫っている。家畜はバタバタ倒れ、象の群れは水を求めて飢餓砂ばくで大移動をはじめたという。

この世界的食糧不足の原因は、異常気象、人口増などいろいろいわれている。地球がゆっくりと氷河期にはいりつつあるためだ、という不気味な説もある。氷河が来るというわけではないが、長い冬、冷たい夏の傾向が強くなるだろうという仮説である。

とにかく今年の世界の米作は、東南アジアの軒なみ減産がひびいて、昨年の五％減。ソ連の小麦は大凶作。中国の米作も雨不足で、この十年来はじめて前年の水準を下回るといわれる。食べすぎ、飲みすぎに悩む日本人が多くなってきたが、海の外では、人類

の三分の二が毎年のように飢えに苦しんでいる。(48・5・14)

「出売大日本」

サクラの日本を訪れた中国代表団は、あさって帰国する。同文同種といわれるせいか、熱烈歓迎の中での言うことなすこと、なんとなくおたがいに分かりやすさがあった。

廖承志団長の第一声は「子々孫々仲よくおつき合いを――」だった。「子々孫々」といわれると、日本人の気持にぴったりくるものがある。この表現は元来中国語だそうで、「列子」の「愚公山を移す」にも、モッコで土をはこぶ愚公が「子々孫々とだえることなく運べば山も平らになる」と、答えるくだりがある。

お節句にチマキを出したら「中国ではコイノボリはあげませんが、チマキはつくりま す」と、日中の意気が投合した。東京の下町では「うちの子どもたちは親孝行ですよ」と日本の母親が自慢すると、「親と子はいっしょに暮すのが幸せですね」と、中国の母親がうなずく。

新潟の農村では、村人が早起きして山菜をつみ、山菜料理でもてなし、代表団は何度も礼をくり返した。代表団の宿舎では、毎朝届けられる日本の新聞を、日本語の分からぬ人も開いている。漢字をひろい読みして、およその意味がつかめるのだろう。

廖承志団長、張香山副団長、孫平化秘書長のように、日本の大学で学んだ人も多かった。朝酒を出されて「女房を質に入れても飲むものだそうで」といったのは廖さん。みそ汁で三杯目のおかわりをして、「バカの三ばい汁」といったのは孫さんだった。「中国の人はどの人ですか」と聞かれた慶大出の陳木森さんは、「あそこですよ」と教えてあげたそうである。理解し合えることはすばらしいが、同文同種を信じすぎてもいけない。戦争中、上海の日本人商店が出した横書きの「本日大売出」を「出売大日本」と逆に読んで、「大日本もとうとう売りに出された」と中国人が笑ったという話もある。

(48・5・16)

左側通行の国

沖縄の車はいま二十万台。それが、アメリカ方式の右側通行で走っている。そこへ本土―沖縄を結ぶフェリーが開通した。五十年三月からは沖縄博で五百万人の観光客が、バスや車で押寄せる。それはすべて左側通行が身にしみついたドライバーだ。

左右、慣習の違うドライバーが混在すればどうなることか。早くどちらかに法規をきめるべきだと、沖縄でいま問題になっている。復帰に伴う特別措置法では「復帰後三年経過したあと適当な実施日をきめて」本土なみに変えることにはなっているのだが、それではおそすぎるという心配もある。

車は左という国は、国際的には少数派だ。英国、インド、オーストラリア、ニュージーランド、パキスタン、タイ、南アフリカ、それに日本など。ECに加盟した英国では、右側通行の諸国との相互交通の上で、やはり左右是非の論争が起っている。いまのところ英国に、転換の意思はないようだが。

英国の航海学会誌に掲載された論文によると、九割以上の人間は右ききだという。だから昔から、右手に剣を持ち、左側にさやを着ける。さやがじゃまだから馬に乗る時は左から。それが左側通行の起源の一つと考えられる。

アメリカの右側通行はカウボーイの習慣による。牛の群れは、左側先頭で誘導する。牛の集団同士がすれ違うとき、左端のカウボーイ同士がすれ違うようにすれば、両集団のぶつかりはない。つまり右を取るか、左を取るかは慣習によるところが多いということだ。それだけに改めるには抵抗も強い。

スウェーデンは六七年に左から右へ通行を変えた。それまで車で来る外国人はスウェーデンを「こわい国」といった。いまではその悪名も消え、外国人がスウェーデン国内で事故を起すこともほとんどなくなったという。沖縄もいたずらに日を待つ手はないと

思う。（48・5・18）

第二の「プロヒューモ事件」

英国をゆさぶった大スキャンダル「プロヒューモ事件」の真相報告書は、一九六三年夏、発表された。デニング報告とよばれるこの調査書が市販された朝は、政府刊行物センターに数千人が行列を作るほどの興奮だったという。

プロヒューモ陸相、ソ連武官、コールガールの三角関係を調べ上げた報告書は「国家機密がもれた証拠はない」という結論を下したが、それと同時に英国の上流階級の乱脈ぶりもまた白日にさらされた。当時のロンドンの新聞は「これでプロヒューモ事件は幕をおろしたが、一部上流社会の道徳的腐敗の問題は残った」と評している。

この事件が起きたとき、「プロヒューモ氏は辞任すべきだ」と先頭に立って詰めよったのは、イングランドの名門、保守党代議士ランプトン卿だ。それから十年たって、第二のプロヒューモ事件が起きた。フタを開けると、こんどの事件の主役は、なんと、ほかならぬ当のランプトン卿その人だった。

この五十歳の貴族は、国防次官の要職にありながら、コールガールとのスキャンダルを暴露された。しかもその背後に国際的なスパイ組織が介在している疑いもあるというのだから、プロヒューモ事件によく似ている。ロンドン・タイムス紙が予想したように、すでにこの事件は閣僚級に波及しているようだが、どこまで広がるかは知らない。

が、いま一つだけいうとすれば、英国の病は重いということである。英国はたいへんきびしい階級社会であって体つきから話し方まで上流の人と庶民とは画然とちがう。上流階級は子どものときから「人の上に立つ」ように教育され、庶民は地位の高い人を「尊敬する」ように教えこまれる。

その尊敬すべき層からぼろぼろと道徳的退廃が起る。その深刻さは、日本ではちょっと想像できないものがある。(48・5・25)

アルゼンチンの名物

東京の地面の下を、地球の中心に向ってどこまでも掘りつづけると、南米のウルグアイ沖に出る。この小国ウルグアイを包むようにして、大国アルゼンチンがある。つまりアルゼンチンはウルグアイとならんで、日本から一番遠い国だ。

国土は日本の八倍もある。季節も日本と逆になるから、首都ブエノスアイレスの美しいプラタナスは、もう散ってしまったろうか。アルゼンチンといえば、まずタンゴ、つぎに牛肉、つぎに美人、それにもう一つクーデターという名物もある。過去十八年間に九人の大統領が生れたが、その大半はクーデターで追放された。その背景にはいつも、軍部とペロン主義者の対立があった。

「クーデター」と聞いても、国民の方はあまりおどろかない。政権交代の手続きだと思っているからだろう。クーデターの街も思ったより平静なもので、人々は落着いた表情でコーヒー屋でおしゃべりをしていたという記憶がある。しかし遠い国だけに、びっくりするようなことも起る。

この間は、三千人の武装警官が賃上げを要求して、警察本部を占拠した。出動した軍隊と銃撃戦となり、二十五人が死傷したというから、ラテンの情熱は走り出すと、とまらないところがある。都市ゲリラの戦術も激しくて、元大統領を誘かいして殺した事件もあった。

二十五日に就任したカンポラ大統領は、主要輸出品の国家管理、キューバ、北朝鮮、東独との国交回復、政治犯の全員釈放など、たちまち急旋回をはじめた。そこに、今月中旬には、大統領を遠隔操作しているという独裁者ペロン元大統領が、亡命先のスペインから帰国する。彼には、労働組合と過激派学生の熱狂的な支持がある。

「クイック、クイック、右、左」と、ラテン・リズムのステップばかりは予測がむずか

しい。(48・6・1)

技術の競争がもたらすもの

英仏共同の超音速旅客機コンコルドをつくっている英人技師長が、はじめてソ連のTU144を見たとき「あまりに似ている」ので、おどろいたそうだ。三角翼、エンジンの位置、怪鳥のクチバシなど、偶然が少々一致しすぎていると思った。

その後、ある英人技師が「五千ポンドでコンコルドの情報をソ連に渡した」と告白する事件があった。英国人は「やっぱりTU144はコンコルドスキーだ」と合点した。以上はもちろん、英国側の話である。ソ連からすれば、超音速旅客機の合理性をつきつめると、おたがいにおのずと似てくるものだという言い分があるだろう。

世界最大の舞台といわれる「パリ航空ショー」で、それほど似ているTU144が墜落したのだから、コンコルドにも不安がもたれるのはやむを得ない。この事故は、超音速旅客機の行く手をはばむ暗雲になりそうだ。

おたがいの競争が、この事故に関係なかったと言いきれるのか、どうか。目撃した専門家たちは「いままでにない急上昇をした」といっている。晴れの舞台で、性能の良さを披露して相手との差をつけたい、という心理があったのかも知れない。

コンコルドにも、はげしい対抗意識がある。昨年日本を訪れ、一二二ホンの大音響を発して、すっかり評判を落して帰ったが、不思議なことに騒音にうるさい英国内で、この怪鳥の雄たけびが思ったほど問題にされなかった。

かつてボーイングのある機種が墜落したとき、英国の新聞は「米国ボーイング墜落」と書いたが、同じ機種が新記録を作ったときは「英国ロールスロイス・エンジンの勝利」と報じた。実は英国のエンジンを使い、米国で製造した機種だった。事ほどさように人間も国も威信やメンツにとらわれると、時として耳が遠くなったり、目がかすんだりする。（48・6・5）

敵と味方だけの世界

ベトナム戦争が落ちつくと、その武器がアフリカに流れて、植民地解放ゲリラが活発になってきたという。ポルトガル領モザンビークでも、目をおおう虐殺がつづいていると外電は伝えている。

ロンドン・タイムスがこの皆殺し戦争の実相を伝えているが、その中でポルトガルの将校が無差別虐殺の抗議に「一人殺せば多数の命が救われる」と答えているのに、慄然《りつぜん》とした。この軍人の頭には、人間は敵と味方しかいないのだろう。

こうした考え方は、モザンビークに限った話ではない。つい最近まで、いやというほどわれわれも経験した。共産主義を「悪魔の化身」のようにいう人もいたし、資本主義を「不倶戴天《ふぐたいてん》の敵」だという人もいた。その憎しみは思想対立をこえて、とめどなく広がり、敵は人格劣等で、邪悪な人間だと思うまでになる。

味方なら悪いことをしても、大義のためにやむを得ぬことであり、敵がよいことをすれば、人をあざむく奸計《かんけい》だと信じる。敵と味方で世界が成り立っていると思うから、話は国外で終わらない。国内で自分を批判するのは利敵行為であり、自分を支持するものは愛国者となる。

米国のウォーターゲート事件で、CIA（中央情報局）が活躍したのは、その好例である。外国での情報収集を任務とするCIAが、国内の「政敵」を調べ上げるのは、当事者にとっては首尾一貫した愛国的行為だと思われたからにちがいない。このような政治における敵味方は、戦争やテロで極限の形をとる。チャプリンの「殺人狂時代」でいうように、敵、つまり人を大勢殺すほど英雄に祭り上げられる。

人を取って食う鬼も恐ろしいが、もっとこわいのは、自分に一片の疑いも抱かず、ついには人を殺すほどの正義まで持ち合わせていると信じる人間たちだろう。（48・7・

15）

日航機ハイジャック事件

事件が起こったあとで振り返ると、事前に情報があったことがわかる。こんどの日航機乗っ取りも、その例だ。今月五日、イスラエルからのAFP電報は「日本人とアラブ・ゲリラがイスラエルに神風攻撃を計画中」という情報を流した。

欧州では、イスラエルとアラブ・ゲリラによる暗殺がつづき、不吉な予感があったという。十三日、西独の日本大使館は「七月中旬、日本人テロによるハイジャック」の情報を外務省に伝えた。二十日付本紙の座談会で、猪名川駐レバノン大使は「アラブ・ゲリラは追いつめられ、なにかセンセーショナルなことをやりそうだ」と語っていた。

その日の深夜に、事件は起こった。油断があったといわざるを得ないが、油断した理由もあった。第一にハイジャックは最近下火になっていた。第二に、日航機は国外で乗っ取られたことがなかった。第三に、北回り便にハイジャックの例はなかった。

そこに気の緩みがあったのだろうが、今後は事前の情報、荷物や身体の検査など打つべき手はきちんと打たねばいけない。もし事件が起きてしまったら、人命最優先で解決をはかるほかはない。いまのところそれ以外に、快刀乱麻の対策はだれも考えつかないからだ。

ハイジャックは、アラブの絶望的な反抗である。国際政治は、アラブ諸国にパレスチナ奪還の目的を放棄させてしまった。アラブ世界で、ゲリラのいう全土回復を支持する国は減るばかりだ。米ソも、中東での紛争をもう望まない。

ユダヤは民族発祥の地パレスチナを追われ、二千年の流浪をつづけた。彼らが宿願のイスラエルを建国したとき、こんどはパレスチナ人が住みなれた故郷を追われ、かつてのユダヤ人と同じ叫びをあげた。一つの建国は、他の離散なしには実現されず、憎しみの歴史が繰り返されるというほかはない。(48・7・22)

金大中事件談義

「金大中事件を、ぼくはこう推理している」「――」「つまり韓国情報部は、彼を消すべき十分な理由があった」「どうかな、金氏は政府にとってもはやこわい政敵ではない。非常戒厳令で、金派は根こそぎやられてしまったからね」。

「内政をみる限りそう思えるだろうが、実は依然として手ごわい相手なのだ。米国ではエドワード・ケネディたちの民主党ハト派から支持されている。日本でも自民党ハト派だけでなく、田中首相に近い木村武雄氏、佐藤前首相に近い木村俊夫氏にも接近していた。韓国政府が頼みとする自民党の中核に食い込まれそうだ、という危機感はあったかも知れない」。

「でも韓国政府は〝一切関知せず〟という立場をはっきりさせたよ。簡単にいえることではない。もしウソだったら、国内的、国際的にはかり知れない打撃をこうむるからね」「逆の立場を出すことは、政府としてまずあり得ない。それにあの遺留品の残し方は、どうみてもクロウトだ。幼稚で、シロウトっぽく思わせるクロウトのやり方じゃないか」。

「犯罪には深読みの間違いも多いんだよ。ぼくは、自作自演説もすてきれない」「何のために」「韓国政府は手段を選ばず、こんな非人道的なことをやるという、国際的なPRだ」「しかし、真相がわかったときのマイナスは――。第一、あとどうするのだ」。「地下にもぐり、しばらくして、身の安全のために打った芝居だったといって出てくるのさ」「だが考えてみると、当局説にしろ、自作自演説にしろ、どちらも自分にはね返るマイナスの危険が大きいことも確かじゃないか」。

「そこで、ハネ上がり分子たちの独断専行説という次の推理も出てくるわけだ」「だがほんとにハネ上がったのか、背後に糸があるのかは、犯人を捕まえても、なおむずかし

い問題だろう」。（48・8・13）

田中首相訪欧の総括

田中首相らしいヨーロッパの旅だった。行く先々で、色とりどりの花火をポンポンと景気よく打ち上げた。この訪欧を総括すれば、「経済に強く、外交に弱い」ということになろうか。

訪欧の大きな目的が、あすからの日ソ会談の布石であることはいわれてきた。手ごわい交渉相手だ。「シベリア開発は、日本だけをアテにしているわけではありません」と、余裕のほどをちらつかせている。こちらも「どうしても石油が欲しいわけではありません」と、切り返したい。

そこでヨーロッパでは北海油田開発の日英協力を話し合ったし、フランスから濃縮ウランを買う約束もした。西ドイツとは、エネルギー資源供給に関する日独合同委員会をつくり、「日本が乗り気でないなら西独と相談してみます」というソ連攻勢を封じる手も打った。

「シベリア・チュメニ油田のパイプは、日本海へひいてもよいし、ヨーロッパにひいてもよい」と発言して、随行の人までおどろかせたのも、勝負師田中さんらしい。だがこうした資源バイヤーとしての手腕にくらべると、キッシンジャー構想のセールスマンのような外交が、いかにもさえない。

　この構想はもともと、米国が主導権をにぎって新しい米欧秩序を作るというものだが、まだ中身もはっきりしないのに「日、米、欧の正三角形」を説いてまわったのは、ヨーロッパからみれば、キッシンジャーの露払いに思えたのではないか。

　米国のいいなりになるヨーロッパでは、もうなくなっている。拡大欧州共同体（EC）ができたのも、英、仏、西独が米国に対する自主性を決意したからである。こういう重要な変化を、ヨーロッパの日本大使たちはきちんと報告しているのだろうか。耳に快く、政治家をよろこばせるような情勢分析がまかり通っていなければ幸いだ。（48・10・7）

タイの学生運動

　数日前、バンコクから帰った人が「学生運動はたいへんですよ。何か起こりそうです」と話していた。案の定、学生暴動となり、軍事政権が倒れた。過激派学生三百人が火をつけたらたちまち燃え広がったのは、それだけの火種が国内にあったからにちがいない。

さる八日、憲法制定を要求した十三人の学生、知識人が逮捕されたことが明らかにされた。翌日には、バンコクの学生二千人がすわり込みをやった。市民たちは、学生たちに食料や飲み物を差し出して、応援したそうだ。十三日には、それが二十万人の大デモになった。

十四日には、過激派が火炎びんや小銃、鉄棒で立ち上がった。政府は戦車、ヘリコプター、機関銃を動員したが、戦車に向かって突進する学生たちに、群衆は声援を送った。十五日も、高校生グループと警察との撃ち合いがつづいていたという。

タイ国には、国民八十五人に一人の僧、千人に一つの寺があり、温和で、信心深い人たちだといわれてきた。その人たちが血だるまになって戦い、軍事独裁を倒したというニュースに、タイ国通ほど驚いている。

古くて、誇り高い独立国だ。十七世紀以来、アジアの国はつぎつぎに植民地になったが、帝国主義の荒波をともかくも乗りこえたのは、アジアで日本、中国、タイの三カ国だけである。東南アジアの中央に位置しながら、漢民族や周辺の国に抵抗して、独立を守りつづけたのは、やはり外柔内剛の民族性なのだろう。

辞任した首相タノム元帥は、十六年間に四回クーデターをやった。だれも「タノム」

といったわけではないのに、権力の座にすわりつづけた。学生たちが民衆の不満を代弁したからこそ、これだけのエネルギーになった。日本の学生運動も、街頭の民衆が拍手を送り、タキ出しをしてくれるようなことを考えたらどうだろう。(48・10・16)

金大中氏の人権

金大中氏が七十一日ぶりに身体の拘束を解かれた。一時は反国家活動で死刑にされるかも知れぬ、という見方もあっただけに、うれしいニュースだった。

しかし二カ月余の軟禁は、どのような状態だったのか。十三回に及んだ供述で、脅迫や取引があったのか、なかったのかは知るすべもない。誘かいされ、間一髪で殺されるところだった金氏は、驚くべき沈着さと自制をもっていた。その彼が、こんどは記者団を前に「私の海外活動が結果的に国家に累を及ぼした」という声明を読み上げたことで、想像するほかはない。

人権とは自宅を自由に出入りできることだけではない。自分の信条をしゃべる権利である。書く権利である。批判し、説得する権利でもある。手足をもぎ、口を封じる約束をさせられた人が、いくら街を歩けるようになっても、自由が回復したわけではあるまい。

その意味で金大中氏と記者団との一問一答は、注意深く読みとる必要がある。本紙によれば、彼は二回「政治活動をしたい考えはない」と答えているが、必ずその前に「現在の状況のもとでは」「ともあれ現在は」という留保を忘れていない。現在の韓国内で、彼が政治活動をできるはずもないからだろう。

独裁的な憲法についての意見を求められると、「民主主義の発展と伸長は、国民の幸福と国家の発展のためぜひ必要だ」といっている。日本人の耳には平々凡々、陳腐なものに聞こえるかも知れない。しかし「民主主義の発展と伸長」とことさらにいい、「国民の幸福」を「国家の発展」の前に置いたところに、現政権批判のギリギリの姿勢があるのだと読みとりたい。

「朴大統領にもはや被統治者の同意は必要とされなくなった。彼が必要としているのは中央情報部と軍の支持だけである」。これは金氏の言葉ではなく、米上院外交委員会の報告書だ。(48・10・27)

南の国トンガ

南の島の王さま、トンガ国王ツポ四世夫妻が来日された。二百の島を合わせて対馬ほどの面積という「小国」だが、お客さんは「大物」だ。王さまの身長二メートル、体重一八〇キロ、王妃もまた夫君にふさわしく堂々としている。

宮内庁はとくに二台のロールスロイスを差し向けたがあの大きなロールスロイスを一人で占領してもなお王さまは窮屈そうな様子で、御夫妻車をつらねての御訪問だった。皇居では、元首用のヒジかけいすでは体がはいらないので、陛下と王さまはソファで向かい合っての御歓談だったという。

トンガ王家は「万世一系」、千年の歴史をもつ。三年前に英国保護領から独立した。巨人国で、体重一〇〇キロの女性はめずらしくないそうだ。二百年前、クック船長がこの国に立ちよったとき「フレンドリー・アイランズ（友好の島々）」と名づけた。その航海記で「島人たちのあふれるほどの柔和さ、人のよさ」を書いている。

また「彼女たちの指が並みはずれて小さく繊細なこと」を激賞している。この国では、日曜の安息日に働いてはいけない。「農耕狩猟をした者」「舟、車で運搬する労働をした者」は、五ポンドの罰金だ。

国内郵便がおそいので、電報にする人が多いが、電報局が面倒がってときどきラジオ放送にのせて、用を足してしまう。ラブレターが全国放送されてしまった、という記事を読んだことがある。先年、七人の囚人が脱獄した。そこで政府が「六時までに帰ってこい」とおふれを出したら、定刻までに七人とものこのこ帰ってきたという話もある。

昼はあふれる光と風とさざ波。夜はヤシの木に降る満天の星。ユリでもこの国では、真っ赤な花を咲かせるという。親日家の国王は、浅草を見たり、念願のハオリ、ハカマを着たり、二十四日まで御滞在という。（48・11・11）

オランダ機ハイジャック事件のねらい

百七十六人の日本人をのせたオランダ航空機が、乗っとられた。犯人はアラブ・ゲリラだと名乗りをあげている。日本とオランダという組み合わせが、偶然以上のものを感じさせた。

アラブ産油国が石油を武器にして、ネライをつけたのは日本とオランダだった。日本は石油の99・7％を輸入に頼り、その四割がアラブ諸国から供給されている。石油で締め上げれば、経済大国はネを上げる。日本外交は「アラブ寄り」にカジを切りかえたが、この石油戦略には、親イスラエルの本尊米国に、日本から圧力をかけさせるという意味もあるらしい。

米国はエネルギーの85％を自給できるし、ユダヤ勢力も強いから、石油戦略もおいそれとは効果がでない。日本を通じて――というわけだろうが、いささか「大国」にみられすぎている感じもする。「うれしいお言葉ですが、そんな男じゃござんせん」と、セリフの一つもいいたくなる。

ヨーロッパ共同体九カ国のなかでは、オランダだけが全面禁輸のネライ撃ちにされた。理由には、まず「ユーロポート」といわれる世界最大の港ロッテルダムがある。ここに石油が運ばれ、精製され、配られる。西ヨーロッパの給油ステーションという首ねっこを押えるためだろう。

またオランダは、ヨーロッパで迫害されたユダヤ人の避難国をつとめてきた。古くは十七世紀の哲学者スピノザも、宗教迫害でオランダに逃げてきたポルトガル系ユダヤ人の子孫だった。戦前には、オランダ人口の一割をユダヤ人が占めていた。ナチス占領下でユダヤ人たちをかくまったことは、「アンネの日記」でよく知られている。

日本とオランダ。長崎出島の商館や蘭学で浅からぬ因縁で、こんどは思いもかけぬ道づれとなったが、やはり人命第一の思いは変わるまい。（48・11・27）

ハイジャックとアラブの大義

人命尊重を第一に考えて交渉すれば、ハイジャックはそれほど怖いものではないという安心感が広がっていた。そうした甘い考えを木端微塵《こっぱみじん》に吹きとばしたのが、死者三十一人を出したローマ空港の惨劇だ。ごった返す空港で、軽機関銃を撃ちまくった。パンアメリカン機に手投げ弾を投げて、乗客を黒こげの死体にした。

なかでも血が凍る思いがするのは、乗っ取ったルフトハンザ機でゲリラ釈放を要求し、三十分おきに人質を順々に射殺したという報道である。こういう場面を作りものの映画で見ても、目を覆う人が多いだろう。もしその報道が事実だとすれば、どれほどせい惨な状況となるのか、到底、常人の想像力の及ぶところではない。

犯人たちがまず、パンアメリカン機を爆破したのは、偶然、一番近くにいたからなのか。その隣のフランス航空機を抜かしたのも、つぎの西独機を乗っ取ったのもまた偶然だったのかどうか。あるいはすべてが偶然のめぐり合わせだったかも知れないが、パレスチナ・ゲリラにとって、イスラエルの最大の支持者である米国は最大の敵だった。

また西独がイスラエルに特別な感情をもっているのは、戦争中に六百万のユダヤ人を虐殺した罪悪感による。西独はゲリラからみれば、歯がゆい国であることは疑いない。フランス航空機は、いままでにゲリラに乗っ取られたことがない。ドゴール大統領以来の親アラブ政策と、おそらく無縁ではあるまい。

しかし過激派ゲリラが世界の国々の「友好度」をどう査定しようと、殺されるのは乗客や乗務員たちである。その血も涙もない狂気に世界中の怒りが集まるのも当然だろう。何の関係もない人間の命を虫ケラのように踏みつぶしながら、「アラブの大義」を唱えても、自分たちの絶望的な孤立を深めるばかりだ。（48・12・19）

ナショナリズムと反日感情

田中首相が東南アジアの旅から帰国した。歴訪五カ国のうち三カ国で反日デモにあい、バンコクでは首相官邸を裏門から訪れ、ジャカルタでは大統領宮殿に閉じ込められる始末だった。

反日感情がこれほど激しいとは知らなかったので、連日のニュースにわれわれもショックを受けたが、といってうろたえることはない。うろたえると論理が単純になり、感情的になる。「あれは反政府運動なのだ」と、自分の都合のいいように強引に割り切ってしまったりする。

あるいは逆に「何もかもわれわれが悪かったのだ」と、自虐的ポーズを楽しむばかりでも物は解決に向かわない。デモといい、焼き打ちといい、その現象を見る限りは感情的な面が強いものだ。たとえば目抜き通りに日本商品の看板が目立ちすぎることにも、感情を爆発させる。

しかしアメリカ商品の看板も、日本に負けずに林立しているのである。そこにはタイの大学助教授がいったように「われわれには白人コンプレックスがあって、白人なら許せても黄色人種には許せない」といった感情もあるに違いない。

民衆運動が燃え上がるときにはそうした不条理な面があるもので、尊皇攘夷《じょうい》のときもそうだった。しかし個々の狂気に心を奪われると、大河の流れを見失ってしまう。学生たちをかり立てているのは、ナショナリズムという大河だと考えるべきではないか。

反日が起こったのは、広告看板が多すぎたからだ、日系企業の出資比率が大きすぎたからだ、現地人の課長の数が少なすぎたからだといった反省では困る。その都度の状況に合わせてたちまち反省し、すぐさま手直しするだけでは、いつまでたっても無魂商才の経済大国のままだ。何よりも他国のナショナリズムを理解することだが、われわれがそれにあまり得手でないことを知っておく必要がある。(49・1・18)

聞けども聞こえぬ言葉たち

悪酔いした男の扱いほど難しいものはない。適当に相ヅチを打つと、際限なく悪態をつく。といって、たしなめたりすれば荒れ狂う。シンガポール襲撃事件を読んで、その始末の悪さを考えた。

「ベトナム革命人民との連帯のために」、石油タンクに穴を開けたのだそうだが、クダをまいている人の言葉がシラフの人間に通じないのに似ている。何の関係もない人間の命を抵当にして世界中の反感をかうやり方には、ベトナム人民もさぞ迷惑なことだろう。酔っぱらった言葉が分からないのは、学生騒動でもそうだった。「われわれわあァ――いまやあァ――われわれにいィ――」。

火星人が超音波でしゃべっているようなもので、耳を澄ませて聞けども聞こえずである。もっとも意味は分からなくても、聞いていて気分がよくなることはある。昔の活動写真では「月は泣いたかロンドンの花、降りかかるパリーの雪」と、弁士が朗々とやった。何が何だか分からないが、お客はうっとりと聞きほれた。

浪花節にも「おぼろ月夜の真のやみ」とか「ブラリブラリの急ぎ足」といったゴロ合

わせだけで意味不明のものもある。なるほど心はせいてもゆっくり歩くのが「ブラリブラリと急ぎ足」なんだな、と感心するが、さてどんな風に歩いているのかは分からない。

終戦の詔勅は「時運のおもむく所堪え難きを堪え、忍び難きを忍び――」といった名調子で、国民はラジオでこれに聞き入った。その詔勅が終わったとき、「さあ、最後まで戦うぞ」とコブシをあげる人と、「戦争が終わったのかな」と小声でいう人がいた。調子は良いが内容の分からぬ人が多かったのだ。

イギリスのある名優が目の前の料理メニューを取り上げて、声涙ともに下る調子でそれを朗読したら、満堂ことごとく感動して涙を流したという逸話もある。(49・2・3)

海盗り物語

十九世紀の歴史は世界の「陸盗り物語」だったが、二十世紀後半は「海盗り物語」の時代に入った。陸上のフロンティアに行き着いてしまった国々は、いま、地表の七割を占める海の分割に殺到する。

日韓両国が、東シナ海の石油・ガスを共同開発するための協定を結んだら、さっそく中国から抗議がきた。東シナ海の大陸だなは中国大陸の延長であるから、中国と相談せずに事を運ぶのは主権侵害だという主張である。

領海は沿岸から三カイリ（約五・六キロ）というのが、長年の国際慣習だった。昔の軍艦の着弾距離から割り出したものだが、だれの目にも時代おくれになり、かくて海の乱世が始まった。いまは国により三カイリ説から二百カイリ説まである。たとえばアルゼンチンは、大陸だなの続く限りの海に権利を主張し、それは四百カイリを意味する。

もし、このような沿岸国の主張がことごとく認められたとすると、世界の海の半分が沿岸国のものになるそうだ。日本のようにちょっと沖合に出れば数千メートルの日本海溝になり、しかも遠洋で魚をとる国、あるいは海のない約四十の内陸国はこうした海の権利闘争には有利でない。

海がそれほど大問題になるのは、各国の資源ナショナリズムの争いであるからだ。石油問題がますます海洋を大きく浮かび上がらせてきた。あと一、二年で世界中の海底石油・ガスの産出額は、世界中の水産物価格を上回るほどになる。七〇年代のうちには、世界の産油量の三分の一は海底から供給されるだろうともいう。またいまの世界需要で計算すると、太平洋の底には七万二千年分のニッケル、十四万年分のマンガン、四十二万年分のコバルトがある、という夢のような推定も出ている。

海洋と宇宙は、人類に残された最後のフロンティアなのかも知れぬ。（49・2・7）

ゲリラについての断想

シンガポールからクウェートへ。目まぐるしいゲリラの報道に、思い浮かぶままの断想を記したい。第一は、関係のないことを関係づけるというゲリラ戦術についてである。親から身代金を奪うために、その子供を人質にするというのは許しがたい犯罪だが、その間には結びつきがある。クウェート大使館で人質にされた人々と、パレスチナ問題とはまったく関係がない。ましてシンガポールの襲撃事件と関係のあるはずがない。

しかしゲリラは自分たちの要求が通らねば、この関係のない人々を殺すという。目的のために手段を選ばぬというよりは、目的のためには本来手段にならないことまでも、無理やりに相手に手段として認めさせるところに、このゲリラ戦術の本質がある。

悲惨なパレスチナ難民が放置されていることに、ゲリラがなくならない根本的理由があることはいうまでもない。しかしそのことと、テロをいささかでも認めることとは決して同じではない。世界の不公正はパレスチナ問題だけではない。

北アイルランドでも、カナダのケベックでも、米国の黒人問題でも、日本の中の差別問題でも、世界には人種的、民族的、社会的、宗教的、経済的な不公正が存在している。

誤解されることを覚悟であえていえば、この世から不公正がまったく姿を消すことはないであろう。

理想社会を目ざして一つの問題を解決すれば、そこからさらに複数の矛盾が噴き出してくるのが歴史ではないかと思う。そのたびに殺人が容認されるならば、永久にテロの大義がなくなることはなく、人間はつねに暴力におびえ続けねばならない。

実際に事件が起こったとき、われわれは人命を救うために無法者たちの言い分をのまねばならないだろうし、また、人命第一の原則を曲げてはならない。だがそれは、この唾棄《だき》すべき卑劣さを寸分も許すことではない。(49・2・8)

シンガポール襲撃事件の顚末

「アデンで全員解放」という大団円に、みんなが胸をなでおろした。一人の犠牲者も出なかったのが、何よりうれしいことだ。まかり間違えば命を失う「身代わり人質」になった外務省、日航の人々に、心からの敬意をはらう。

シンガポールの石油タンクに穴をあけたゲリラが、安全に逃げ切るために、他人の命をつぎつぎに防弾チョッキ代わりにしたのがこの九日間の騒ぎである。命惜しさとはいえ、ずいぶん勝手な連中だとは思うが、そんな話が相手に通じるはずもない。

外務省、大使館、警察の対応には、いろいろ批判が出た。当事者にしてみれば言い分はあろう。それに批評というのは得てして結果論になりがちなこともある。しかし経験は人を賢くすることなのだから、今後のためにもその教訓をよくかみしめてほしい。

批判の一つに、シンガポールでは犯人の要求通りに、なぜ早く日航機を出さなかったのか、そうしたらクウェート事件は起こらなかったろうというのもある。だが、現場は外国、人質も外国人、シンガポール航空もあるのに、なぜ日航機が行かねばならぬのかという反論はうなずける。

ゲリラに日本人がいたら、まるで呼び出しハイヤーのように、日航機はどこにでもハイジャックされに行かねばならないのか、どうか。やはりその国がまず責任をもつべきもので、こちらは「出来る限り力を貸す」というのが筋だろう。ただクウェートのように大使館を占拠され、大使以下が射殺されようという事件は話が違う。当然のことだが、田中首相の判断はよかった。

この事件でクウェート、南イエメンという国々を知ることになった。事件解決の朝、朝日歌壇に「寂寞の冬の砂漠にたたずめば激しき雨ぞ我のみに降る」（クウェート・新井俊一）を見た。いい歌だなと思いながら、いまはそこに異国情緒以上のものを感ずる。

（49・2・10）

最後の帝国

ポルトガルのクーデターが成功したらしい。この「最後の帝国」の独裁が音を立てて崩れるさまが目に見えるようである。ポルトガル本土は北海道ほどだが、その二十倍の広さの植民地を抱えてきた。動き出した大きな地滑りを食い止めることは、だれにもできそうにない。

新首相になったスピノラ将軍は「植民地戦争を軍事的手段では解決できない」と本に書いて、参謀次長を解任された。国家予算の半分を国防費につぎ込んでも、なお勝てない事実を国民に知らせた人だそうだ。

職業軍人には、夾雑物《きょうざつ》なしに事態を冷静に見ることができる場合があるのかも知れぬ。日米開戦前、連合艦隊司令長官、山本五十六が近衛首相に「半年や一年は暴れてみせるが、二年、三年となればまったく確信がない」と答えた話が思い出された。

ポルトガルと聞くと、女たちが川辺におしりを並べているせんたく風景が目に浮かぶ。せまい裏通りの向かい合いの窓にヒモを渡して、色とりどりのせんたく物が満艦飾のようにはためく。そのすき間に、紺青の空と赤い屋根がある。裏町に夜がくると、「ファド」といわれるポルトガルの歌が流れる。ギターがうめき、黒ずくめの装いの歌手が声をふりしぼる。

「暗いはしけ」という曲に人気があった。「海に出たまま帰らないあの人」を歌う。女は悲しみのあまり、幻想の中に、波の上で踊る黒い舟を見るという歌詞である。歌っているのか、それともすすり泣いているのか。感傷的な調べが、ポルトガルの人々の心をとらえて放さないのだという。それは、夫、恋人、息子たちをアフリカでの戦争に取られた悲しみに通じるのかも知れない。

古い石畳を流れるファドを聞いていると、旅人には、それが五百年にわたるポルトガル帝国との別離の歌のように思えてならなかった。(49・4・27)

キプロスのクーデター

トルコのことわざに「のどかさは神から来たもの、あわただしさは悪魔から来たもの」というのがあるそうだが、二十日、トルコ軍は「あわただしく」キプロス共和国に進攻した。キプロスで戦争が始まったと聞いても、地球のこちら側では、どういう話なのかなかなかのみ込みにくい。

ロンドンでイギリス人に、南北朝鮮問題について説明していたら、しきりにうなずいていた相手が「ところで、ええと、共産主義は南の方でしたか、北の方でしたか」と質問したので、あ然とした経験があった。だが、他人のことはいえない。われわれだって、キプロスについては大差ないのかも知れぬ。

キプロスのクーデターで追放されたマカリオス大統領の写真は、ときどき見る。黒い帽子にヒゲが印象深い。ギリシャ正教の僧服だからギリシャ系なのだろう、と推察する程度だ。キプロスは地中海東端の島。鹿児島県ほどの大きさ。アジア、アフリカ、ヨーロッパ三大陸の接点にあり、人口の八割がギリシャ系、二割がトルコ系である。

一方はギリシャ語を話し、バイブルを信じるギリシャ正教徒だし、片方はトルコ語でコーランのイスラム教徒。十四年前にイギリスから独立したが、ギリシャ復帰を望む人もいれば、国の分割を主張するトルコ系の人もいる。

それぞれを本家筋のギリシャとトルコが応援し、その背後には、利害浅からぬ米ソが不気味に控えている。国内のクーデターだ、といって片づけられないのはそのためだ。トルコ軍が上陸すれば、ギリシャ軍はどう出るか。戦火拡大の危機をはらんでいる。

この島は、美神ビーナス誕生の地といわれる。シェークスピアの悲劇「オセロ」の舞台でもある。かの高貴なオセロ将軍がキプロス総督のとき、妻への嫉妬《しっと》が芽生え、最後もキプロスの城で愛するがために妻を絞め殺す。「嫉妬は緑色の目をした怪物で人の心

を餌食《えじき》にする」とは、人間の原罪を描いた不滅のセリフだろう。(49・7・21)

ギリシャに自由を

ギリシャに、七年ぶりの文民政権が復活した。キプロスのクーデターに、陰で糸を引いていたのはギリシャ政府だったことが分かり、その軍事政権が国の内外からいっせいに非難されたためである。軍事政権が自分で詰め腹を切るとは、めずらしい。最初にパパドプロスという大佐がクーデターをやって、六年間、軍事独裁をしいた。そのあとギジキスという中将がクーデターで大統領になり、選手が交代した。とくにパパドプロス政権の圧政はひどく、ギリシャはヨーロッパでもっとも悪名高い独裁国とされてきた。

反対派を容赦なく投獄した。学生や組合に恐怖心をいだき、捕まえると拷問にかけた。知識人や芸術家はぞくぞくと国外に亡命した。「日曜はダメよ」という映画でおなじみの女優メルクーリは、「ギリシャに自由を」と叫んで国籍をはく奪され、全財産を没収されている。

すぐれた作曲家テオドラキスは、三年間監獄にいたあとパリに亡命したが、ギリシャ

れぬ。で彼のレコードを持っていたら四年の刑は間違いないといわれた。一編の曲、一行の詩に恐怖するのはギリシャも韓国も同じだが、韓国ほど苛烈《かれつ》ではなかったといえるかも知れぬ。

俊秀のギリシャ人監督ガブラスは、「Z」という映画を外国で作って、軍事独裁の暴力とテロを描いた。このために帰国できなくなり、彼の映画は本国で上映禁止にされた。亡命して抵抗できる人たちはまだ幸せで、民衆は長い沈黙を強制されてきた。

ギリシャ人は、政治と議論が無類に好きな国民である。はたで見ていると、身ぶり、手ぶりで、その論争が果てしないように思える。全世界でたった三人のギリシャ人が生き残ったとしたら、ギリシャに四つの政党ができるだろうというジョークがある。それほど政治好きなギリシャ人に、こんどこそご先祖が世界に教えたデモクラシーを取り戻せるのだろうか。（49・7・25）

バーガー法廷

ウォーターゲート事件の録音テープについて、米最高裁は「大統領の提出拒否は憲法上不当である」と述べ、その提出を命令した。八人の判事の一致した結論で、まさしくニクソン完敗となった。

米国の最高裁は立派なものだと感心したり、米国にはいまも若さがあると思ったりした。いまの最高裁は、バーガー長官の名をとって「バーガー法廷」といわれる。その前は「ウォーレン法廷」で、十六年つづいた。ウォーレン氏が長官に任命されたのは、当時のアイゼンハワー大統領が彼なら穏健だと思ったからだ。

そのウォーレン法廷は黒人差別などにつぎつぎと思い切った判決を出した。「ウォーレン法廷」は「進歩主義」の代名詞にさえなり、アイゼンハワーをして「彼の任命はミスだった」といわせるほどだった。

いまのバーガー長官はニクソン大統領が任命した。「法と秩序の裁判官」「二十一年来の友人」といわれ、大統領が安心して送り込んだ人である。そのほかにも、ニクソン大統領は三人の保守派を最高裁判事にして、バーガー法廷の体質を変える手を打ってきた。

ところがこんどの提出命令では、バーガー長官も三判事も、大統領の言い分を真っ向から否定した。大統領側の「証拠提出の拒否は大統領特権だ」という主張を、「自分の特権の範囲を、特権をもつ者自身が決めるのは不当だ」と退けた。

もし大統領側の言い分を認めたら、大統領だけが法の上に立つことになったに違いない。ニクソン派といわれる判事たちが、予想に反して、こぞって政府の独走を抑えたところに、脈々と流れる法の精神をみる。米国憲法の重みは一大統領の運命とは比ぶべくもない、という信念があったのかも知れぬ。

世間は勝手に大統領派とか進歩派とか色分けする。だが人物といわれるほどの人ならば、こうした世間相場を裏切るところがあるはずのものだろう。(49・7・26)

丸の内の大爆発

大爆発の二時間後、東京・丸の内の現場に行ってみた。警官がスピーカーで叫んでいる。「いつまで立ち止まっても通れません。したがって何も見えません。戻って下さい」。だれもが放心した表情で、動こうとしない。

この辺りは丸の内でも、とりわけ整然とした通りである。ビルの高さは統一され、イチョウやプラタナスの並木も、植え込みの芝生も手入れがよい。その通りを、一瞬にして、ガラスの砂利が敷きつめてしまった。ガラスの小片でぎっしり覆われた芝生の緑が、屈折してキラキラ光っている。

イチョウの葉が爆風にたたきつけられ、血で染まった道いっぱいに散らばっている。よく見ると、葉や小枝にちぎったような傷がある。無数のガラスが爆風で吹き荒れ、切り裂いたためなのだろう。この細かなガラスを全身に浴びた様子を想像すると、身の毛がよだつ。

事件の背景を推察するのはまだ早すぎるだろうが、日本にも無差別な爆弾テロの時代が近づいたのかも知れぬ。二年半前、コラム子が英国で働いていたころ、事務所のあるロンドン・タイムス紙ビルに、毎日のようにアイルランド系テロから爆発予告の電話がかかってきた。

同じころ、日本の警視庁幹部がロンドンに出張してきたことがあった。「日本の過激派の爆弾技術は未熟だが、いずれ深刻な問題になりそうだから、英国の爆発物探知技術を調べにきた」ということだった。

アルジェリア、ベトナムのゲリラたちが作ったプラスチック爆弾が、東京のような大都会で使われたら、それこそ目のあてられぬひどい状態になる。英国やアイルランドでは、手紙爆弾、自動車爆弾、買い物袋爆弾、ハンドバッグ爆弾など、テロはさまざまな形をとっていた。議会、首相官邸、裁判所、新聞社、デパートなどがねらわれていた。

この事件が憎むべきテロの仕業だとしたら、警察は全力をあげて捕えてほしい。また無差別テロの対策に、いまから十分な手を打ってほしい。(49・8・31)

動かぬ人

十年ぶりに開かれた中国の全国人民代表大会に、毛沢東主席は出席しなかったらしい。大会の写真にも顔が見えなかったし、発表文もその出席について一言も触れなかった。「中国共産党の指導下にある国家権力の最高機関」であるこの大会に、党主席の彼がなぜ欠席したのだろう。

健康上の理由でなさそうなのは、大会期間中に南の滞在地で西独の政治家に会っている。そこでいろいろな推理が生まれる。たぶん、毛主席は長沙か武漢に滞在しているらしい。大会の開かれた北京に飛行機でかけつければよい訳だが、飛行機に乗らない主義の人だし、汽車の旅では長すぎる。やはり老齢を考えて、北京に来なかったのではないかともいう。

毛主席の「飛行機ぎらい」の真偽のほどは分からない。二十五年前、友好条約を結ぶためモスクワを訪れたときは、往復ともシベリア経由の特別列車だった。その八年後のモスクワ訪問は、専用ジェット機で往復した。彼が中国の土を離れたのは、この二回だけとされている。

「飛行機ぎらい」には神経質の人が多いというのが、斎藤茂太医博の診断である。飛行機ぎらいのチャンピオンを自任する漫画家、横山泰三さんは「機械なんて信用できませんよ」という。作家の故中山義秀氏は、ぐでんぐでんに酔わないと飛行機に乗れなかった。

「万有引力に逆らって、あんな重い物を飛ばそうとは神を恐れぬ仕業だ」という説をなす者もいる。毛主席が飛行機についてどういう哲学をお持ちかは想像の限りではないが、いくたびか生死の間をくぐり抜け、気宇雄大な想像力をもつこの英雄の、繊細な注意深さのためだとしたら興味をひく。

「問う、蒼茫《そうぼう》たる大地よ、誰《たれ》か、世の浮き沈みをつかさどる」(毛沢東「沁園春」より)。中国の大地に足を踏ん張って、動かぬ人なのだろう。(50・1・21)

国王の暗殺

サウジアラビアの国王が、甥《おい》の王子に暗殺された。この事件を正式にいうと、ファイサル・イブン・アブドル・アジズ・アル・サウド国王が、ファイサル・イブン・ムサエド・イブン・アブドル・アジズ・アル・サウド王子に殺された、ということになるそうだ。

これを翻訳すると、「サウド家のアブドル・アジズの息子のファイサル国王」が「サウド家のアブドル・アジズの息子のムサエドの息子のファイサル王子」に殺された、ということになる。両方に「アブドル・アジズ」という名が重なっているので、叔父、甥の関係であることが分かる具合になっている。

亡くなった国王はサウジアラビア王国、つまり「サウド家のアラビア」の建国者イブン・サウド王の四男だった。父親は独眼竜で、「砂ばくの豹《ひょう》」といわれ、武勇をもってアラビア半島に鳴りひびいた。二十三歳のとき、五十人の部下を率い、首都リヤドを襲撃した。

月明の夜、城壁をよじ登り、宮殿に忍び込んで太守を殺したというのだから、ハリウッド映画を見るような実話だ。少なくとも百三十五回結婚し、息子は四十人、娘が百人以上いた。ご本人は「私は若いとき国を造ったから、年をとって〝国民〟をつくっている」といったという。

そのあと長男が国王になり、これを追放して、弟のファイサル国王が十年余り在位したことになる。英明な王で、巨額の石油収入で国を近代化のレールにのせた。私生活でも、簡素だった。世界の石油埋蔵量の四分の一を握る絶対君主だった。

国王の死を告げる王室声明は、悲しみに満ちている。「全能の神よ、国王に慈悲と寛容を与え、天の楽土で報いたまえ」。回教の天国とは、泉がわき、水が流れ、緑陰にそよ風が吹く。地獄は焼けただれ、飲むものがなく、砂ばくに似せて描かれている。

先年、日本を訪れた国王は、戸外の雨をみて「雨か、わが国には石油はあるが水はない」とつぶやいた、という。(50・3・27)

米国のカサから出たあとに

いざというとき、米国は本当に頼りになるのか。歴代の大統領は「いかなる代価を払っても同盟国を助ける」という約束をくり返してきたが、大統領は交代する。それにベトナム戦争の終幕で、アメリカ人とその家族の引き揚げに大わらわの米国を見ていると、アメリカの一言金鉄のごとしとは思いにくい。

シカゴ外交関係評議会が先月下旬、世論調査をした。次の友好国が武力侵攻をうけたとき、米国が武力介入することに賛成か反対かを聞いたものである。

	賛成	反対
カナダ	七七	一二
西欧	三九	四一

西ベルリン	三四	四三
イスラエル	二七	五〇
台湾	一七	五九
韓国	一四	六五
南ベトナム	一一	七二

この数字にいろいろと解釈はあろうが、米国からの距離、歴史的な因縁と大いに関係がありそうだ。近い国ほど自国の安全に結びつくし、気心の知れた国ほど親身になる。遠い国ほど関心は弱まるし、縁の薄い国に対するほどドライになる。

この表に日本は出てこないが、どの辺りだろうか。イスラエルと台湾の中間あたりで、武力援助をしようと考えるアメリカ人は二〇％、それに反対する人は五〇％見当ではあるまいか。この数字はまた、韓国や台湾にとってたいへんショッキングなものだと思われる。米国と相互防衛条約を結んでいても、本当に条約の義務を守ってくれるのかどうか。米国は世論の国だから、世論が冷たければ抽象的な条文や、そのときの政府の約束だけでは安心しきれない、と考えるのが自然だろう。

米国のカサに頼れば大丈夫だと考える時代は、ぼつぼつ幕を下ろしつつある。だからもっと軍備を増強し、自主防衛力をつけようという議論も出てくる。しかし、だからこそ周囲の国々との友好関係をいっそう強める必要がある、という考え方もある。後者の

方が正しく、また現実的だと筆者には思われる。（50・4・25）

「覇権」が意味するもの

日本は中国から漢字を教わったが、日本で造り、中国で使われている漢字もある。これは日本で造られ、あちらに渡り、中国憲法にまで使われ、いま日本人を悩ませている。「経済」「宗教」「幹部」などはそうらしい。その一つに「覇権」がある。

辞書を引くと「覇者としての権力」とある。その「覇者」を見ると「覇道を以て天下を治める者」。その「覇道」を引くと「武力、権謀を用いて国を治めること」だ。役所の窓口をたらい回しにさせられるような感じだが、まあ、大体の意味はつかめる。

いま日中平和友好条約の交渉で、この「覇権」が最大の障害になっている。中国側は「両国のいずれもアジア・太平洋地域で覇権を求めず、また第三国あるいは集団による覇権の試みに反対する」という条文を入れるよう、一歩も退かぬ構えだ。

この文章をすんなり読むと、結構なことではないかと、だれしも思う。二年半前、田中首相も大平外相もそう考えたにちがいなく、その証拠に、日中共同声明でこの覇権条項は問題にされなかった。しかし時がたつと、大変な条文であることが分かってきた。

日本は中ソ両国と仲良くしていきたい。が、中ソは口もきかぬ仲であり、どちらも日本を味方にしたい、少なくとも、相手方の陣営に加えたくない。こういう三角関係のなかで、日中が「覇権反対」を宣言すれば、ソ連は、自分のことを指していると考えるだろう。日中が手を結んで、自分を敵視しはじめた、と勘ぐるにちがいない。

ソ連に敵対している中国にはそれでよいのだろうが、日本がそこに巻き込まれるのは困る。それに「覇権」には、軍事のほか、政治的あるいは経済的覇権もあるそうだ。では、日米安保は「米帝による覇権の試み」にならないのか。日本経済の進出も覇権ではないのか。言葉があいまいすぎる。ここは一つ、中国側に再考をお願いしたい。（50・5・9）

ＣＩＡの非合法活動

人間は神でもなければ、悪魔でもない。だから人間なのだろう。アメリカにも、同じような言い方ができるかも知れぬ。自由で、民主的な国だ。と同時に、暴力的な風潮の根強い国だ。だからアメリカなのだろう。

ＣＩＡ（米中央情報局）の非合法活動について、米政府の特別調査委員会の報告書が公表された。「外国指導者の暗殺計画があったことを、なぜ公表しないのか」と、議員や新聞がその内容にかみついている。国家の暴力を暴露した報告書の中身は相当なものだが、この程度では生ぬるいと声をあげる。こういう国はほかにはない。

たとえば、スパイ活動を防ぐため、CIAは二十年間にわたって、ソ連あてやソ連からきた郵便物を開封していた。またジョンソン大統領、ニクソン大統領の命令で、ベトナム反戦の活動家についての情報収集もやっていた。ニクソン大統領の人気取りのため、CIA予算をホワイトハウスに横流ししていたことも明らかにされている。

なかでもショッキングなのは、人間改造薬の実験だ。ソ連などで、反逆罪の被告たちが法廷ですらすらと罪を告白するのは薬のせいではないか、とCIAは考えた。負けてなるものかと、八年前に禁止されるまで、薬の実験に精を出した。

陸軍省のある職員は、この計画を討議する会議に出席中、自分の知らぬ間にLSDを飲まされた。飲んで二十分したらそのことを知らされ、病院にはこばれたが、一週間後に窓から飛び降りて死んだ事件も明らかにされている。

CIAには、暗いウワサが絶えない。キューバのカストロ首相を暗殺するため、キューバ軍の少佐やマフィアの親分と契約した。ドミニカ共和国のトルヒーヨ大統領やベトナムのゴ・ジン・ジエム大統領の暗殺計画を練った。こうしたウワサについては、このロックフェラー報告書は何も触れていない。(50・6・12)

冷戦終了の確認書

十八日の米ソ宇宙船のドッキングは、米ソ共同演出によるビッグ・ショーである。上演するまでに二年半の準備をし、米国だけで二億五千万ドルの金をかけた。場所は、第二次大戦で米ソ両軍が握手をしたドイツのエルベ川の上空二百二十五キロというのだから、舞台効果も計算されている。

後から追いかけていく米国の「アポロ」がソ連の「ソユーズ」に結合すると、ドッキング船の気圧が調節される。ライトをつけ、テレビカメラが回る。ドッキング船のハッチが開く。「アポロ」船長のスタフォード准将と「ソユーズ」船長のレオノフ大佐が体を泳がせながら、手を差し伸べて握手する。

米国側はソ連語で、ソ連側は英語であいさつをかわす。この日のために、双方とも特訓を受けた。まずソ連側が夕食に招待し、翌日は米国側がお返しをする。スープ、ビフテキ、トリ肉にイチゴやレモンティーなどの豪華メニューだ。

双方の船長が友好を誓うテーブルスピーチをしたり、「ソユーズ」が太陽コロナを観察できるように、「アポロ」は位置を変えてサービスにつとめたりする。こうした二日間のハネムーンのあと、両船は別れて、それぞれの日程で地球に帰る。

この歴史的なお祭りを待つ米国人には、かつての米ソ宇宙競争で燃やした敵対心の影はないという。ソ連でも「ソユーズ・アポロ」といった名の香水やたばこがよく売れているという。宇宙の一点で、双方が片言のあいさつをして握手する。言ってみれば、ただそれだけだ。

しかしわれわれはその中継で、米ソの「宇宙競争」が「宇宙協力」に変わりつつあることを、実感として知ることができるだろう。世界平和のためには、安い広告宣伝費かも知れない。「アポロ」が太平洋に着水して五日後には、欧州安保協力首脳会議がヘルシンキで開かれる。これはもう一つの、冷戦終了の確認書である。(50・7・16)

宇宙から平和を

夏の夜ふけのブラウン管に、久しぶりのスペース・ドラマが映し出された。米ソ宇宙船のドッキングである。しかしそれは、しろうと目にはなんともあっけない光景だった。駅で貨物列車が連結されるのを見るような感じでさえあった。

かたずをのんでとか、手に汗にぎるとかではなかった。当然のことがスケジュール通りに運ばれている、そんなさりげなさだった。逆にいえばそれだけ安心してみていられた、ということかもしれない。打ち上げたロケットが軌道にのるかどうか、飛行士は大丈夫かとハラハラさせられたころに比べると、格段の技術の進歩があった。

世界最初の人工衛星スプートニクが飛んでから十八年。いろいろのことがあった。「ヤー・チャイカ」という女性飛行士テレシコワさんの澄んだ声がきこえてきた日もあった。ちょうど六年前には、アームストロング、オルドリン両飛行士が、月面を跳びはねていた。宇宙旅行の歴史は驚異の連続だった。

だが米ソの激しい競争意識がなにを生み出すかという不安もつきまとった。ひた隠しにされた技術が軍事的にでも利用されたら、地球そのものが破滅に直面する。今度のドッキングを〝政治的ショー〟と冷たくつきはなす向きもあるようだが、いまは二つの超大国の歩み寄りを素直に評価したいと思う。

無限の宇宙がひらかれてゆくにつれてなお一層、人間という存在のちっぽけさを思い知らされる。宇宙開発といい征服などといっても、まだほんのトバ口。星々のかなたにユートピアを夢みる空想は楽しいが、何光年もの旅はまだ遠い先のことだろう。人類が住めるのはこの緑の小惑星のほんの表面だけ。この冷厳な事実をどう受けとめるかが、ヒトの未来を決定する。

フォード大統領とともにソユーズ打ち上げのテレビ中継を見たドブルイニン駐米ソ連

大使はいう。「地球はわれわれが平和に暮らすには十分な広さだが、核戦争には狭すぎる」。アポロの乗員はいう。「この共同飛行が地球のすべての国、すべての人々のためになることを祈る」。われわれの祈りもまた同じである。(50・7・19)

謎のトンネル

「国境の長いトンネルを抜けると」韓国に出るのか、北朝鮮に出るのか。南北朝鮮の非武装地帯に掘られたトンネルほど、国際問題の複雑怪奇さを教えてくれるものはめったにない。

南北双方とも、相手が掘ったと言いつづけている。一昨日、自民党訪朝団に会った金日成主席は「あの地域のトンネルにどれだけの戦略的効果があるだろうか」といい、「朴政権のデッチ上げだ」と、きっぱり否定した。一国の元首がこれだけはっきりした物の言い方をするのだから、信用してよいのだろうと思いながら、韓国の説明を聞くとまた分からなくなる。

朴大統領は「われわれは軍事力をのぞいて、経済競争などすべての面で北側を圧倒している。そこで彼らは韓国内の社会不安をねらって、トンネル戦術をはじめたのだ」という。韓国政府と米軍は外人記者を現場に案内したり、記録映画を見せて、その事実を証明しようとする。日本の政治家も南と北に招待され、招待側の説明を聞いて「やっぱり北だ」「南らしいぞ」といった別々の結論を持って帰ってくる。

とにかく、大きなトンネルらしい。韓国側の発表によれば、二番目に見つかったトンネルは全長三・五キロ、兵隊が三列縦隊で進み、一時間に一万人が移動できるほどのものだそうだ。これだけのトンネルを掘るには、何千人の人が動員されたにちがいない。「私が掘りましたよ」という者が大勢いてもよさそうなものだが、その辺もはっきりしない。

土はどこに運んだのだろう。「北朝鮮はこの土で大きな堤防を作っている」「トンネルは朝鮮事変の遺物らしい」といった調子で、あらゆる論点で必ず逆の結論がある。韓国はこのデッチ上げで、政府批判の目をそらそうとしているのだ。いや、北はこのトンネルでゲリラや特殊部隊を送り込み、内部蜂起《ほうき》をねらっている……。「トンネル効果」はどちらにも解釈できるだけに、判定がむずかしい。（50・7・29）

日本と日本人

「月曜休日」雑感

祝日と日曜が重なって、カレンダーがいわゆる「日食」になったとき、翌日の月曜を休日にするという法案が国会に提出される。超党派の議員立法だというから、間に合えば、四月の天皇誕生日は日曜、月曜の連休になるかも知れない。

昨年は、子供やサラリーマンにとって当り年だった。年に十二の祝日のどれもが、日曜日とダブらなかった。今年は「建国記念の日」「天皇誕生日」「秋分の日」の三つが、「日食」になった。来年も、三つある。

この法案のウラにはもちろん、日本人がはたらきすぎて世界の憎まれっ子になっている、という事情がある。月曜を休みにしても日本の休日は、年に五十二の日曜と、十二の祝日を足して六十四日。これにくらべ週休二日制の欧米は、土、日曜の百四日に祝日を合わせると、大体百二十日ぐらい。まだまだ、よく休んでいないことになる。

青くなっているのは、カレンダー業界だそうだ。来年用九千万冊のカレンダーは、いま印刷の真最中で、三分の一は出来上がってしまった。「月曜休日」を赤く染めた新カレンダーにすれば、古い方はだれも買ってくれない。来年の三つの月曜を「赤にするか、黒にするか」で、もめている。

日給生活者の場合は、どうだろうか。毎日のお金をアテにする人の中には、年三日の無給が痛い人もいるだろう。その実情はどうなのか、「有給祝日」はどの程度ゆきわたっているのか。そうしたことに心のかよった手を打ちながら、物を変えていくのは政治の役割だ。

かつて評論家大宅壮一は、日本経済成長の支えとなった「モーレツ社員」を「疑うことを知らず、疲れることを知らない下士官型人間」だと、得意の毒舌で評したことがある。おたがい、そろそろ「休むことを知る人間」になりたい。（48・3・15）

時間の重み

せまい日本、そんなに急いでどこへ行く、交通標語の文句ではないが、日本人はまったくせっかちだ。ソバのどんぶりをかかえながら電話をかけるぐらいは朝メシ前。交差点では足ぶみしていて、信号が変ったとたんにかけ出す。まるで競馬なみだ。

これだけの人数が四つの島にひしめきあっているのだから、当り前といえばそれまでの話。だが、むかしはこれほどではなかった。戦後の窮乏のドン底からなんとかはい出そうと、必死に右往左往しているうちに、せかせかぶりは、いっそう増幅されたらしい。

ある人が書道塾に入ったら、いきなり市販の墨汁で字を書かされたという。スズリに向って心を澄ますひとときなど、どうでもいいということだ。タイム・イズ・マネーの世の中では、なにもかもがインスタント。いまではたいていのものが自動販売機からとび出して、家庭の食卓に昔の非常食みたいなものが並べられる。

そのかげで、すっかり忘れられてしまったのが、手間ヒマかけないと生れぬもののあること。たとえば自然、生きものの世界、それに手づくりの味。赤ん坊は、むかしもいまも十月十日。ホンモノの輪島塗や西陣織は即席でできるものではない。

芸術にも恋にも、時間の発酵作用が必要だ。長いこと胸底に秘められていればこそ、美しく昇華される。それは良い酒が蔵に寝かされるのと同じこと。言葉もまた、歴史にみがかれて玉のひびきをもつ。だがいま人々は、時間の重みを見失った。だからこそ惜し気もなく森を切倒し、ポイと子どもを捨て、思いつきだけの小説を書き散らし、うなり声のような歌に拍手する。

そんな国に、国家百年の大計など、どだい生れるはずがないのかもしれない。目先の党利党略だけに走る思いつきだけの政治も、こんな精神的土壌が生み出したといえよう。日本荒廃の根は深い。(48・5・21)

言葉の改正

言葉には「言霊《ことだま》」が宿っていて、霊妙なはたらきをする、と昔の日本人は信じていた。言霊は幸福をもたらすこともあるし、失言で大臣の首をとばすほどの魔力もある。

こんど「漢字の読み方」と「送り仮名のつけ方」の大きな改正が、告示されることになった。言霊を相手にしているだけに、どう決めても、賛否両論ははげしい。ひと言でいえば、この改正は、すでに定着し慣習となっているものを、大幅に認知しようという点にある。

「お父さん」「お母さん」が使えるようになって、なるほど、その方が感じが出るという気持もする。だが「硬い」が認められて、堅、固、硬の三つの「カタイ」になり、さてご飯のカタイのはどれだか、首をひねってしまう。

「脚」がアシと読めるようになると、ゾウやカバのアシは「脚」なのか「足」なのか。大人も迷うのだから、子どもにとっては苦労なことだろう。首をかしげたくなるのは、役所がよく使う「諮る」で、広辞苑にも出ていない。どういう事情で認めたのか、もう一度、国語審議会にお諮りしたい心境である。

送り仮名にはルールがあるが、慣用を認めることにしたので、「祭り」を「祭」としてもよい許容例、「幸」でなく「幸せ」とするなどの例外を数多くつくった。「例外のない規則はない」が、さりとて「例外が多すぎると規則でなくなる」という問題も起ってくる。

言葉を粗末にすると、人間や文化が貧しくなる。といって大人のわがままだけで字をふやし、将来の世代に重荷を負わせるのは考えもので、その辺のバランスがむずかしい。言葉は生き物だから、できるだけ時代の自然淘汰《とうた》にまかせたい。告示が、こんどの改正はみなさんの「目安」にしてほしいといっているのは、その点、押しつけがましくなくてよかった。(48・6・9)

田園の荒廃

八月は回想の季節。終戦の十五日が近づくにつれ新聞、テレビには、もうすっかり色あせてしまった当時の写真などがとりあげられる。あの日を原点にして、日本は変わった。日本人も変わった。

あらゆる文明の機器にとりかこまれたメガロポリスの姿など、一世代前には想像もできなかった。だが農村の変わりようは都市以上といえる。春にレンゲ、タンポポの彩りはなく、夏にホタルの灯もみられなあぜ道に、耕うん機を走らせているのはお年寄りばかりである。

都市近郊の農村となるともうめちゃくちゃだ。値上がり待ちの土地には、申しわけ程度に野菜や果樹が植えられる。農地であることにして、税金を安くしようというこんたんで、ボウズになったネギが、立ちぐされていたりもする。まさに国富みて田園まさに荒れんとす、の光景である。

町に出た若者に見捨てられたムラでは、裏作をやる労力がない。またやったところでもうからない。はじめはひどく便利だと思われた農薬も、さまざまな公害を引き起こすと分かってきた。耕作機械を使おうにも、経営規模を大きくしなければ効率が上がらぬ。八方ふさがりからの出口はどこか。

実はそれがだれにも分かっていない。農政すなわちノー政といわれるゆえんだ。ついこの間は、米があまって困るからと田んぼをつぶし、今度は国際的食糧危機の声におびえる。目前の現象に右往左往で、新しい農業のあり方いかん、といった百年の大計がまるでない。

こうして「米価」は今年もまたもめた。だが田園の荒廃は、われわれ日本人にとって、ほとんど本能的な恐怖感を呼び起こす。公害工場でがらくたづくりに精を出す前に、美田を荒地や毒田にしない政策を望みたい。カドミウム汚染の心配でメシもノドに通らぬようでは、日本人に生まれた甲斐《かい》がない。(48・8・5)

パリの日本人

花のパリへ、日本のAデパートが進出した。なんとしても、パリは「花」なのである。そこに店を構えているか、いないかは、店の信用にもかかわることであるらしい。ともかく進出して、披露パーティーで社長があいさつした。わが店のモットーは「先義後利」であると。

語の由来はこの店の店歌にある。三節目に「義を先にして利を後に」とあり、六節の「義を前にして品は良し、利を後にして値は安し」というところで、意味が具体化される。しかし、このあいさつを聞いたフランス人には、意味が通じなかった。

商売でもうけるという第一の目的が、なぜ後にならねばならないのか。もうけを考えない商人がいるとすれば、それは商人でないだろう。「もうけたい」が商人のホンネであれば、なぜそのホンネを「義」によって飾らねばならないのか。

同じパリに開店した、日本のBデパートの社長が、「日仏文化の交流を目指す」といって、向こうの新聞記者に「フランスの城でも買うつもりか」と問われたそうだ。この社長さんも、頭は「義」でいっぱいであったに違いない。パリのモードが、この店を通して、日本へ渡る。それを「文化の交流」という、その大げさな身振りが、相手には通じなかった。

この二人の社長さんだけを責めるつもりはない。新郎はたぐいまれなる秀才であり、新婦もまた得がたき才媛《さいえん》でありまして式の、祝辞にはじまって、「社会的責任の痛感」をうたう財界会議のあいさつまで、日本的「義」はあまねく行きわたっている。義が儀式化してしまって、ぬけがらになり、ぬけがらは、大げさなだけで、説得力はない。

先義後利などというより、良い品を安くと、素直にいえばいい。素直にいうと、当たり前すぎるから、先義後利と、むつかしくもなるのだろうが、当たり前すぎることならはじめからいう必要もない。「うわべを飾り実のないものは大不忠である」と、A店の昔の「定め」にある。(49・4・1)

昭和五十年の歴史

あと四十日ほどで、昭和が五十年になる。五十年といえば、大きな区切りだし、回顧と展望のための、峠ともなる。「激動とあらしの半世紀――昭和の五十年展」という展覧会が開かれた。

その感想を会場の内、外で集めたのをみてみると、やはり世代ごとに、受け止め方の違いがきわ立っている。五、六十歳代は、まことに抽象的である。「戦争の無意味と悲惨」「五十年を、無事今日まで生き伸びたしあわせに感謝し」。強烈すぎる体験は、逆に抽象化されていくのかもしれない。
三、四十歳代となると、まことに教訓的である。戦争に触れはしたが、殺し合う現実は知らない。むしろ戦争の後遺症に、苦しめられた記憶が生々しい。昭和二十年からの後半に、興味は深く、戦中については、自分のいまの生き方との対比の中でとらえていく。二・二六事件で処刑された大尉が、処刑前日に書いた遺墨に、感動する。
十、二十歳代は、体験のフィルターを通さずに、物そのものをみつめている。マッカーサーのコーンパイプが、なぜ「歴史的遺品」なのかと問い、官憲の手で虐殺された小林多喜二のデスマスクがすごいという。どれをみてもつまらなかったと答えている子もある。イメージとしてはより迫力のあるものを、テレビや写真でふんだんに見なれている子供たちにしてみれば、歴史でくすんだ記録などに、刺激されなくなっているのだろうか。
世代をこえて多かった声は、こうした資料を、散逸させず、どこか常設的に展示してほしいというものである。考えてみると、われわれは、案外自分の生きて来た時代のことを知らない。外国のこと、昔のことほど、日本の現代史には関心を寄せようとはしない。

分かったつもりで、何も分かってはいないということがよくあるが、昭和五十年の歴史も、その一例ではないか。（49・11・19）

私たちの「忠臣蔵」

十二月十四日は赤穂浪士の討ち入りした日になっている。芝居や映画で演じられる内容と実際の事実との間には、かなりの相違もあるようだが、これくらい長い年月にわたって、日本人に好まれた話もあまりあるまい。

「菊と刀」のルース・ベネディクト女史らにいわせると、日本人特有の「義理」物語で、西欧人には不得要領の話のようだ。また、民主主義の法治国家で、あんな封建的で無法な復讐《ふくしゅう》話を賛美するのはけしからん、と否定的な人もいる。だが、戦後も何度か映画やテレビの題材になり、その都度一応の成果をあげているのを見ると、よほど魅力があるからだろう。

「忠臣蔵」の見せ場はいろいろあるが、一番感動的なのは、やはり浪士たちが本懐をとげて、雪の中を泉岳寺に向かう朝の光景だろう。それまで彼らはひたすら意図を隠し、近親にも打ち明けなかった。わざと放とうしたり、町人を装ったりする。そのため、いろいろバカにされ、あなどられたりした。

その恥辱に耐えて、ようやく晴れの朝を迎えたのだ。浪士たちには、本望を達した喜びと、いまこそ本当の自分の姿を示すことのできる誇りがある。弱々しかった町人が一夜明ければりりしい武士に変わっているのだ。見られる方はもちろん、見る方もじーんと来る。

この「変身」の快感は、「忠臣蔵」と同様に人気のある水戸黄門の物語にも共通するものだ。黄門さんは実在の人物だが、諸国漫遊の方は作りごとが多いらしい。だが、ふだんはあまり風さいの上がらぬお百姓姿のじいさんが、いざとなると、パッと天下の副将軍に変身して悪をこらしめる。この「何を隠そう」という変身の物語が受けるのである。

こんな能力はだれでも持ちたいところだが、政治にたずさわる者だけは例外だ。かげで変身して、あくどい金もうけなどやっていられては困る。三木さんの売りものの「正直・清潔・誠実」は、すべて、これ「本身」そのものであってほしい。(49・12・14)

日本人とキリスト教

パレスチナ・ゲリラとイスラエルも、Xマスから正月にかけては、テロと報復のくり返しをやめるらしい。名づけてオリーブ休戦。いっときの「地には平和を」だ。ものの本によると日本にもXマス休戦があったという。戦国の世の永禄八年（一五六五年）、京都にいたルイス・フロイス教父が対戦中の三好、松永の両陣営に呼びかけたところ、信者だった七十余人の武士がイブに集まった、とある。もっともすぐ翌日には戦闘を再開したというから、やはり気が短い。

お菓子屋さんやバーなどでは、激しい商戦がくりひろげられる。不況でダークXマスなどといわれてはいるものの、なに、社用族はまだ健在。調子はずれのジングル・ベルのなかで、紅灯の町のマリアたちともつれあっての千鳥足。せめてもの罪ほろぼしがケーキのお土産というわけだろう。

日本で宗教調査をやると、仏教と神道、それにキリスト教の信者の合計は、人口をはるかに上まわるそうだ。世界に冠たる雑食文化の国だから、仏壇としめなわ、バイブルの同居も気にしない、気にしない。なにしろわれわれには、なんでも一応はかじってみないとおさまらぬ、さかんな好奇心がある。

カトリックとプロテスタントが対立する北アイルランドの流血騒ぎなども、なんでそこまでという思いが先に立つ。万事にせせこましい日本だが、宗教にはきわめておおかなお国がらだ。それゆえときには脱線もあって、わざわざヨーロッパの教会に結婚式をあげに行き、信者でもないのに、とピシャリ断られたりする。

強制的にミソギなんぞをさせられた暗い谷間の時代を思えば、のどかな無宗教の混沌《こんとん》もまたよきかな、かもしれない。ただ、キリスト教国では、人々は神に対するおそれから身をつつしむ。日本に、そのような考え方はない。だからこそいっそう、一人一人が自らをどう律するかを深く考えねばなるまい。神不在の風土でのモラルの確立は、われわれの大命題である。(49・12・25)

右へならえの日本人

なにごとによらず一億総○○となりやすいのがわが国民性だ。ネコもシャクシもで、ブームが起こってはまたたちまちのうちに消えてゆく。人がやっていることは自分もやらねば気がすまない。バスに乗り遅れまいと、これほど気をつかう国民性も珍しい。

ミニが一朝にしてロングになったおあとは、ハンドバッグの死。ご年配か、結婚式へのおよばれでもないかぎり、女性の小間物入れは肩からさげることになったらしい。背広みたいな三つぞろいのスーツにショルダーバッグ、長ぐつなぞを一着に及んだところは、かつての陸軍特務曹長といった感じの勇姿である。

ファッションに目くじら立てるつもりは毛頭ないが、みんながみんな、それもあっというまに右へならえ、というのはどんなものか。込んだ車内で肩ひもにからみつかれたりすると、つい舌うちもしたくなる。またそんな娘さんたちは、読む週刊誌も、おしゃべりの口調までも同じ。ワタシワァ、ソレデェと、一節ずつ区切ってシリあがりの奇妙な日本語なのである。

ものまね精神は、農耕民族の特長ともいわれる。隣がタネをまけばこちらも、という暮らし方で、その上狭い島国。おせっかいをやきつやかれつでは、どうしても他人指向型にならざるを得ない。それは一面、生活の知恵でもあり、さかんな好奇心の現れでもあった。ものまね精神のあればこそ、日本人は実に柔軟な姿勢で外来文化を吸収してきた。

だが、それにも限度があろう。ネクタイはカレイのように幅の広いものしか買えぬ、胸にワンポイントのついてないスポーツシャツを探すのは容易でない、となると、これはもう服装の強制に近い。右へならえの国民性は、えてして選択の自由のない管理社会を生み出しがちだ。それがファッションぐらいならともかく、思想や倫理だったらいったいどうなるか。

選挙とは、もっとも重要な選択権行使の機会である。一人一人の選択が、今度はどんな答えを生み出しただろうか。（50・4・14）

人

「コペルニクス的転回」の教え

地動説で知られるニコラス・コペルニクスは、今からちょうど五百年前のきょう二月十九日、ポーランドのトルニという町で生れた。ポーランドをはじめ世界各地で生誕記念祭が行われる。

昔の人は、地球を宇宙の中心にすえて、ものを考えてきた。太陽は東から出て西に沈む。静止した地球のまわりを天が回るのだ、とみてきた。この天動説をコペルニクスがひっくり返した。太陽こそ宇宙の不動の中心であり、そのまわりを地球が回っているのだ、という地動説をとなえた。

五百年後の今では、何でもない説のように思える。しかし、人類が地球中心のものの考え方から完全に脱出するのは、実はそう簡単なことではなかった。たとえば、太陽が銀河系宇宙の中心ではなくて端っこの方に位置する一個の星であることを、人類はつい五十年前までは知らなかった。

さらに、銀河系宇宙の二千億個の星のなかでは、太陽はごく平凡な星でしかないこと。また、地球に似て知的生物もいれば花も咲く可能性のある星が何億とあるらしいこと。

つまり、私たちの地球が唯一の特等席でないと悟ったのは、第二次大戦のころの話だった。

いいかえれば、どんなに人間が地球中心、自分中心にものを考えたがる動物であるか、だろう。それを最初にひっくり返したのがコペルニクスだった。コペルニクス的転回という。今ふうにいうと、発想の転換である。この転換が天文学の分野で完成するまで五百年近くもかかったわけだ。

恐らく宇宙観だけではない。身近な人間関係とか国際関係でも、人はいつも自分中心にものを考える。自分本位でなく自由に事物を見るのはむずかしい。コペルニクスの教えは、ここにある。（48・2・19）

知りすぎて戦意湧かず

ボクシングの世界ジュニア・ミドル級タイトルマッチで、チャンピオンの輪島功一に、竜反町《りゅうそりまち》という選手が挑戦した。解説によると、二人は無二の親友だそうである。仲が良すぎてか、試合はまったく面白くなかった。

クリンチの最中に笑っている。口はしめても、目が笑っているのだから、かくしようがない。やじり倒され、ともかく十五ラウンドを終った試合の結果は、チャンピオンの勝ちとなった。が、当の輪島は浮かない顔をして、「やはり相手は知らない人の方がいい」といった。

知っている人となぐり合うのは、どうも気が進まず、ファイトもわいて来ないというのだろう。力による戦いとは、そうしたものだ。国同士がぶつかり合うオリンピックの興奮に比べ、国体の興奮度ははるかに落ちる。国と国、県と県。その違いの差が競技の面白さに比例する。

知合うことは戦意を失わせる。敵同士で置いておくことが、すべての競技を面白くさせるコツだともいえる。だが考えてみると、いまの世の中はあまりにも競技的になりすぎていないだろうか。お互いのみぞを深めることによって、争いを激化させ、それが面白いのやら、苦しいのやら、自分で自分が分らない。

相手を知らないから、平気で残虐なこともできる。米軍はベトナム人を「殺す」といわず、イヌやネコを始末するように「駆除する」「処分する」と表現した。激化するスト、住民の反対運動にしても、お互いを知らず、知ろうともしないために、無用なマサツまで起る。

都会とは知らないもの同士の過密的寄合いだ。それを無理に近づけようとすればするだけ、知らない同士は遠ざけ合う。去るもの、遠ざかるものは日々にうとく、うとさが

極まって争いが果てない。世の中はギスギスするだけだ。（48・4・23）

さわやかな偉業

二十三歳の青木洋君が、全長六・五メートル、完全手製のヨットで、ホーン岬を乗越えたのは一月の終りだった。彼はいまブエノスアイレスにいる。傷だらけになったヨットの修理費と、これからの航海費をさら洗いをしながらためているという。

ホーン岬は南米の南端。年中、風波が荒れ狂い、ホーンを制するかどうかに、海の男たちは、誇りをかける。ヨットでそこを乗切ったものは、数えるほどしかいないし、日本人としては青木君が最初であった。

青木君はいま、冒険とは何だろうと、懸命に考えている。その便りに「困難と危険に挑む勇気、そしてそれを乗越えてゆく努力の中に、自己の限界を求めていくのが冒険という行為」だと書き、「自分の傷つくのを恐れなければどんな困難でも克服できる」とも書いてきた。

言葉は平凡だが力強い。「ホーンをやる」と決意してから、生活のすべてをそれに集中した。旋盤工として働いたが、それもヨットを作り、修理する技術を身につけるためだった。彼の成功を聞いた若い人は「さわやかだ」といった。偉業といわれる偉業の意味はよくは分らないけれど、それに打込んだ姿がさわやかだというのである。

この秋には、日本人による冒険が続く。昨年秋、全英隊が試みて成功しなかったエベレスト南壁に、約三十人の日本人パーティーが挑むほか、世界的なアルピニスト植村直己さんが、単独で南極大陸の横断を試み、太平洋一人ぼっちの堀江君は、友人とヨットでノン・ストップ世界一周に挑戦する。

青木君がいうように冒険とは自己の限界を求めることであるなら、冒険の場は海や山だけにあるのではない。チョウでもいい、木でもいい。ただ一つのものを求めて生命を燃やすことのできる人は、冒険を生きる人だ。暗く、しめった世相の中で、そのさわやかさが光る。(48・5・5)

猛妻マーサの正直なおしゃべり

米国の「ウォーターゲート事件」のウズの中で、「猛妻マーサ」のおしゃべりだけはいかにもアメリカ人らしく、正直で勇気があって拍手を送りたくなる。

彼女の夫ミッチェル氏はニクソン大統領の選挙総参謀だった。ミッチェル家の夫婦ゲンカは有名で、パトロール警官二人がかけつけたら、マーサは床に倒れ、目のまわりが黒ずんで血を流していた。警官が夫をたしなめようとすると、マーサはいきなり立上がり「わたしの夫によけいな口出しをするな」と叫んだという逸話がある。

五十五歳、頭の回転の早い彼女が「こんな汚い選挙から手を引かぬ限り、別居する」と宣言したのは、昨年六月末のこと。盗聴事件の起きた直後で、これが全米をゆるがすほどのスキャンダルになると予想した人は少なかった。

しかしミッチェル氏は「私は妻と娘を第一にとる」と、選挙総括責任者の地位をいさぎよく退いた。十カ月後の今日、この事件はホワイトハウスの二人の補佐官、法律顧問、司法長官、FBI長官代行をつぎつぎに辞任させるほどのものになった。

大統領をはじめ関係者が口をそろえてウソをいい、前言訂正を繰返すなかで、マーサだけは「お芝居だ」「少しおかしい」といわれながらいつも正直だった。彼女のおしゃべりはまだとまりそうにない。「大統領が事件を知らなかったわけはありません。辞めるべきです」と相変らずの調子である。

困りはてたのはミッチェル氏で「妻の友人記者のみなさん、取材をひかえてほしい」というアピールを出すほどだ。ニクソン大統領の腹心、ミッチェル氏としては、マーサのおしゃべりを捨てておけないと考えたのだろうが、本社ワシントン特派員電は彼も「マーサ夫人に直接〝自粛〟を求めることができないのがつらいところ」と、その猛妻

ぶりを伝えている。(48・5・8)

「海の男」の覚悟

四日市コンビナートの工場で、公害Gメンの田尻宗昭さんが「すごく臭いな」という。案内の社員は「ぜんぜん臭くありませんよ」と返答する。臭いものも臭いといわない忠誠心。田尻さんは、自分が巨大なコンビナートに竹ヤリで突進しているように感じる。

四日市海上保安部の田尻警備救難課長は、こうして公害摘発を始めた。日本アエロジル、石原産業の二大公害事件で、貴重な仕事をなしとげた。途端に、田辺海上保安部に転勤になった。公害のベテランを、公害のない海に移したのは政治配転だというウワサが強かった。

その田尻さんを、美濃部東京都知事がスカウトした。こんどは東京湾という大きな舞台だ。思う存分、メスをふるってもらいたい。田尻さんの本や話を読むと、この人の優しさを感じる。四日市に赴任すると、仕事熱心に、密漁漁民をつかまえた。が、あるとき漁民たちが訴える。

「だれが好きこのんで、こんなことやるもんか」「コンビナートが伊勢湾の魚を殺してしもうた」。魚を殺す大工場に目をつぶり、弱い漁民を捕えて得意がる自分を、恥ずかしいと思う。それ以前は李ライン紛争で、日本の漁船を守る仕事をしていた。毎日、韓国警備船とにらみ合いながら、日本の大船団が魚を取りまくるかげで、帆かけ舟のような小舟で漁をする韓国漁民の貧しさを見のがしていない。

救助した韓国の漁民にモナカを出したとき、「子どもに持って帰る」といわれた言葉も忘れていない。田尻さんは自分の本「四日市・死の海と闘う」（岩波新書）で、企業側に立つ行政をはげしく批判してきた。それだけに、二十二年間の海上保安庁を去る「海の男」の覚悟を信じたい。

汚れた四日市の海、美しい紀伊の海、再び汚濁の東京湾へと、彼のあわただしい五年間には、日本の公害が圧縮されている。（48・6・22）

孤独なニクソン

米国のウォーターゲート事件は、第一幕が終わって、幕あいの休憩に入った。五日間にわたったディーン前大統領法律顧問の証言は、ついにニクソン大統領を押え込むことができなかった。

だがこの公聴会は、ニクソン政権を作っていた人たちの、手段を選ばぬ荒々しさといったものを見せてくれた。その陰謀と術策に明け暮れる人たちにかこまれて、ニクソンという暗い、孤独な政治家が浮かんでくる。ケネディ元大統領は、欧州風で、知的なアメリカ東部を代表していた。名門大学の教授たちを集めて、政権をつくった。

ニクソンのイメージは、勇敢な実力型のアメリカ西部のそれだ。かつて彼は、大統領が必要とする側近について聞かれ「強い人、ろうばいしない人」と答えた。その言葉通り彼を守る人たちは、いずれもタフ・ガイ、つまり「強い男たち」である。自分の強さに確信をもち、ひるむことなく敵を倒す。

言葉の使い方も、西部劇をみるように荒っぽい。反対する者を「クズ野郎」「盗っと」「ガキども」「性的不能の俗物」と呼び、相手を攻撃するためには、納税から女性関係まで洗い出す。またこうしたやり方を「ニクソンはやり方が力強い」と受けとる風土が、米国にはある。

ニクソンは学生時代、上手な俳優だったそうだ。自分がどう見られているかについては、異常なほど努力をはらう。積極的でないこと、勇気がないこと、強硬でないこと、そう思われることに恐怖心に近い心理をもっているといわれる。若いときから猜疑心《さいぎしん》と不信が強く、危機に出会うと食事もできないほどの緊張を示し、そして、猛然とタカのように攻勢に出る。

彼がウォーターゲート事件でゆずることは、まず考えられない。ニクソンに哲学はないといわれるが、彼には一貫した心理があるからだ。(48・7・2)

戦争が強いる喪失

元海軍水兵長の三木慮二《りょうじ》さんは、二十九年の後、フィリピンのミンダナオ島で日本人の前に現れた。記憶喪失で日本語も忘れ、親兄弟の思い出さえない。現地妻をもらい、すっかり現地人化した日本兵の話は、タイでも、ビルマでも、インドネシアでも、その例がある。しかしこのニュースがわれわれの胸に迫るのは、戦死公報を信用せずに二十九年間、その生存を信じつづけ、捜しつづけた痛ましいほどの肉親の情であろう。

「生きている」という知らせに、八十二歳の父親は「日本に帰って来なくとも、生きていてくれてよかった」とだけつぶやいた。七十七歳の母親は「毎日待ちつづけていました」といって、仏壇の前で泣きくずれてしまったという。実兄は、二度も現地に足をはこんだ。はじめて会ったとき、兄は男泣きにないたが、弟は何の感情もみせなかったそうだ。

ろうか。おそらく彼は人にいえぬ潜在的な恐怖の中で、暮らしていたにちがいない。日本からは逃亡兵とみなされ、フィリピンからは敵兵とされているという強迫観念は、片時も消えることがなかったろう。「日本人であること」を忘れようと思う。また忘れたいと願う。そうした自分を守るための絶え間ない抑圧が、人を記憶喪失に追いやる例はあるという。

盧二さんは妻子と、ミンダナオの山中で平安に暮らしていた。「みんながそういうなら、私は三木かも知れないが、このままフィリピンにいたい」ともいっている。いま、その心は「忘れたこと」と「忘れたふりをすること」との中間点で、微妙にゆれ動いているのかも知れない。

このニュースが示しているのは、正常な人間に記憶喪失までも強いる戦争というもののむごさではないか。(48・7・18)

冒険者たち

小型ヨットを一人であやつって二百八十日。途中どこの港にも寄らずに世界を一周しようと、堀江謙一さんが出発した。十一年前、ひとりぼっちの太平洋横断をやってのけたあの〝青年〟だが、いまはもう三十四歳。まったくタフな人だ。

　一方、前人未到の南壁をめざす日本エベレスト登山隊も、いまベースキャンプに向け集結中。観光団だけではなく、日本の冒険者も世界をかけまわっている。その人たちを命がけの行為にかりたてるのは、おそらく自分の力の限界をためしてみたいという欲求なのだろう。

　われら凡人は、残念ながらそんな壮烈さとは無縁だ。ただ、なにか未知な世界をのぞいてみたい、という気持ちなら十分に持っている。夏休みにどこかへ行きたい、と考えるのも、その気持ちのあらわれ。うだるような町の暑さから逃げ出したい、というだけではない。小旅行を思いつく時、われわれもまた小さな冒険者となるのである。

　しかしその心のときめきは、おおかた、無残に裏切られることになっている。山も海も人波と騒音のなかに埋没して、その地方に独特な風俗や暮らしぶりは姿を消した。なにか変わったものを見たい、聞きたい、味わいたいと期待した旅行者を待っているのは、全国画一の風物と料理なのである。

　交通と情報網の発達は、たしかにわれわれの住む世界を、ひどくのっぺらぼうなものにしてしまう。そんななかで秘境を求めようとすれば、もう海のまんなかか、山のてっぺんしかないのかもしれない。

だが、現代にもなお、未知の領域への探検はある。それは人間の内なる世界、ふしぎな心のはたらきを探ることだ。三日なくなった「前頭葉」の時実利彦《ときざね》教授の仕事などがそれ。そこに開かれた秘境は、まさに限りなく広くひろがって、未来の探検者を待っているのである。(48・8・4)

じゃじゃ馬姫のセンス

英国のアン王女がまた、新聞にしかられた。デイリー・ミラー紙が「王女に結婚プレゼントを贈るため、陸軍が半強制的な募金運動をやっている」と、すっぱぬいた。兵士は一人最低三十五円だが、全陸軍で一千万円をこす額になるとカミついている。

この間も、同じデイリー・ミラーが「新婚旅行は血税の乱費だ」とたしなめた。新婚旅行のヨットに、二百四十八人の海軍士官や水兵が乗り込み、一日の費用七十万円。それに借りた新居は寝室五つの大邸宅で、家賃はたったの週五千六百円。「まともな値段で家を買いなさい。お母さん(エリザベス女王のこと)は大金持ちですよ」と皮肉っている。右に海軍を切り、左に陸軍を刺し、返す刀で王室をミネ打ちだ。その筆鋒《ひっぽう》のさえが小気味よい。

芳紀まさに二十三歳。十一月に、馬のとりもつ縁でフィリップス大尉と結婚する。わがままで、活動的なお姫さまだ。「おてんば娘」「金遣いの荒い女」といわれるが、その個性の強さがまた庶民を楽しませる。車に乗れば、すぐスピード違反をやる。動物愛護団体が反対しても、平気でキツネ狩りに出かけて物議をかもす。

英自動車協会名誉総裁、野生動植物基金総裁の父親、フィリップ殿下は、ひとり娘のじゃじゃ馬ぶりに手を焼きながら、それでも満更でない様子がみえる。アンはアサヒ・ペンタックスを愛用し、結婚衣装は「英国絹よりイタリア絹がよい」と、保守的なイギリス人がどきりとするようなことを言ってのける。

はやりのミニスカートははいたが、ホットパンツが流行しても「王族の限界はミニまで」といってみんなをがっかりさせた。羽目をはずして観客を楽しませているようで、ちゃんとコースの上を走っている。このじゃじゃ馬姫のセンスには、なかなかのものがある。（48・9・5）

国鉄総裁の人選

磯崎国鉄総裁が辞表を出した。率直にいって、四年間の「磯崎時代」には少なからぬ批判があるのだが、いまはやはり「ご苦労さま」と申し上げよう。

六十一歳の磯崎さんは「とにかく疲れ果てました」と、辞任の感想をのべた。前代の石田礼助さんは、在任六年ののち八十三歳で辞めたとき「エンジョイしたよ、短かったねぇ」と笑った。毎日、千数百万人の命を預かる最高責任者であれば、それぞれに感懐はあろうが、この二つの辞任の弁がまことに対照的に思えた。

国鉄は、国民の貴重な財産だ。それが昨年度は三千四百億円の赤字を出し、積もり積もった赤字は一兆円をこえる。しかも順法の処分でまた順法、といったイタチゴッコが果てるともなくつづいている。組合員の半数を一度に処分して、経営が成り立つ民間会社がどこにあるだろうか。

何のアテもなく同じことの繰り返しをつづけるのは、無責任というものだろう。組合のいうスト権にしても、国鉄総裁に権限のないことは、分かりきっている。だがずるい政府は、自分が責任をもつべきことを、まるで国鉄内部の問題であるかのようにして、国民の目をごまかしてきた。

後任総裁を、田中首相はどう選ぶのだろうか。政府の責任のカムフラージュ役をかって出るような人物か。それとも国鉄が努力すべきことと、政府がやるべきことをはっきり国民に訴え、政府にも要求するような人物か。

「天下に人なし」というのは、煙たい人を遠ざけ、言いなりの人をよろこぶ権力者の口実になることが多い。「周公は哺《ふく》みしものを吐き、天下心を帰しぬ」という言葉がある。中国の周公は人材を求める心が強く、人が訪ねてきたときくと、食べかけた食事もノドに通さず、あわてて会いに出たという。

国鉄総裁の人選は、田中首相の器量をはかるものでもあろう。(48・9・21)

ウガンダのシャツ屋

シャツ屋の柏田雄一さんが、ウガンダから久しぶりの里帰りをした。東アフリカのウガンダに住んで、八年になる。その前は、シャツ見本をカバンに、アフリカをまわるセールスマンをしていたが、いまは日本ウガンダ合弁衣料会社の工場長だ。

柏田さんの商売がとんとん拍子にいったのは、アミン大統領のおかげといってよい。この荒っぽい独裁者は、三年前にクーデターをやり、政敵をつぎつぎに消し、外国企業を接収し、紅茶、砂糖、繊維などをにぎる英人とインド人十万人を国外に追放した。

柏田さんの会社には「シャツ工場をやらないか」と、政府からお呼びがかかった。それがいまでは、ウガンダ人六百五十人がはたらく工場となった。「景気はどうです」「売れて売れて」と、彼は真顔で答えた。なにしろ大統領命令で、大臣も大使も、この国産シャツを買わねば首がとぶ。

それにおしゃれなウガンダ人は、一万円の月給で二千五百円のシャツを平気で買い、掘っ立て小屋に住み、バナナとイモで暮らしているそうだ。「きのう電話があって、早く帰ってほしいという大統領の伝言でした」。シャツの取りもつ縁で、アミン政権に深く食い込んでいるのだろう。

「どんな国です」「緑の国だし、世界的な野鳥の国です。気温はいつも二四、五度。ゴルフ場で一日遊んで五百円。肉と野菜がおいしくて、安い。国中が日本びいきで、女性が美しいし、極楽ですよ」。「東京はどうです」「羽田におりると、たちまちノドをやられます。妻と子供をつれて帰ったときも、クサイから早く帰ろうとせがまれて困りました」。

「インド人の二の舞になりませんか」「七割の政府出資だし、こちらのモウケもその国で再投資すべきですよ」。四十二歳だそうだが、赤道直下で焼いた顔が、十歳は若くみえる。(48・10・1)

登山家の感懐

体力と精神と知力の限りをつくして頂上に立ったとき、登山家たちはどんな感懐をいだくのだろう。世界で初めて秋のエベレスト山頂を踏んだ加藤保男さんが「これが頂上か、というようなもので――」と、一見素っ気ない感想を述べていた。

三十五年前、アイガー北壁を完登した最初の人、オーストリア人ハラーも同じような感想を書いている。その瞬間「歓喜の情？　救われた思い？　勝利の陶酔？　そんなものはいささかも感じられなかった」。ただ闘い疲れていたという。

アルプスの「三大北壁」を登った初めての日本人女性、今井通子さんは、三番目のグランド・ジョラスでは吹雪に向かって大声で泣き叫びながらはっていく。開いた口に粉雪がはいる。夢中で山頂にたどりついたとき、この世に生きて「こんな幸せが他にあるだろうか」と思ったが、しばらくすると、また次の山を考えはじめている。

エベレスト初登頂のニュージーランド人ヒラリーが真っ先にいだいた感想は「もう山《さん》稜《りょう》を乗りこえる必要はないという安心の感情だった」。ところが記念写真をとると、さっそく「登頂可能なルートはないか」と、東隣の未踏峰マカルーをながめている。

百八年前、アルプス最難峰といわれたマッターホーンを初完登したイギリス人ウインパーは、ライバルのイタリア隊におくれをとったかどうかで頭がいっぱいだった。最後は、分秒を争うように頂上に向かって走り出す。「万歳、足跡がない」。南の端にかけつける。「万歳、ここにもない」。そしてはるか下の山稜に、イタリア隊が点々として目に映る。

「あちらの隊長カレルがこの瞬間に、いっしょにいることができたらなあ」。山頂の人をみて引き返すイタリア隊を眼下に、こみ上げる思いを彼の「アルプス登攀《とうはん》記」に書いている。(48・11・9)

人間ポンピドー大統領

フランスのポンピドー大統領が急死した。実は「急死」ではなく、数日前の米ニューズウイーク誌が「彼はがんであり、その肉体的生命は二カ月、あるいは二カ年もつかどうか、政治的生命は間もなく終わる」という観測を報じたばかりだった。

ポンピドー夫人は「なぜ教師と結婚したかって? 夏休みが長いから」と、かつて答えたことがある。だがその高校教師は首相から大統領になり、激務の中で「殉職」を思わせるような死をとげた。星占いによればカニ座の人は七年の周期をもつそうだが、この星のポンピドー氏は教師七年、政治家七年、銀行家七年、そのあとに首相七年(正確には六年四カ月)、だが大統領の任期七年は五年で終わった。

十年前の四月「ミロのビーナス」の公開で来日したとき、はじめて彼を見た。中背のがっしりした体格に、太い濃いマユが印象的だった。「死すべき人間よ　われは美わし石の夢のように――」というボードレールの詩を引いて美神をたたえ「いつの日か、クウダラクァンノン（百済観音）をルーブルに迎えたい」と結んだ。

西欧的教養の深さを感じさせる一コマだったが、そのあと、役所の作文と思えるわが首相あいさつを聞いて恥ずかしかった記憶がある。自分で「フランス詩選集」を出版し、抽象美術には専門家の見識をもち、記者の質問にはユーモアや詩の引用で答える人だった。

ドゴールの後継者として大統領に就任したとき、記者団に「この小さな演壇がなければ、私はごく普通のフランス人です」といって笑わせた。「偉大さには神秘さが必要で、あまり知りすぎると人は尊敬しない」といったドゴールを継承しながら、適応性の強い現実政治家だった。

彼を評して「樹木のような男。影を投げかけて、人をいつも気がかりにさせる」という言葉がある。それはフランスの存在を主張するゴーリズムの姿だったともいえる。

（49・4・4）

ヤマトナデシコ快挙

日本女性のマナスル登頂に喜びながら、喜びきれないのは一人の犠牲者を生んだことである。八一五六メートルの山頂に日の丸をかかげた隊員たちにとって、その思いはさらに重く、深いものがあるに違いない。

行方不明になった鈴木貞子さん(30)は、京都女子大を出たあと、山に登りたくてゴルフ場のキャデーをしていた。パーマもかけず、化粧もせずにお金をためていた。「嫁に行け」といわれるのがきらいで、長崎の実家にもほとんど帰らなかった。「遺体は捜さなくてもよい」と母親に告げて、あこがれのマナスルに旅立ったそうである。

こんどの女性隊十一人をみると、年齢は二十四歳から四十八歳。研究所、商事会社、福祉センターに勤める人、医師、教師などさまざまだが、山への執念はおどろくばかりだ。一人娘を実家に預けて出かけた主婦もいる。結婚式をあげたが、籍を入れる暇もなく飛び出した人もいる。

一人百万円の自己負担を都合するため、ガス会社に勤めはじめた主婦もいる。何が彼女をそうさせるのか。とにかくどんな男性も、ヒマラヤの魅力には歯が立たないらしい。

留守役の亭主族の「一種の病気と思い、温かく見守っている」「夫婦で登山をつづけたい」といった感想を聞きながら、いささかの感慨なきにしもあらずだった。

女は男にくらべ腕力も弱いし、歩幅もせまい。だから女が山を登るときは、やはり女らしく登るのだそうだ。岩にしがみついているときに男も女もないだろうが、ベースキャンプに戻ると毎日お化粧を欠かさないと、アルプス三大北壁を登った今井通子さんがいっている。女性だけで八千メートル以上登ったのは史上初めてだが、破った記録もまた、日本山岳会の渡辺節子さんの七九八五メートルだった。

謙虚さ、忍耐強さ、執念深さ。そういった女性の特性が「山の神」をなだめるのに、威力を発揮するのだろうか。(49・5・13)

三木辞任という投石

三木副総理の辞任が投じた一石は、どのような波紋を描くのだろうか。政局が動意をはらむとき、いち早くこれをキャッチして動き出す感覚は、やはり三木さんが政党人としての長い生涯で鍛え上げたものなのだろう。

彼は辞任後の記者会見で「戦前、戦中、戦後一貫して議席を持ったただ一人の国会議員」という言い方を自分にしていた。そこに少なからざる自負がこめられていたことはいうまでもない。昭和十二年に当選してから、中断されることなく議席を保ってきた。戦前は「日米戦うべからず」を主張し、翼賛選挙では非推薦で勝ち抜いた。政治家のくせにその評論家的ポーズが気になるといって三木さんを批評する人も多いが、政治資金の改革といい、公害や開発途上国問題といい、現代的な感覚と論理をもっている点では、数少ない保守党の実力者の一人だ。

戦争中、特高や憲兵隊に苦しめられたこの人にとって、戦後の「一億総ざんげ」論には大いに反発するところあったに違いない。総ざんげで、ぼくも悪かった、君も悪かった、みんな悪かったでは、戦争責任を雲散霧消させてしまう。これとよく似た論法で、参院選挙の敗北について「自民党総ざんげ」が出てきた。これが三木辞任の大きな理由になった、といわれる。

三木さんや福田さんにしてみれば、こんどの惨敗はカネと力で押しまくろうとした田中政治の姿勢が批判されたのであって、かねがねこのやり方を批判してきた自分たちまで仲間に引き入れて、みんな仲良く総ざんげとは迷惑千万というわけだろう。

これで「三角大福」の「三」は去ったが、はたして「角大福」は同居するのか、「三福」と「角大」でツノをつき合うのか。そこが政治の焦点になるだろうという。田中首相に力を貸して後ガマをねらう大平さん、中曽根さん。片や、来年の総裁選をにらんで、

内閣から出るべきか出でざるべきかの福田さん。政局は混迷の相だが、総ざんげよりはましだろう。(49・7・13)

中国政府の世代交代

周恩来首相の病状が、微に入り細にわたり、日本や欧米の新聞で報じられている。高血圧、あるいは軽い心臓病だともいわれる。重症説もあれば、軽症説もある。

最新のニュースは、訪中したナイジェリアのゴウォン元首が「周首相は最近手術をうけ、健康を回復中で経過良好だ」という説明を、中国当局者から聞いたというものだ(十六日)。外国の中国専門家は、発表される中国の指導者の動きを注意深く記録している。空港の送迎、会談、パーティーなどの顔ぶれや序列を貴重な手がかりにして、中国を分析する。

周首相が公務から一歩身をひきはじめたのが分かったのは、五月九日、セネガル大統領の宴会に欠席したときからだ。その後、鄧小平、李先念の両副首相がしばしば首相の代役をつとめるようになった。「周首相は高齢であり、あまりに多忙のため――」と、客人に釈明することが多くなった。七月五日、米上院議員と病院で会見したが、その後退院したのにまた病気療養に戻ったといわれる。

周首相は二十五年間、首相の激務をつづけてきた。友人の米記者、故スノー氏に「疲れを知らず、一見楽しそうな顔で数えきれぬくらいの大宴会に出席する」と評されるほど精力的な人物らしい。その周首相は七十六歳、壮健だといわれる毛主席も八十歳になる。一昨年、訪中したニクソン大統領に周首相は「若い人を政府に入れることを、あなた方から学ばねばならない」とうらやましがったという。

中国の党と国家を指導する二十六人の党中央政治局員の平均年齢は六十二・八歳、それも七十代、八十代に毛主席以下の実力者が集まっている。中国の指導層が、革命世代から若い世代に交代する時期と必要は迫っているにちがいない。このリストをみていると、四十代半ばから五十代半ばの年齢層がすっぽり抜けていることに気づく。日本でいえば、昭和二十年、二十三年入社組といった戦中派がいない。日中戦争の悲劇を物語るものだろうか。(49・9・21)

三木さんの三題ばなし

三木新総裁は徳島商業四年生のとき、放校処分をうけている。校内バザーの会計が不明朗だから公開せよ、と校長に迫ったためだった。その少年三木武夫が総裁になり、金脈で汚れた自民党の立て直し役になった。おそらく生まじめで、倫理感の強い人なのだろう。

三木さんについて「神風、バルカン、青天のヘキレキ」という三題ばなしをしよう。昭和十二年に代議士に当選したときは、三十歳以上という年齢制限を四十三日過ぎたところだった。全国最年少だし、どうせ落選だと御本人は覚悟していたそうである。

そのころ朝日新聞社機「神風」が東京―ロンドン間の飛行に成功し、日本中がわいていた。そこでだれかが「若いエンジン〝神風〟候補」というキャッチフレーズを考え出した。そのために当選したというわけでもあるまいが、これがたいへん受けたそうだ。

そのときから数えて当選十四回。しかも戦後の十二回を連続トップ当選という記録は、当分破られそうにない。戦後の三木さんには「バルカン政治家」というニックネームがよく使われた。民社党の故水谷長三郎代議士の造語だそうだが、小党や小派閥を率い、政界の離合集散の間をぬって生き残ってきたことを評したものだ。

折り目、折り目には、ジャーナリズムが使いやすそうな言葉をいってくれる。「男は一度勝負する」とか「私は大衆のみを恐れる」という、ちょっとキザなのもある。こういうセリフを吐いて佐藤さん、田中さんという大派閥と勝負に出るが、いつも敗残の身を味わった。

しかし、こんどの総裁選びでは勝負するつもりはなかったようだ。勝負しなかったときに初めて勝つことができたのだから、御本人のいう通り「青天のヘキレキ」だったに相違ない。十一年前、党組織調査会長として「党近代化」の三木答申を出したとき、「政治家は総理、総裁にならなければ実際には何もできません」と語っている。いまその総理、総裁になり「不人気も覚悟でやる」という。その言葉を見守ろう。

（49・12・5）

アラシにこぎ出す小舟

三木首相の初の記者会見をテレビで見た。人が変わるとこうも記者会見も違ってくるのか、という印象である。機関銃みたいな早口からとめどなく数字が飛び出す、せわしなく扇子をパタパタ、タオルで汗をふく。それが田中さんの記者会見だった。

三木さんは、いわばジックリ型。落ちついた口調で、じゅんじゅんと説得するといったタイプである。「決断と実行」が田中さんのキャッチフレーズだったが、地味な三木さんには、景気のいいうたい文句はない。強いてあげれば、なんども繰り返した「誠心誠意」か。ブルドーザーと「アラシにこぎ出す小舟」との違いである。苦渋に満ちたその表情は、期待と不安のいりまじった国民の気持ちがそのまま投影されているかのようだ。

三木さんは会見の冒頭で、その日の朝日新聞に載った重度身障者からの投書にふれた。それは、身障者の陳情に対する役人や大臣の冷たい態度に憤慨し、福祉年金の引き上げと介護手当の支給を来年度予算で必ず実施してもらいたい、と首相に訴えたもの。三木さんはこの投書に「感銘をうけた」という。そして「これからの政治は社会的公正をめざし、めぐまれない人に政治の焦点をあわせていかなければならない」と言い切った。

その言やよし、である。三木さんの人物評に、「カッコいいことをいうが、実行がともなわない」「総論は結構だが各論がない」というのがある。カッコいいことをいうのは政治家の通例で、佐藤さんも「歩行者優先の政治」などと大見えを切って、国民をガッカリさせたものだ。だが、とくに三木さんについてそういう批評が消えないのは、発言のスタイルがきわ立って立派すぎるからだろう。

これまでは反主流にいたからそれでもよかったが、最高権力の座についた以上、総論だけではすまされぬ。まずは「誠心誠意」のほどを、ジックリと見守りたい。（49・12・13）

さみしい話

「メンソレータム」の近江兄弟社が、会社整理を申請した。創立者は米国カンザス州出身のウイリアム・メレル・ヴォーリズ氏という。明治三十八年、近江八幡市の滋賀商業学校の英語教師として来日し、昭和三十九年、同市で「何の遺産も残さずに」没した。熱烈なキリスト教の伝道者である。英語の教師から、建築設計事務所、結核療養所と業を広げ、大正九年、メンソレータムの製造発売会社として、近江セールズ社を創設、後に近江兄弟社と改名した。ヴォーリズ氏の兄弟の会社と勘違いしそうだが、社名の典拠は「そは、たれにもあれ、天にましますわが父の御旨を行なう人、すなわちこれわが兄弟、姉妹、母」（マタイ伝）という、聖書の言葉にある。

利はすべて分かつためにある。分かつために、病院を建て、学校、図書館、ＹＭＣＡを作る。社内機構も変わっていた。かつては部課長といった職階はなく、給料も平等で、職種にかかわらず、子供の多い人は、それだけ多く取る。禁酒禁煙、ひたすらに清貧節制を旨とした。

ヴォーリズ氏は「近江八幡こそ世界の中心である」という言葉を口ぐせにしていた。

ヴォーリズというサインの後に、必ず丸を書き、まん中に点を打った。いまここに住むこの場こそ、自分の生命を燃やす場ではないか。それが点である。丸い輪はその心をどこまでも広げていくことを意味する。激しい企業活動も、その輪の描く渦紋の一つであったのだろう。

しろうとの、きれいごとで、会社の経営が成り立つものかと、創業の心をふり回すような経営者は、むしろ、あざけりをさえ受ける。社史を編む会社は多いが、創業の厳しく、美しい心は、むしろ否定されるために、書かれてあるようにもみえる。

近江兄弟社が傾く要因は、内部的にも複雑にあったのだろう。が、創業の心を生かそうという努力は続けられた。それを続けたが故に、傾いたのだともいう。さみしい話である。不公正の是正とは、はるかに遠い道のりである。（49・12・27）

アラブの歌

「ウム・カルスーム」という歌手を知っている日本人はきわめて数少ないと思うが、アラブ世界でこの女性歌手を知らぬ人はまずいないそうだ。五日、彼女の葬儀がカイロで行われた。「悲しみに打ちひしがれ、泣きさけぶ民衆が通りを埋めつくした」と特派員が報じている。

葬儀に参加した群衆は百万といい、四百万ともいわれた。カイロ放送は「厳粛に振舞おう」という訴えをくり返していたが、いざ葬列が動き出すと、もう抑えはきかない。警棒や機関銃をもった警官隊も、手をこまぬくほかはなかった。人々は「あなたはわれわれの胸の中で永遠に生きている」というプラカードを掲げ、涙を流しつづけていたそうだ。

彼女の歌を聞きたくて探してみたが、日本でレコードは市販されていないということだった。七十七歳で亡くなったが、二年前まで元気で歌っていた。「ヤー、ハビィビー」。「おお、わが恋人よ」と、女から男への呼びかけではじまり、一曲歌い終わるまでに一時間も、二時間もかかる。

毎月、第一木曜日にリサイタルが開かれ、そのラジオ中継は、ペルシャ湾岸から大西洋岸までのアラブ人の心をゆさぶった。アラブの政治家たちが第一木曜に重要な演説をしないのは、カルスームさんの歌にとてもかなわぬことを知っていたからだ、というウワサさえあった。

五年前のリビア革命は、彼女のリサイタルとかち合ったので、決起の日を延ばしたという。甘く、むせぶような調べにのせて、恋の苦しみや痛みをうたったものも多いそうである。「夜はふけて　目ざめるわが思い　心にうつる　あなたのおもかげ――」といった歌の訳をみると、古賀政男調のギターに合いそうな感じがする。「アラブの演歌さ」「追分といった気分だね」と、アラブ通の解説はさまざまだった。（50・2・7）

はるかなり平和部隊

一昨日の本紙論壇に、東大助手の西村俊一さんという人の「はるかなり　わが平和部隊」という投稿がのっていた。国際協力の理想を掲げた「平和部隊」の内情がどれほどひどいものかを、自分の経験で訴えている。

西村さんは大学院で「開発途上国の教育計画」をテーマにしていたが、指導教授のすすめで平和部隊を志願した。平和部隊を派遣する海外技術協力事業団、いまの国際協力事業団との間で嘱託契約を結んだ。彼は隊員の中から選ばれて「調整員」になった。隊員を指導するのが「駐在員」で、この駐在員を補佐するのが「調整員」である。

大学院を休学し、高校講師や家庭教師の仕事もすてて、渡航に備えていた。ところがフィリピン行きの予定日が来たら、事業団から派遣できないと通告された。「隊員」は免税特権をあたえられるが、「調整員」の免税特権は相手国が承認しないからだという。

西村さんは妻子を抱え、生活に困って焦燥感にかられ、ハンストをやったり、生活費を要求した。

出発予定日から三カ月たって、フィリピンから免税特権を認めるという連絡があった。その間、事業団から西村さんに支給されたのは月二万七千五百円だった。出発を心待ちにしていたら、突然、事業団から契約解除を言い渡され、この間の支度料など三十八万余円を返せと訴えられた。

解職理由は、西村さんのような人は「わが国の信用を失墜させる」というものだった。以上は、浦和地裁の判決文からの要旨である。判決は「事業団の計画はきわめてズサンだ」ときめつけた。「その態度は自己の不手際による責任にほおかぶりし、他人に転嫁するものである」といって、事業団の主張を全面的に退けている。

事業団の責任者に電話をしたら「あれは六年前のことで、現在は整った制度になりました」という返事だ。制度が改善されたことは結構だが、ひとりの人間にあたえた打撃に思いをいたす様子は微塵《みじん》も感じられなかった。（50・3・13）

「株式会社ニッポン」の社長

人の真価は棺を覆うて定まるという。もしそうであるならば、中国の司馬遷は宮刑を受け、その恥をしのんで「史記」の執筆をつづけることはなかったかも知れぬ。棺を覆ってもなお、疑問が残ればこそ「天道は是か、非か」という悲痛な言葉を吐いて、書きつづけたのだろう。歴史をもってしても、人の評価はまことにむずかしい。

佐藤栄作さんが亡くなった。佐藤政権は戦後の最長記録だったが、彼ほど人気のわかない首相もまためずらしかった。いま、棺を覆おうとするとき、その業績をたたえる声は高い。生前、佐藤政治に対するきびしい批判者だった人も、称賛の言葉を惜しまない。

一つには、死者にムチ打つ人間と思われたくないからであろう。

死者を惜しみ、悼むのは人情である。佐藤さんはよき家庭人であり、練達の政治家だった。忍耐強く、思慮深い人だった。自分が国益と信ずることのために、骨身を惜しまぬ人だった。国民に想像力を吹き込むような人ではなかったが、問題を実務的に処理し、退屈だが安定した政治の季節をつくった。

第一回のチャンスをつかまえないことを信条とする人だった。本当に大切なことなら、チャンスはもう一度まわってくる。それを待たずに、失敗したり、つまずいたりすることを恐れた。それは佐藤さんの知恵であり、そういう佐藤政治が長つづきしたのは、時代に適応したところがあったからに違いない。

鉄道官僚の出身らしく、敷かれたレールをゆっくり安全運転した。そして、それが六〇年代の日本のレールとなった。その間に日韓条約、日中問題、成長経済、沖縄返還など、多くの問題が日本の選択を迫ったが、彼は「株式会社ニッポン」の社長にふさわしい無難な道をつねに選んだ。

佐藤さんの冥福《めいふく》を心から祈りたい。しかしその哀悼と、佐藤政治に対する評価とはおのずから別のことだと考える。(50・6・4)

偉業達成の陰で

一七三センチの沢松和子さんと一五五センチのアン・キヨムラさんの二人組が、ウィンブルドンの女子ダブルスで優勝した。大と小のコンビが、コートいっぱいに走り、矢のような白い球を打ち、打ち返す。ほほえましくて、さわやかである。

四十一年ぶりの快挙だそうだが、快挙、壮挙あるいは偉業とは日本人好みの言葉のようだ。水泳古橋のフジヤマの飛び魚、日本体操陣の活躍、バレーボールの東洋の魔女、近いところでは札幌冬季オリンピックで七〇メートル級ジャンプの一位から三位までを日本選手が独占。いずれも大壮挙であったし、野球選手の三冠、競馬の三冠も、達成すれば大偉業となる。

世界一高い山に登れば、たしかに壮挙だが、登るまでに何人もの犠牲者が出ていたり、事件でもからんでいようものなら、それはもう壮挙でなくなってくる。壮挙たりうるためには、厳しい条件があるわけで、その条件は、並のことをしていては克服できない。はた目には、並のことと見えないから、壮挙だ、壮挙だとはやし立てるが、本人はどうか。沢松さんが、優勝した瞬間、キヨムラさんに叫んだのは「アイ・カーント・ビリーブ・イット（信じられないわ）」という一言だったと、本社の柴田特派員が伝えている。

昭和二十三年六月、「神宮プールで八百に驚異的記録を出した〝水の超人〟古橋選手、総立ちの観衆の歓呼の中を控室に入るとそのまま板敷にぶっ倒れた。…不意にカマ首をもたげて『まだ四百がある』と一言」といった古い新聞記事をみた。壮挙の後には「一言」と続くのが、通例のようで、自分の業績を議員さんが、べらべらと報告なさるのは、本当の業績ではなさそうだというようなことも分かってくる。

そして快挙の裏には、たいていそれを支える人がいる。沢松さんの場合なら、そのお父さんだ。自宅に照明つきのコートを作り、酒まで断って、娘の偉業達成に夢をかける。並でなくなることは、ともかく大変なことである。（50・7・8）

まれにみる能吏

宮沢外務大臣。ニューライト、つまり開明的保守派の代表選手。いつもニコニコ顔にみえる。だが目は笑っていない。丁寧な言葉で相手に話し、またよく聴く。だが心の中もそうなのかな、という一まつの疑いは消えない。

頭がよい。よく切れる、とだれもがいう。だが、にっこり笑って抜く刀は、ニューライト製かオールドライト製か。区別はつきにくい。大きな役所のビルに住んでいる方が似合う。こちら側でいっしょに暮らしている人だ、という感じはあまりしない。つまり、まれにみる能吏というべきなのだろう。

日韓問題でこの人が見せたやり方は、官僚技術型外交というにふさわしいものだった。日韓外相会談に出かけるには、金大中事件以来のシコリに、何か格好をつけなければならないと考えたにちがいない。格好でよいのだ。そこで出発前日に、韓国政府から二つの口上書をもらった。

「口上書は日韓親善の新しい出発点になる」といって、ソウルに行った。ただしその口上書を、日韓会談前に公にするのはよくないことで両国とも一致した。宮沢さんは、こういう点では韓国政府とたいへん似通った考え方をお持ちのようである。

事情にうとい国民がこれを読むと、見当違いや感情的な反発をするだけだ。会談が終わるまでは、余計な雑音をたてさせぬ方がよろしい。民に知らしむべからずとまでは言わないが、おそく知らしむべし、と考えたのであろう。一年前と何も変わらない内容を発表するのが、気恥ずかしかったのかも知れない。

その口上書とは、現場で指紋まで出た金東雲事件をうやむやにすませ、金大中氏の人権を売りとばして、日韓政府が手打ち式をやるためのものだった。「日韓は仲良くなりました」という格好を手土産に、来月二日、三木首相は訪米に旅立つ。手土産なしでワシントンには行かれません、というわが歴代首相の「美風」と申すべきなのか。

これにて一件落着、日韓正常化とは白々しい。(50・7・26)

自然

マグマ大王のお目覚め

浅間山が十一年ぶりに爆発した。大音響とともに稲妻が光った。ふもとの軽井沢町一帯は、にぎりこぶし程の火山弾が落下し火山灰が積った。火山灰は、さらさら、音をたてて降り続いた、と記事にある。

「十一年の沈黙を破って」とか「このところ、おとなしかったのに」と、まるで生きもののように火山の専門家が語っている。さいわい死傷者はなかったし、そういう火山活動の語り方を楽しんで読めた。真赤になって怒り狂う地底のマグマ大王の顔が見えるようだった。

このごろ、日本列島の地下活動は活発化している、という不穏な説がある。東北では三年前に秋田駒ケ岳が三十八年ぶりに噴火し、今は青森県の岩木山が鳴動している。南では桜島が昨秋爆発した。阿蘇山には去年の夏いちど爆発の予報がでた。これはあたらなかったが。

二百数十年も眠り続けている富士山だって、わからないらしい。一千年らい死火山だと信じられてきて、先週、大爆発を起したアイスランド・ヘイマイ島の例がある。島民五千人は全部本土に避難したが、溶岩が燃えながら住宅地のすぐわきを流れ、島全体が真二つに裂けかけているそうだ。

火山活動には大きな恵みもある。日本の美しい風光や豊かな温泉のほとんどは、火山が生みだしたものだといわれる。ところが年々の観光開発で、近ごろは噴火危険地域にまで別荘が建ち、群衆が押しかける。今度の浅間山爆発も真夏だったら無事ではすまなかったろう。

世界で約八百ある活動的な火山のうち約六十が日本に集っている。いつ火をふくかわからない気まぐれな火山の上に私たちは住んで、泣いたり笑ったりしている。（48・2・3）

開花予想

ことしの桜は、例年より三、四日早そうだ、と気象庁が発表した。これからの暖かさ次第だが、九州や四国では二十日前後、東京近辺では二十六日ごろ、一斉に咲きはじめるだろうという。

全国的に、真冬はずっと暖かだったのに、三月にかわって急に寒さが戻った。暖冬春寒という。きさらぎ寒波ともいう。光は春だが風は冬で、ちりちり刺すような北風の日が続いた。こういう時に、桜の開花予想をきくのは楽しい。もうすぐ春がやってくる。春は手のとどくところにある。

東京の桜の花芽は、かたい鱗片《りんぺん》の先が割れて、今ようやく浅い緑がのぞきかけたところだ。開花予想というのは、専門の生物季節観測員が、毎年おなじ桜の木から花芽を集めてきて、粒々の長さ重さを測ったり、気温変化を計算したりして決める。結構たいへんな作業らしい。

何のために苦労して開花日の予想をするのだろう。一体、国の機関が公的業務として花の予想をしている国が、日本以外にあるだろうか。風流、風雅もあるかも知れないが、それよりも、季節の推移をあらわす指標植物として、桜が大変すぐれているからだそうだ。

桜は、全国に広く分布している。桜はまた、そろって急激に花をひらく。だれが見ても、はっきりと開花日がわかる。桜ほど明快な自然の温度計はない。そこで古来、桜が農耕作業の開始の目印になった。都会人でも年々花の遅速を口にする。昔の農耕時代のなごりがありそうな気がする。

「春」の語源は「発《は》る」「張る」で木々の芽がふくらんでくる様子を意味するという。きのう、きょう、東京の町なかの木立にもこずえから淡い春の色が動きだしたように見

える。（48・3・5）

人工マリモのそらぞらしさ

人知は限りない。なんでも作れる。東京の商店街で、北海道の「マリモ」を売っている。阿寒湖のマリモは特別天然記念物で、取ってきたら「五年以下の懲役、禁固もしくは三万円以下の罰金、科料」だが、売っているのは養殖マリモだそうだ。

養殖は天然マリモと同じ成分だと、学者もタイコ判を押しているのだから、養殖真珠と同じようにニセ物ではない。旭川市の松村敏さんが発明した。緑藻《りょくそう》を育てるのはむずかしくないが、藻《も》を丸くからませるのに永年の苦心があった。輸出の話もすすめられている。

天然マリモは、育つのに時間がかかり、はっきりした調査はないが、波にもまれ、水にただよい、直径十センチになるには何十年かかるともいわれる。それにくらべ養殖による成長は早く、同じ十センチになるのに十年もかからない。

しかも養殖マリモは、天然より、濃緑の色合いが美しいという。形もまた天然にくらべ、完全な球状になる。色もよし、形もよしとなれば、自然は最高の芸術家ではなかったのだろうか。

阿寒湖はエゾムラサキツツジにつつまれて、これからが観光シーズンだ。毎年、百万人がマリモを見に来る。

以前は湖上の船から浮遊するマリモをのぞいて、旅情を満喫したものだが、いまは遊覧船禁止で人工のマリモ池に連れて行かれる。船を出しても、水がにごって見えないことが多いと、文化庁の専門家はいっていた。

東京では養殖マリモを手にした感触がよい、と買う人がいる。一センチ五百円の粒マリモとグッピーをタンクに入れると配色がよい、という人もいる。阿寒に行けば、マリモいっぱいの観賞池だ。都会では熱帯魚とマリモを共存させる。ただそこにあれば良しとする、人間の作り出す「自然」の、なんとキラキラとして、手軽で、そらぞらしいことか。（48・4・7）

五月讃歌

きのうは立夏。せっかちな暦は、もう夏を刻んだ。空をはいたような薄い巻層雲《けんそううん》、ふわりと浮ぶ積雲、春のおぼろ雲は下界の人間に気取られぬよう、少しずつ雲形を変え、やがて夏の入道雲になる。

このところ青葉若葉の香をはこぶ薫風が、都会のスモッグを吹きはらって、まばゆいばかりの五月晴れがつづいた。春は昼間に始り、秋は夜忍びよるといわれるが、春光はやはり若さのものだろう。「風五月少年憎きまで育ち　木犀子」。

少年ばかりではない。風に髪をなびかせて、娘たちが街をゆく。その黒髪に光があたって砕けて、見ていてまぶしいほどだ。春はいつも、最初に、光とともに訪れる。南に移った微風が、木の芽をかすかに震わせ、水の上をわたる。そのとき風はキラキラと光ってみえる。「風光る　流れを競ふ水の尖　しまえ」。

つづいて青葉の上をさわやかに吹き通るとき、風はかおり、風はにおう。やがて深緑の林を騒がせ、コズエをゆるがし、草原をそよがせる強い風となる。それは青嵐《あおあらし》であり、風青しと見立てる。だれも風を見たものはいない。だが通り抜ける風をなんとかしてとらえたい、と思う。人間は聴覚、視覚、嗅覚《きゅうかく》、触覚のありたけを使って、風の色、風の香、風の音をつかまえようとする。

五月を愛し、五月をうたって多くの秀作を残した詩人は、木下杢太郎《もくたろう》だった。「おお、五月、五月、そなたの声は、あまい桐の花の下のフリウトの音色」。五月に託して、異国情調と江戸趣味をうたい、明治末期の夢をかき立てた。「義太夫節のびら札の、藍の匹田もすずしげに、街は五月に入りにけり」。

うるう年以外の立夏は、作家の久保田万太郎忌と重なる。彼の「杢太郎　いま亡き五月来りけり」は、この五月の詩人をなつかしんで、ささげた佳句である。（48・5・7）

川の話

川が少しきれいになったという話を、ちらほら耳にする。東京の隅田川の酸素量を調べたら、高度成長前の昭和二十八年なみの水質に戻ったそうだ。放流したコイやフナが生きつづけているという報告もある。

澄江堂と号した芥川竜之介が「大川あるが故に東京を愛す」といったのは、この川である。戦後の焼け野原を流れていたときも、きれいだった。メタンガスがわいて、鼻をつまんで橋を渡るほどになったのは、昭和三十年代の末からだろう。

ところが下水道が整備されはじめたら、百年河清を待つといわれた死の川がよみがえってきた。いまは臭気もほとんど消え、黒い川はややかっ色を帯びて、何センチか下まですいて見えるようになった。

上り下りのポンポン蒸汽に人気が出て、増発計画を立てるほどだ。二、三年前には「ついに消える東京名物」とさわがれ、存続署名運動まであったのに。それにしても

「ポンポン蒸汽」「一銭蒸汽」「川蒸汽」と呼ばれた愛称を、なぜ「水上バス」などという気のきかぬ名にしてしまったのだろう。

大阪市役所の入口に、フナを何匹か泳がせている水そうがおいてある。市東部の住宅、工場地区を流れる城北運河でとれたものだという。この運河も七年前まで死の川だったが、昨年までに両岸を百％下水道にした。最近は、低い数値ほどよいＢＯＤ（生物化学的酸素要求量）が一〇〇ｐｐｍから五ｐｐｍに下がり、そろそろ魚つり場を作ろうかという話さえある。

ロンドンのテムズ川では、年一回、市主催のつり大会が開かれる。ウォータールー橋からツリ糸をたれ、つった川魚、海魚の合計を発表するが、その数が年々ふえていくのがロンドンっ子にはうれしい話題となる。「いずれ隅田川でもやってみたら」と提案したら、東京湾が汚い限りとても見込みないという東京都の答えだった。（48・5・10）

「うりずん」とオニヒトデ

海の向うから来るものを、いつも丁重に迎えるのが沖縄の歴史だという。神さえも、沖縄では海から訪れる。年に一度、浜辺に集って、神を迎える祭をする。むかし海のはてから船がくると、村中総出になって、浜辺で歓迎した。

天然痘が沖縄にはいったとき、島人はこれに「ちゅらがさ」という名をあたえた。「ちゅら」とは清らで美しいこと、「かさ」はデキものの意味である。アバタで醜くなった人の悲運に対して、島人が抱く怒りとやさしさが、この言葉にこめられているように思う。

沖縄を見た人は口をそろえて、海の美しさをいう。初夏、大地がうるおうころを「うりずん」と呼ぶそうだ。「うりずんうりずん」と口にしながら歩くと、「突然、白ゆり、黄、むらさきの小さな花の咲き競う岬が魔法のように現れたりする」。そして「白鳥の飛立つ干潟のむこうに淡いめろん色の海がある」という(辰濃和男「りゅうきゅうねしあ」)。

沖縄の海の美しさは、遠浅の海のサンゴ礁が南国の太陽に反射して作り出される。だが数年前、オニヒトデが南から侵入してきた。このヒトデは群生するサンゴの上にべったりと食いつき、胃袋を出し、胃液をぶつけて、やわらかにべろべろとなめつくしてしまう。

オニヒトデが通りすぎたあとのサンゴ礁は、まるでセメントの粉をまいたように、死体となったサンゴのクズばかりの「白い墓場」と化す。サンゴを殺すのはヒトデだけではない。廃油のタールがこびりついて窒息させる。観光客が鉄棒でへし折り、石けん水にひたして土産にする。

　沖縄は外来者に温かい手をさしのべ、そしていつも裏切られてきた。薩摩藩も、日本軍も、アメリカ人も例外ではなかった。われわれもまた、あの不快なオニヒトデになろうとしてはいないか。きょう沖縄復帰の日に、そのことを思う。（48・5・15）

梅雨のことば

　北国では残雪を分けて、まだ咲こうとする山桜もあるのだろうか。南では沖縄、奄美大島、小笠原がすでに梅雨にはいった。いつも梅雨前で心配されるダービーは、今年は文句なしの好天に恵まれた。

「五月晴れ」というので、五月や六月に快晴が多いのかというと、そうでもない。過去九十二年間の「五月二十八日」をみても、晴れ二十三日、くもり三十三日、雨と雷雨三十六日だ。日が長く、気温が心地よいので、うれしい日和がことさら強く心に残るのだろう。

　もしその逆に、ゆううつな日ばかりが記憶に残るよう、人間が造られていたらと思えば、神の恩寵《おんちょう》に感謝しなければなるまい。天気の合間に、しとしと降る雨を「卯《う》の花くたし」という。あの可憐《かれん》な卯の花をくさらせはしないかと、ハラハラする気持をこめた優しい日本語だ。「卯の花くたし」は、やがて来る長雨の予告でもある。

俳人芭蕉が「漂泊の思ひやまず」、江戸の芭蕉庵から「奥の細道」の旅に出たのは、五月十六日だった。おそらくそのころ、梅雨前線は沖縄から小笠原に張出していたにちがいない。北に向う芭蕉を、梅雨が追いかけていく。

芭蕉が梅雨につかまったのは、福島を過ぎた六月十八日だから、ちょうど東北の梅雨入りに符合する。「雨しきりに降りて、持病さへおこりて、消え入るばかりになん」と、気落ちのさまを書いている。が、やがて梅雨も俳聖の手にかかって、「五月雨の降りのこしてや光堂」「五月雨をあつめて早し最上川」の名句となる。

梅雨が天下を決めたのは、桶狭間の合戦だ。今の暦で六月二十二日、風雨をついて大バクチに出た織田信長の勝利は、梅雨後期の集中豪雨のおかげだった。「雨のひねもすうつむける牡丹散るべけれ　山頭火」。(48・5・28)

鮎を食べずに鮎を書く

鮎《あゆ》、夏なり。毎回世を嘆き、政治をやっつけるシカメッつらの筆も気はずかしく、きようは鮎の話を少々。佳魚薄命というべきか、鮎の命は短い。ワカサギ三年、マス四、五年、ニシン八、九年の寿命といわれるのに、鮎は「年魚」で、一年しか生きられない。秋、川で生れ、冬、海で育ち、初夏、川を上り、秋、海に帰って死ぬ。

姿は清げで、身太く、腹小さきがよしとされる。急流に住み、水苔《みずごけ》で育つ。水底でひらりと反転しながら、一瞬、石にはえた藍藻《らんそう》、珪藻《けいそう》を歯でかきとる。そのさまが軽やかで、涼しい。苔石の上に柳の葉の形となって、筋をひいたこの「はみ跡」を手がかりに、つり師は鮎を追う。

鮎、塩焼にしかず。踊り串《くし》に刺し、できるだけ高く手をかざして、ぱらぱらと塩をふる。いろりの火のまわりに串をならべると、なお川を上る勢いだ。ヒレが開き、尾が立ち、こんがりと焼けるそばから、頭も、ヒレも、ワタも食べる。香気、渋味、苦味は「香魚」と呼ぶにふさわしい。

鮎の塩焼に、目のさめるような緑のタデ酢はつきものだが、「塩焼だけの素朴さがよい」という通もいる。「塩だけでは間がぬけた味だ」という人もいる。清流のあるところ日本全土にいるが、京都の人は保津川が一番だといい、東京の人は多摩川だという。

中京では長良の鮎に味方する人と、「揖斐《いび》の鮎は、第一、顔つきから締りがある」と、ひいき筋もいろいろらしい。川の流れや苔の具合で味がちがうのかも知れぬが、新鮮な鮎はどれもおいしい。

東京のスーパーでは、太っちょの養殖鮎が一匹百五十円見当だそうだが、つり好きの人がいる家庭か、料亭にでも行かぬ限り、天然鮎はなかなか口にはいらない。鮎を食べずに、鮎を書く。鮎を恋うる話になってしまった。(48・6・4)

地震予知と対策

根室沖地震の写真をみて、あの黒々とした地表の裂け目は、気持のいいものではなかった。ワラをもつかむ思いといっては、相手がワラになってしまって失礼だが、専門家の説に耳を傾ける。「予知していたところ」「十分予想できた」と聞かされる。

われわれシロウトでも、地震の予想は十分している。しかし、いつ、どこで起るかは知らない。その点では専門家も大差ないらしい。それだけになおさら、その苦衷のほどがよくわかる。「大地震は必ず起る」といいながら、一方で「それほどこわがらなくてもよい」といって、不安を静めなければならない。

「天災は忘れたころやってくる」などというのは、古き良き時代の話で、都会に住む人は絶えず潜在的な恐怖心にとりつかれている。木更津市で起った「六月十一日大地震」は、そのよい例だ。ある小学校の校内放送で「十一日に大地震があるという人がいます」と子どもが放送したのが、木更津をゆるがすことになった。子どもを休ませる親もいたし、折りヅルを作って祈る子もいた。デパートでは、貯蔵用のカン詰やカンパンがよく売れた。遠く離れた館山市でも、懐中電灯を買う人が多かった。とうとう地震学の権威、萩原尊礼《たかひろ》さんを招いて「ナンセンス」だと話してもらい、パニック状態を鎮静させるほどだった。

天気予報のような地震警報は、いつ実現されるのだろうか。「今世紀中だ」「いや来世紀だ」と諸説あって、それもまた予知できない状態にある。「予知」と「大震災」と、どちらが早く来るのか。それに予知ができたとして、それでどうしたらよいかを考えると空恐ろしい。

地震は地面の下の天然現象だが、災害は地面の上にいる人間の話である。予知と対策は別のことだ。（48・6・19）

「天の配剤」のむずかしさ

神は知恵をしぼって、万物の調和に心をかけているのだろうが、夏の豪雨はその出来のよい作品といいかねる。雨の降りようは、ひでりも困るが、さりとて降りすぎてもいけない。そのほどの良さが、しばしば全能の主の手にあまるようだ。

この夏は、観測はじまって以来の異常少雨といわれている。全国的な干天つづきで、都会も農村も、ノドから手が出るほど雨をほしがっていた。そこに三十一日未明、待望の雨があった。慈雨となった土地もあったが、過ぎたるは及ばざるが如しで、北部九州では無情の雨となった。一〇〇ミリ、二〇〇ミリの豪雨で、死者、行方不明二十九人を出している。

典型的な夏の集中豪雨で、バケツをひっくり返したような短期決戦型である。局部に集中する「私雨《わたくしあめ》」の特徴ももっている。天地万物をうるおすことなく、そこの田畑だけに降る気ままな雨だ。元来、夏の雨はむら気で、「馬の背を分ける」などといわれる。背を境にして、右の腹はぬれ、左の腹は乾いているというのは少々オーバーな表現かも知れぬが、感じはよく出ている。

この夏は、たいへんな暑さつづきだ。七月の東京では、三〇度をこす日が十一日間連続した。宮沢賢治の詩のように、寒さの夏はおろおろ歩かねばならないから、暑くなければ困るが、それが水不足と紙一重にある。雨もほしいのだが、これもまた豪雨災害ときわどい関係だ。

「天の配剤」の妙も、ちょっと手元が狂うと、天恵と災害のどちらにころぶか分からない。しかし北部九州の場合、そう言いきれるのかどうか。下水道や河川を整備せず、森林を乱伐し、「建てて天にいのる」ような宅地造成のやり方に責任がなかったのかどうか。

「恨まれるのはお門違いだ」と、造物主は迷惑気でござるかも。（48・8・1）

ドッグ・デーズ

「いうまいと思えどきょうの暑さかな」で、「暑い」といえば、また暑くなる。夏のさかりを、英語で「ドッグ・デーズ」つまり「犬の日々」というのだそうだ。

犬がヨダレをたらして発狂するばかりの暑さ、という説。大犬座のドッグ・スターことシリウスからきたという説もある。全天で一番明るい星シリウスは、夏の昼は太陽と空を渡る。太陽とシリウスがいっしょになって照らすから暑いのだ、と昔の人は考えたようだ。

日本にはじめてきたイギリス人が「あつい、あつい」というので、「冬の寒さも格別です」と説明したことがあった。ヨーロッパの大部分は、日本の北海道以北に位置しているので、暑さを「熱帯」と結びつけて、文化度を低くみるという先入観が強い。

日本紹介の絵に雪景色を盛んに使うのも、そのイメージを払うためだ。フジヤマの雪は知っていても、赤道直下のキリマンジャロにも雪があるわけだし、やはり町や田舎に雪が降らないと「ああ、文明」とは思いにくいらしい。

「ドッグ・デーズ」に「進歩発展のない日々」という意味があるのも、暑いときに進歩はないという考え方があるからだろう。「繰り返す化学工場の火災」「またフェリー事故」という記事は、申し分ないほどドッグ・デーズにふさわしいニュースである。年々歳々、反省してはまた同じ事故を繰りかえす。まことに「進歩発展」がない。

暑さといえば、明治三十二年の新聞に「金十銭以下の避暑法」という投書が出ているそうだ。「神社で半日くらす」「公園で本を読む」などとある。一九七三年に「金千円以下の避暑法」はないものか。「パチンコ屋で半日すごす」のも、空の財布で外に出たときの熱風がこたえる。「コーヒー一杯でがんばる」のも、「お下げします」とすぐいわれるので、いささかの勇気がいる。（48・8・14）

秋の連想

枯れたと思っていたはち植えのモミジの枝に、丸いつぶの葉がいっぱいについた。風はもう夏ではない。小雨が降り、雨雲の去った空の青さももう、夏空の青ではない。

雑草の緑も、色あせてみえる。にくらしいほど伸び、はい回り、荒れ狂った草も、この風に勝てない。つみ捨てた草を取りのけてみると、土は黒くしめり、そこにきまったようにコオロギがいる。細いヒゲを振って驚いている。

秋は、塔が美しいという人がいた。法隆寺、薬師寺、東寺。堂塔の線が、光の中でぼけない。背景に染まらず、にじまない。だから山の姿も、秋がいちばん美しい。いろいろな人に「秋」から連想するものを問いかけてみたが、この塔という連想を除いて、あとはごくありきたりであった。

「なんとなく、じゃまくさい」がはたち過ぎの娘。三十代の男は「みかん」「菊花賞」などと、即物的で、四十代は「さあー」と答えがない。五十代は「味」と答えて、勢いこんだ注釈がついた。

秋ナスという。夏のナスは暑さにまける。秋が立ち、涼しい風に結ぶ実は、肉がしまる。魚、野菜みな同じ。「それが自然の恩寵《おんちょう》だ。人間も夏にまける。体力が衰える。秋の、物のうまさは、それを存分に食べ、衰えた体力を回復させようという、自然の恵みだ。その調和を、人間がこわす」。

それにしても暑い夏だった。ヨーロッパを旅行してきた友人は、向こうも日本なみの暑さで、ホテルにクーラーはなく、のどがかわき、生水は飲むなというのでジュースを飲みすぎ、みんないっせいに腹をこわし……と、暑かった話ばかりをする。

数日前、庭でツクツクボウシがないた。セミの声を聞いても「セミがうらやましい。オスがないてメスは黙っている」などと、即物的なのもいる。（48・8・25）

どうしたハタオリドリ

巣づくりのシーズンなのに、ハタオリドリの便りがまだ届かないと、鳥好きの人たちが気をもんでいる。去年は九月下旬に、千葉県行徳の埋め立て地の松林で、ぶら下がった袋のような独特な巣が見つかったのだが、今年はどうしたのだろうという。

ハタオリドリは日本の鳥ではない。南アジアの五種類をのぞくと、約百種類がすべてサハラ砂ばく以南のアフリカにいる。はるばる日本に渡ることは考えられないので、ペットに輸入されたのがオリから逃げて、日本をうろついているのだろう。千葉で見つけた巣には、オス一羽とメス二羽がいた。いっしょに逃げたのだろうか。それとも放浪中に、たまたま同族にめぐり会えたのだろうか。

その名のように、この鳥は精巧な巣をつくる。繁殖期になると、オスはオレンジや赤、黄の美しい羽色に変身し、葉や草を手順よく編んで、丸いつり巣を仕上げる。中に柔らかい草の葉を敷いてから、メスをマイホームに案内する。

「天井がちょっとうっとうしいわ」。そういわれるのかも知れない。せっせと、もう一つの巣を作ることもある。メスは新居がお気に召すと、中に鎮座して、インテリアをちょっと手直しするだけだ。ここで産卵し、ヒナを育て、一家そろって飛び立っていく。

千葉で見つけたのはスズメほどの大きさで、オスは黒ズキンをかぶったような頭をして、胸は燃えるようなオレンジの衣装だった。二羽のメスがヒナを育てていたが、一夫多妻なのか、二番目のメスは産卵のヘルパーに雇われたのかは、よく分からなかったそうだ。

それにしても故郷に帰れぬハタオリドリたちは、今年は人知れぬ場所で巣づくりをしたのだろうか。あるいは寒い冬を越せなかったのか。農薬で死んだ虫をたべて、異郷で命を落としたのかも知れない。（48・10・9）

コホーテクすい星

チェコスロバキアのコホーテク博士の名は、いまや世界に知られるようになった。今年の三月七日、彼が勤め先の西独の天文台で発見し、その名を取った「コホーテクすい星」が、今世紀の代表的すい星になるかも知れぬといわれているからだ。

このホウキ星は、次第に尾を長くしながら、今月二十八日に太陽に一番近い位置にくる。日本でも数日前まで見られたが、その後太陽の向こう側にかくれ、一月五、六日ごろ再び姿を見せるはずだという。「今世紀最大」になるかどうかは分からないが、米誌「タイム」が米国のコホーテク熱を紹介していた。

まず英国の豪華船「クイーン・エリザベス二世」号が、ニューヨークから「コホーテク先生との旅」をやった。千六百余人の天文マニアが、毎朝、薄明のデッキで観察する旅だった。「すい星飛行」もあって、カリフォルニアからアリゾナへと、世紀の星を見に行った。

すい星は太陽に近づくと、太陽熱でガスを発し、それが尾を引いた光となってみえる。大すい星として歴史に残っているのは、ドナチすい星だ。一八五八年、ヨーロッパに現れたとき、そのシッポは大空の端から端まで輝いていたといわれる。

すい星を不吉な前兆としたのは、古代人ばかりではない。一九一〇年のハレーすい星のときはシッポのガスが地球に達して、人類が滅亡するといわれ、米国では防毒マスクがよく売れた。こんどのコホーテクでも、その熱で地球上の石油が燃え上がるという予言者が米国に現れた。「十二月二十四日発銀河横断飛行」の切符を一枚十ドルで売っているそうだ。

すい星と地球の大衝突というのは空想科学小説でおなじみのテーマだが、専門家によ

ると、二億年に一回の確率になる。天に異変ありと人が恐れるのは、地に不安があるからだろう。（48・12・21）

五十五頭の銃殺

北海道登別の観光クマ牧場で、五十五頭のヒグマを射殺した。石油不足のためだ、と経営者はいっている。重油がないので、牧場のへイぎわの融雪装置が使えない。雪がつもってクマが乗りこえやすくなった。仲間ゲンカで獣舎に入らないクマは殺さなければ危険だ、という説明である。

これには批判の声もある。クマがふえすぎてエサ代に困ったのではないか。客寄せでふやし、ふえすぎたから射殺するのは得手勝手にすぎないか。「石油不足」を錦《にしき》の御旗にして、経営合理化をはかったフシがないかという意見だ。実情を知らずに判断したくはないが、五十五頭の銃殺まで、どれだけ手をつくしたかを知りたい。

たとえば、動物園などの引き取り手を真剣に探したのかどうか。ヘイを改良する余地はなかったのか。オス、メスを隔離するような方法では解決できなかったのかどうか。年に百万人もの観光客を集めて「かわいい、かわいい」と思わせ、数が多すぎたから処刑というのに、どうもひっかかるところがある。

しかしヒグマが生易しい動物ではないことは確認しておく必要があるだろう。日本で最大の、そして一番恐ろしい猛獣である。北海道開拓が、狂暴なヒグマで血ぬられた歴史でもあったことは、だれでも知っている。戦争中の空襲にそなえて、上野動物園で最初に殺したのはヒグマだった。

たいていのヒグマは秋の間にたらふく食い、マブタがふさがるほど肥えてから穴ごもりする。栄養をつけておかないと、冬眠中に死んでしまうからだ。ところがたらふく食えなかった要領の悪いヤツが、冬の間も雪中をうろつく。「穴もたずグマ」というそうだが、飢えているから気が荒く、人畜を襲う。

クマがあわれだというだけでは危険だが、この集団処刑は人事をつくしてのことだったのか、それともクマ産業のクビ切りだったのか。(48・12・24)

真の「自然に帰れ」とは……

正月の新聞を読み、テレビを聴きながら、そこに出てくる「自然」という言葉の多さに気づいた。自然で、単純な生活に戻らねばならぬ、自然を軽視することは、自然の一部である人間を破壊することになるという論旨である。

「自然に帰れ」といったのは、フランスの思想家ルソーだ。大昔は、人間がもっと平等で、幸せだったといった。そのルソーに、思想家ボルテールが手紙を送った。「あなたの本を読むと、ひとは四つ足で歩きたくなります。でも私はその習慣をなくして六十年になりますので、不可能なことです」。

この二つの考え方に、人間の理性と感性がよくあらわれている。ルソーが昔を愛惜したのは彼が詩人であったからで、実際に大昔の生活に戻そうと考えたわけではなかった。「自然」を美しく描くことによって、社会の腐敗を批判したのである。

週刊朝日の新春号で、俳優小沢昭一さんは「日本人はみんなチョンマゲで生活し、日本へ行くと原始社会が見られるぞ、というくらい成り下がることだ」といっている。経済評論家坂本二郎さんは「そういう村にはちょいちょい行ってみたいが、一生そこにいようとは思わない」と反論していた。

破滅派の小沢さんはわざと極端な言い方をして、その直観の中にある本質を示したかったのだろう。未来派の坂本さんはそれを重々承知のうえで、「自然」とはそんなロマンチックなものではないことをいいたかったにちがいない。たまに温泉につかりながら「田舎はいいな」と思うほど、「自然」という現実は生易しいものではあるまい。「自然に帰れ」という言葉に詩的真実は感ずるとしても、いまさら四つ足には戻れない。

多分、われわれが間違っていたのは、自然に帰らぬことではなかった。自分本位で考え、暴走し、モノさえあればなんでも解決できるような錯覚に陥ったことだろう。（49・1・4）

なぜ雨は流れないのか

台風が過ぎて、空は美しいが、まだ油断はならぬという。本当にこわい台風は九月末から十月にかけてくる。と聞けば、日本の備えは何とも心もとない。災害を大きくする原因が、山ほどある。

集中豪雨が降る。異常な雨だったから、民家が、鉄道線路が浸水した。列車がとまった。雨が異常だから、どうにもしようがないと、なかばあきらめの形である。しかし、これはおかしい。流れねばならぬはずの雨がたまってしまうのは、それなりの理由がある。

台風十八号で国鉄西明石駅が浸水した。連続一六〇ミリという豪雨だった。駅に沿って幅、深さ一・二メートルほどのみぞが走っているが、たちまち水があふれた。上の方の民家で出したあらゆる種類のゴミがみぞに流れ、排水口をつまらせ、線路上にゴミがつもる。それを取り去る保線区員の努力はなみ大抵ではない。

同じ台風で、大分市の草場、大道地区の約一千戸が水につかった。住民の話では、地区内に作られた陸橋が原因だという。それは高さ約十メートル、長さ二百メートル、四車線で、国鉄日豊本線をまたいでいる。降った雨は、両わきの排水路で処理しているが、この排水路が十年前の暗きょで、直径三十センチしかない。巨大な陸橋に大雨が降れば、それはまるで滝である。その水をはかせる所がなければ、下は当然、池になる。

国鉄西明石駅では、上の民家にゴミを流さないようにしてほしいと、再三にわたって「お願い」して来た。陸橋について、大分鉄道管理局では「陸橋で道を高くすれば、当然、まわりの住宅に水は押し寄せる。万全な排水施設を設けているとばかり思っていた」という。

豪雨だから、水につかるとあきらめるのは飛躍である。水が出れば、必ず理由はある。知られなかった理由なら知る努力をすべきだし、知られていた理由なら、すぐにも手直しが必要である。それをしないのを怠慢という。（49・9・11）

青天の氷撃

おととい の午後、千葉県茂原市の水田に、直径三十センチの氷塊が降ってきたという。シュルシュルと追撃砲のような音がしてドスン。田の泥がとび散るのをみた目撃者もいることだし、一メートル半も地中にめり込んだというのだから、天から降ってきたことは間違いないらしい。

三木さんの首相就任は「青天のヘキレキ」だったそうだが、これは「青天の氷撃」だ。犯人についての推理をめぐらせば、ヒョウとは考えられない。巨氷の記録は「こぶし大」や「タマゴ大」までがせいぜいで、三十センチのヒョウはあり得ない。

もっとも一九三四年、中国の甘粛省で「長さ二丈（六メートル）、幅六・七尺（二メートル）、厚さ三・四尺（一メートル）」の氷が降ったという記録がある。例の「白髪三千丈、後宮三千人」式の中国流表現かも知れない。あるいは、氷河の氷塊が竜巻で吹き飛んできたのかも知れない。

ヒョウではないとすれば、飛行機説が有力となる。去年の五月、大阪で、砲丸投げの球のような氷塊が天窓を破って降ってきた事件があった。警察の分析でアンモニアなどが検出されたので、飛行機のトイレの汚水だろうと推定されたのだが、航空業界は「常識では考えられない」と否定した。

結局、うやむやの迷宮入りで終わったらしい。こんど氷塊が落ちた場所は羽田発着のコース上にあり、五分おきに飛行機が通っているというから、犯人はこの辺がどうも臭い。だが相手は時速何百キロの逃げ足だし、容疑者を特定して捕まえることはむずかしい。

それにしても危険な話である。ヒョウの落ちてくる秒速は直径五センチで三十メートル、十センチになると五十メートル以上の速さだからピストルなみの凶器となる。飛んでいるハトがヒョウに切られ、血のしたたる首が落ちてくることもある。

千葉の氷塊は重さ四十キロだから、万一あたったらひとたまりもない。「証拠品」はどんどん融けていくだろうが、事件の方はそうあっさり氷解させずに、航空会社の再点検を願いたい。（50・2・21）

愛鳥週間

十日から「愛鳥週間」がはじまっている。「愛鳥週間」は、二十五年前につくられた。

戦後のすさんだ人心をいやすためだったが、いまは少々ちがった意味もある。鳥が住めなくなる世界は人間が住めなくなる世界の前ぶれだ、と反省する機会でもある。

鳥好きのヨーロッパ人にこういう週間はない。愛鳥の「習慣」があれば、「週間」の必要はないというのだが、しかし日本人はもともと鳥を愛する国民だった。ペルリの黒船が下田にきたとき、群がる野鳥をアメリカ人が撃つので、みんながマユをひそめた。このため日米和親条約の付録に「鳥獣遊猟はすべて日本において禁ずるところなれば、亜米利加人もこの制度に伏すべし」という一項をつけ加えたそうだ。

芭蕉が「奥の細道」の旅に出たのは、今の暦で五月十六日。愛鳥週間の最終日にあたる。「行春や鳥啼魚の目に泪《なみだ》」の一句を物して、江戸を後にした。鳥が鳴くのはよいが、「魚の目に泪」がむずかしい。芭蕉の足の裏に「魚の目」があり、歩くとその痛さに涙が出た、という珍解釈もある。本当は、池の魚が、昔住んでいた自由な淵《ふち》が忘れられず涙を流す、という意味だそうだ。

鳥といえば、気象庁気象官の倉嶋厚さんの随筆「二羽のカナリア」がおもしろかった。同じカゴに飼っていたが、片方がいつも優位に立っている。エサも水も威張って口に入れ、高いブランコにとまる。片方は相手にゆずり、低いとまり木で寝る。ある日、ツメを切ろうと思って、バタバタ逃げまわる強いカナリアを捕まえた。その日から序列が逆転し、弱い方がブランコで寝るようになった。

そこで急に威張りだしたカナリアの方もつかまえてみた。すると順位はまた、元通りになったという。カゴの中という同じ虜囚の身でありながらそれを思わず、俘虜《ふりょ》のはずかしめを知るとすればあわれである。（50・5・14）

文化

コーラとロックが子守りうた

米国の名門ハーバード大学にいる娘さんが、先日あこがれの日本にきた。夢にみた京都、奈良の古寺をまわり、日本の美しさと静けさを満喫していた。

ところが二、三日すると、どうしたわけか、昼すぎに必ず猛烈な頭痛が襲ってくる。アメリカでは、そんなことはなかった。「コカ・コーラを飲まないせいかも――」とまず考えたのは、いかにもアメリカ人だ。そこで毎朝一本、午後二本とコカ・コーラを飲みだしたが、割れるような頭痛はやや和らいだものの、相かわらず時計のように正確にやってくる。

「きっとロックを聞かないせいだ」と、ふと思ったそうだ。さっそく京都のディスコテックにとび込んだ。体を振りまわしながら、エレキの大音響にひたったら、翌日、ケロリとなおってしまったという。この娘さん、コカ・コーラを飲み飲み、エレキを聞きながら、古寺巡礼をつづけている。

「音響欠乏症」という病気があるかどうか知らないが、彼女の場合、頭の中ではいくら「東洋の静寂」をあこがれても、首から下がいうことをきかない。ゆすらないと寝つかないクセのついた赤ん坊と同じで、「音のハンモック」で絶えず振動をあたえておかないと、体のリズムが狂ってしまう。

都会の盛り場から静かな郊外に引越した人は「最初は、静けさが耳についてねむりにくい」という。来日した英国の人気歌手トム・ジョーンズが、腰をひねり、汗をとび散らして歌いだすと、満場は体をゆすりながら陶酔していく。あれも目で酔い、耳で酔うということだろう。

騒音と音楽をいっしょにするのは、ロック・ファンには申訳ないが、大音響はわれわれの神経組織を変えているのかも知れない。このままいくと、「騒音、汚染、過密がないと体の調子がおかしい」と訴える人さえ、出てくるのではないか。(48・3・1)

祭の復活

東京三大祭の一つ、浅草の「三社祭」を見た。北原白秋が「わっしょい　わっしょい　祭だ　祭だ　背中に花笠　胸には腹掛」とうたったように、威勢がよくて、いかにも祭らしい祭である。また夏をつげる、気の早い江戸の風物詩でもある。

お手を拝借。「イヨーッ、シャン、シャン、シャン、シャン」。もろはだぬいだ若衆も、浴衣姿の娘さんもほおを赤くし、陶酔の面持ちだ。境内の露店がカルメ焼、ベッコウアメ、ラムネ、わた菓子をならべて、客を呼ぶ声もなつかしい。

三社祭の人出は、二年前の二十万人から今年は五十万人にふえた。八月中旬は徳島の阿波踊りだが、ここも昨年の人出が「踊るアホウ」延べ十二万人、「見るアホウ」延べ百二十万人と空前の記録をつくった。写真家の秋山庄太郎さんは阿波踊りを「やけっぱちの面白さ」と評したそうだが、三社祭にも忘我夢中のエネルギーがあった。

「ゴーゴーは孤独な都会砂ばくで踊っているような気持だが、お祭には人間の連帯感がある」という、若者の感想も聞いた。だがミコシを見る人はふえても、かつぎ手は相かわらず人手不足のようで、東京にはミコシをかつぐ有志団体まである。東京の柴又八幡でも一昨年までは、ミコシを車にのせてパレードするという、柴又の寅さんが聞いたら涙をこぼしそうな状態だった。

京都祇園祭の山鉾巡幸は学生アルバイトも使うので、ホコがのろのろ、よろよろで気合がはいらないと嘆く人もいる。それにしても祭は、なぜ復活してきたのだろう。「ご町内のみなさん」と顔役が呼びかけ、人々がそれに聞入るときに、共同体への郷愁がふたたび人々の心に芽ばえはじめたことが感じとれる。

大きな祭が観光用のショーになってきたのは事実だが、その底にはもう一つ、合理主義への深い喪失感がかくされているのではないか。(48・5・22)

何をもって「反社会的」なのか

幕末に黒船で日本にきたアメリカ人は、日本人の男女混浴に「なんと、わいせつな人たちか」とおどろいている。当時、アメリカに渡ったジョン・万次郎は、はだもあらわなアメリカの婦人に「男女間がだらしない」と書いた。

当時の日本で、男女混浴を問題にするものはいなかったが、アメリカ人には反社会的な行為にみえたわけだ。婦人が両肩を出すのは、日本では反社会的だが、アメリカでは優雅な装いだった。「社会的」か「反社会的」かは、所によっても、時代によっても、人によってもたいへんちがう。

こんど映倫が、ポルノ映画を審査するため「反社会的テーマ」という、新しい物差をつくった。誤解のないように説明すれば、反社会的な映画はパスさせない、といっているわけではない。反社会的なテーマをもつ映画では、性場面はとくに厳しくみるという意味だ。

つまり同じような性描写でも、制服の女学生にふんした場合は、他の場合ならパスするものも、厳重にやりますということらしい。では、何を「反社会的」とするのかと聞くと、別段の定義はないという。だれが「反社会的」と決めるのかと聞くと、「高橋誠一郎委員長の個人的見解を採用した」という。

妙な話だ。映倫という民間の自主機関が目付役になることに反対はしないが、その大切な審査基準に、外部に説明すべき定義さえないというのでは、物言いをつけたくなる。当年八十九歳の高橋さんは、浮世絵の研究家として知られた経済学者だ。

浮世絵は、その「反社会性」のために、幕府の弾圧を受け、色の数まで制限されたこともあった。豊国、歌麿は入牢《じゆろう》手ぐさりの刑を受けた。天保年間のように禁令が厳しく、絵がしなびてしまった時代もある。生かすも、殺すも委員会の胸三寸とは、ちと聞えませぬ。(48・6・21)

骨まく理由

海が汚れて、魚も満足に食べられなくなった。文字通り味気ない時代だが、対岸のアメリカ・カリフォルニア州では、その海へ、死者の遺骨を捨てるという風習が、年々、盛んになっているそうだ。

遺体をそのまま海に葬る水葬は昔からあるが、これは、いったん焼いて灰にした遺骨を、飛行機で空から海上にばらまく。いわば空葬といったもので、昨年だけでも、四千五百件近くが実施されたという。いかにも合理主義の国らしい。

日本では仏教の影響もあって、いまはほとんど火葬にした上、お墓に納骨するという形式だが、昔は必ずしもそうでなかった。焼いたあとの骨を、山野にまき散らした風習もあったことは、万葉集巻七の挽歌《ばんか》の中にも歌われている。海と陸の違いはあるが、骨をまくという空葬的発想は、日本の方が先だったようだ。

もっとも、アメリカの空葬急増は、合理主義的国民性のほかに、葬儀料が高すぎるという経済的理由にもよるようだ。空葬では火葬料（約二万二千円）と飛行機代（六千五百円）ですむし、墓地もいらない。これが普通の葬式をやるとなると、並みクラスでも四十万円近くかかる。

だが、葬儀費用の高いことなら、日本の方が上だろう。葬儀屋に頼めば、アメリカぐらいの料金はとられる。また、日本では通夜だとか法要だとか、宴席に類する行事がつきまとい、費用が大変だ。おまけに墓地難はアメリカどころでない。先祖代々の墓ももたぬ庶民は、アパート式お墓の一区切りでも買うのがやっとだ。

汚れた海に、骨の灰をまいたりしたら、一層汚すことにならないか。そんな心配もあるが、オパーリン博士などによると、もともと生命は海から生れたらしい。死んだあと骨になって、その源にかえる。これは案外、自然の摂理にかなっていることかも知れぬ。

（48・6・27）

盗用と換骨奪胎

山崎豊子さんが実力ある作家であることは、知られている。大阪商人を描いた「暖簾」、医学界の腐敗をえぐった「白い巨塔」など、社会派作家らしい話題作を世に出してきた。

いま週刊誌に連載中の小説「不毛地帯」も、力作になりそうだという評判が高かったそうだ。それが、またまた盗用問題を起こした。世間に知られていないある作家の「シベリア虜囚記」の表現が、二十カ所以上の描写に使われているという。

日本文藝家協会の山本健吉理事長も「事実としたら言語道断」というほどで、山崎さんに分がありそうにない。彼女は以前も「花宴」という小説で、芹沢光治良《こうじろう》氏やレマルクからの盗用を問題にされ、文藝家協会を退会したことがある。

このとき、山崎さんが「資料集めの秘書の手違いだった」と弁解していたのを読んで、ノリとハサミで小説を作るのかな、と不思議に思った。また、当時の文藝家協会会長の丹羽文雄さんが「彼女の退会で、文壇的生命は一応終わった」と語っていた。「作家的生命」のほかに「文壇的生命」というのがあるとは、不思議な国の不思議な作家たちの群れだと、妙な気分がしたものだ。

多かれ少なかれ、先人のものを盗んで書くことはある。藤村でも、竜之介でも、太宰治でも、東西古今の名作を盗む名人だった。ただそっくり盗むのではなくて、換骨奪胎して、他の詩文を作りかえておのれの詩文とし、新しい命を吹きこんだ。山崎さんの場合は、それとこれと、同一に論じられぬ印象をうけるのは残念なことだ。

彼女ばかりでなく、借用、盗用の話が小説に多すぎるのはどうしたことか。おもしろそうな材料探しに精を出す、切り張りの読み物が、いっときのむなしい人気を集めるからなのか。盗用論議の小説が「不毛地帯」とは、できすぎている。(48・10・22)

芸術は長く、栄誉は安し

芸術院の新会員に、歌舞伎の尾上松緑さんたち四人がえらばれた。この間は、学士院新会員の五氏の名も発表された。年中行事といえばそれまでだが、やはり秋は栄典の季節でもある。

学士院や芸術院の会員にえらばれると、百万円の終身年金が贈られ、税を引くと、手取り八十五万円余になるそうだ。大正八年、芸術院の年金がつくられたときは三百円だった。米が一升五十銭に上がって米騒動が起こったころで、中級サラリーマンの月給は三、四十円。したがって芸術院会員の年金は、ほぼその十倍に相当したわけで、いまより分がよかったといえる。その後半世紀、「芸術は長く、栄誉は安し」という点では、さしたる進歩をみていない。

年金ではなくて、すぐれた研究にあたえられる学士院賞は、そのころ千円だった。学者は一生研究しても自分の家は持てないだろうから、とくにすぐれた人には、せめて家ぐらい建てさせてやろうというので千円の賞金額に決まった、そんなカゲ口があったそうである。雪の博士、故中谷宇吉郎氏の随筆によると、彼が昭和十六年に学士院賞をもらったときも、同じ千円だった。

当時、学士院賞をもらったある化学の先生が、親類、知人を招いて祝宴を張ったら、大いに足を出したそうで、中谷さんは思いきって画集二冊に千円を使うという道楽をしたといっている。いまの学士院賞五十万円の方が、価値はあるにちがいない。

学士院は明治十二年の発足以来、いまだに一人の女性会員もえらんだことがない。芸術院の方には、作家野上弥生子さん、踊りの井上八千代さんたちがいるが、それも百五人の会員中わずか八人だ。男が意地悪をしているわけではあるまいが、やはり女性の「功なり、名をとげる」ことがいかにむずかしいかを示している。(48・11・28)

日々これ初日なり

ニュージャズのトランペット奏者、沖至さん（33）が「日本じゃ吹く場がない」といって、ヨーロッパ永住を決意したという記事を読んだ（本紙東京版）。「いいカッコ「ヨーロッパ帰りになるんじゃないの」といったイジワル批評も耳にした。

ご本人は「うまく吹けないときにも拍手、拍手なので不安になるんです」といっている。演奏が乗ってこないときは、ブーブーと怒ってほしいんだという気持ちは分かるが、聴く方はやはり感激しているのかも知れぬ。あるいはトランペットの音を媒体にして、自分が自分の気分に乗っていくような聴き方があるのかも知れぬ。

ニュージャズの門外漢としては批評の限りではないが、ただ生の演奏や演技の良さとは受け手のお客と感応し合う中で、一回きりのものだということは分かる。それがレコードや録画との違いなのだろう。「菊吉黄金時代」を作った初代、中村吉右衛門は当たり役の「熊谷直実」や「地震加藤」を何度やったか分からないが、そのたびに自分を主人公だと思い込んだ。

清正の花道のセリフについて「ここは血涙を流す思いで、熱誠をこめて申します。私はこのくだりになりますと、思わず本当の涙を流してしまいます」といっている。だが吉右衛門の立派さは、次の言葉にある。「考えてみますと、清正はこの言葉を一生に一度しか言わなかった。私の方では一興行二十五日間くり返すわけです」と「日々これ初日」の心をのべている。

出番を待つ彼に、ある人がちょっと話しかけた。そのとき吉右衛門は「加藤清正はお話しできません」というなり、舞台の方をキッと見すえたという話が残っている。芭蕉は、自分の句を「一句一句、辞世のつもりで作った」といったが、日々これ初日と思うのも、辞世と思うのも、同じ覚悟をいっているのだろう。(49・4・23)

フロという文化

「一日に二・八軒ずつ銭湯がなくなっている。政府の対策いかん」。一昨日の参院委員会で、社会党議員と厚生大臣とのやりとりがあった。銭湯廃業の張り紙をよく見かける。ご時勢に勝てぬとはいえ、二千万人が通っている銭湯の話とあれば由々しい問題である。

われわれはフロを体を洗うだけのものとは考えていないらしい。オケを小わきに湯上がりの娘さん、「ちょっとひとっぷろ」と手ぬぐいを肩にしたいなせなニイさんといった形が、風俗になっていることからも察しがつく。

首までどっぷりとつかり、ペンキ絵の富士山や松原をながめて陶然とする。家を建てるときも、フロおけはヒノキ、ながめも良くなどと注文はやかましい。いまどきそんなことをいえる人はうらやましいが、フロは衛生ではなく美的な問題だという点は残っている。

財界人の小林一三はそこに着眼して、宝塚温泉に宝塚少女歌劇を作った。「モン・パリ」のモダン・ムードと温泉を結びつけたのは、さすが非凡な才だったが、やはり、お湯は単なるお湯ではないという日本人の伝統的な感覚がそこにあったからだろう。

戦前、フロ賃はモリ、カケと同じ、床屋の十分の一という相場だった。いまは都道府県によってちがうが、平均七十円というところだろうか。モリ、カケより安いし、理髪代の十分の一より安いといえるだろうが、それでも高く感じる。フロを「毎日わかす人」と「一日おきにわかす人」を合わせると九一％になる、という統計もあるほどフロ好きのせいもある。

自宅ブロがふえるから営業不振で廃業する。いや、銭湯がなくなるからフロ場をつくるのだ。イタチゴッコで、湯上がりのようなさっぱりした対策はなかなかむずかしいらしい。だが、フロにつかる快楽だけは貧富貴賤《きせん》の別がないといわれてきた。湯加減のよろしい方策を願いたい。（49・4・25）

文庫ブーム

岩波新書が百八十円から二百三十円に値上げされる。帯紙、シオリ用のヒモ、薄紙のカバーなど、付属品をひとつひとつ落として、値上げをこらえてきたものの、もはやどうにもと、土俵を割った。

岩波文庫の方は「もう少し据え置きを守る」そうだが、文庫といっても、近ごろは決して安くはない。四、五百円というのもザラにある。そして「日本の文庫本は、じきに絶版になってしまう」と、本好きは怒っている。

頼山陽《らいさんよう》の「日本外史」を探したがない。史談集の「常山紀談」は、戦後に出版されたはずだが、これもない。森鷗外も、その点数がぐんと少なくなってしまっている。売れなくなれば、間引いて、絶版にしてしまう。そして、売れそうな流行作家のものだけはやたらに刷る。いいものは損をしてでも残すという、心意気はないものかねえと、ぐちの一つも言いたくなる。

文庫出版はブームである。著名な出版社が続々と文庫を手がけ、たしかにいい本も沢山出ている。高くなったとはいっても、文庫の商いはこまかい。だから量でこなす。量で出す以上は、店頭への補給に、これまたこまかな心くばりをせねばならぬ。そのためには、しっかりした販売組織がなければならない。

文庫ブームは、だから、日本の出版界の組織化を裏付けるともいわれるのだが、それは読む方には、たいしたかかわりはない。岩波文庫のおしまいのページに、だれもが知っている「岩波文庫発刊に際して」という一文がある。

「真理は万人によって求められることを自ら欲し、芸術は万人によって愛されることを自ら望む」。万人にポイントを置くところから、文庫という安い本が考えられた。しかも中身は「万人の必読すべき真に古典的価値ある書」でなければならなかった。ヒモやカバーをなくして値段を守るなど、いろいろチエをしぼっているようだが、文庫はやはり「万人によって求められる」値をなんとか守ってほしい。(49・6・17)

小さく優しい歌

今朝は、本紙で「都心にしのぶもじずりの花」という投書を読んで、床を離れた。ひとき梅雨が晴れたような気分になった。投書主の名をみると、元東大学長の茅誠司さん。「総長」といわれるのがいやで、「東大学長」で通した人柄のにじみ出た一文と拝した。

「今朝、車で議事堂前を走っていたとき、グリーンベルトに高さ十五センチぐらいの茎がたくさん立っていた。〝もじずり〟のかれんな姿だった」。ただそれだけの趣旨の投書である。「オフィスに急がれる方々も、ひとめ見てやって下さい」と結んであった。

「もじずり」の花のように、小さな優しい投書に心ひかれるものがあって、さっそく議事堂前に出かけたが、投書の通り、一面に咲いていた。別名「ねじばな」。ピンクの小さな花が細い茎にねじれるように並び、ひっそりと咲く。梅雨にぬれ、芝とクローバの緑に引き立てられて、ひときわかれんな風情にみえた。

この野草が、コンクリートにかこまれた都会の真ん中にまで、よくまあ来てくれたものだ。「もじずり」は百人一首で知られている。「みちのくのしのぶもじずりたれゆえに乱れそめにしわれならなくに」。忍ぶ草を原料にして、布にすりつけて染めた「しのぶもじずり」は、福島県の信夫名産とされた。

染め模様が乱れているので、「乱れ」の序詞に使われる。「私の心が乱れはじめたのは、あなたのせいです」というだけの歌意である。「みちのく」が「しのぶ」にかかり、「しのぶ」が「乱れ」にかかり、また「忍ぶ恋」を連想させる。「乱れそめ」は「乱れはじめ」であり、「乱れ染め」でもある。

歌を訳すのはニワトリの羽をむしるようなものだ、といった人がいるが、歌は解釈されると身を細らす。音律を響かせ、想像力を刺激して、おのずと情趣をかもす。繰り返し口ずさむうちに、「いいなあ」と思うようになる。（49・7・2）

祇園祭

「コンチキチンは、京の、いちばん暑い音どす」という。祇園祭の十七日が、京都では、一年で一番暑い日だともいう。二十九基の鉾《ほこ》と山が、一番暑い日の都大路の、暑熱の中をゆれて行く。

「祇園会《え》や二階に顔のうづたかき」（子規）。米山俊直氏の「祇園祭」によると、祇園祭は二階まつりともいうそうである。鉾に乗った囃子《はやし》方たちと、町家の二階から首を出す見物人が、飲みものとちまきのやりとりをするならわしがあったからだ。いま町家はビルに変わっていても、鉾は、ビルの高さに圧されてはいない。きりっと空を突きさしている。

もらい祭りという面白い言葉のあることも知った。祭には、それぞれの町が、町の神さまをかついで参加してくるのだが、参加しない町も祭にあやかって、店を休む。隣の祭をもらうわけだが、なんといってももらいの主役は見物人だろう。

十六日の宵山は六十一万人と、空前の人出だった。新幹線の開通で、中国、九州方面からの人が多かったそうだが、「不況、金づまり、祭り好き」という説もある。「金のない夫婦の好きな夏祭」。そんな川柳もおぼえている。そういえば映画館も、近ごろは客が多い。

米山さんの同じ本に、祭を見る若い人たちの声が、記録されている。「鉦《かね》、笛の音がなんともいえなくて、ひっぱる人が多くて、汗で皮膚がひかっていて、指揮する人がおじいさんで、ぴったりきまっている」。別の人は「一番よかったのは山鉾をひいている若者の汗です」。暑い、暑い鉦の音と、汗と、ぴったり「きまっている」老人と。

祭の中に、現代的な願望が、具現化されているのだろうか。黒いべとべとした都会の汗と、自動車の音と、どっちつかずの「きまらない」おとなたちを、せめてその祭の場でだけは忘れていることができる。

「いや、そんな理屈じゃなしに、村の祭りがつぶれて、観光化された祭りだけが残り、つぶれた悲しさを都会の祭りに寄せている」。人出のわけを、そう説明する人もいた。

(50・7・18)

出会い

「本との出合い　ゆたかな時間」というのが、ことしの読書週間の標語になっている。読書にまつわるたくさんのエッセーがあるが、そこで必ず語られるのは、本との出会いである。たまたま手にした小さな本が、運命的な出会いとなったという人も少なくない。

有吉佐和子さんが「複合汚染を終わって」という文章の中で、出会いについてこう書いていた。この仕事で「大きな幸せとなったもの」は、学者、農民、消費者と、多くの人の中で「人間がいかに生きるべきかという本質的な理念を、意識するとせざるとにかかわらず持っている」りっぱな人たちに会うことができたことだという。

一冊の本、一行の文、そして名もない人の、さりげない言葉の中で、われわれもまた、すばらしい出会いを体験する。学校の外の出会いの中に、本当の学校はあるといい「一冊の岩波文庫を読むように、一人のホステスの身の上話を『読む』ことは、自分を生徒にするだけではなく、教師にもしてくれる」と書いたのは詩人の寺山修司氏だ。

「ひとり灯《ともしび》のもとに文をひろげて、見ぬ世の人を友とするぞ、こよなうなぐさむわざなる」と、徒然草の十三段にあるが、別に見ぬ世、昔の人だけを友とすることはない。昔にも、今にも、出会いはそれこそ無限にある。が、かんじんなことは、その出会いの意味を、さとれるか、さとれないかという、その点だろう。

西洋に「教授のこうもりがさ」という言葉がある。哲学や学問ばかりに熱中している教授が、もう雨もやんでいるのに、まだこうもりがさをさして歩いている、その抜かり加減を風刺したものだが、こうもりがさで目をかくしていては、せっかくの出会いも、行きずりのものとして消えていく。

出会いとは、たしかに、ゆたかなものである。世の中が、ぎすぎすしているというのは、だれもが自分のことばかりに懸命で、出会いを大切に思わないからだろう。出会いがなく、従って、ゆたかではない時間ばかりがふえる。(50・10・11)

満場一致はキナくさい

第十一回谷崎潤一郎賞は、水上勉さんの「一休」に決まった。その選評に丹羽文雄さんがこう書いている。候補作には「それぞれ作者の持味を生かした作品」があった。持味を生かした作品であるという「その限りにおいては、たれも文句のつけようのないものである。しかしその文句のつけようのないところが、問題にされた。これはむつかしい問題である」(中央公論十一月号)。

株の世界でも同じようなことがいわれるらしい。くろうとが売買するいわゆる仕手株というものも、どこかに「弱点」がないと、仕手株にはならない。どこから、だれが見ても美人では、仕手株の人気は集まらないそうである。鼻が少し上を向いていることが、逆に長所となる。

「人の行く裏に道あり　花の山」と、株の世界ではいうそうだ。開発された表ばかりが山じゃない。裏にも花が咲いているし、ほんとはその花の方が、表よりずっと美しい。つまり世の中に、真実は一つしかないと思い込むことは、裏山の花を見落としてしまうということだろう。それをもうひとつ外からみれば、見方の対立そのものが、ひとつの魅力になるということでもある。栗原小巻が美人だと、いうのもいれば、どうも好きじゃないというのがいる。食べ物のにがみ、くさみも、人それぞれに好みがあるところがいい。犬でいうならブルドッグのあの顔も、好ききらいの対立するところに、ブルドッグという犬の魅力が生まれる。

アサヒグラフの最近号をみていたら「〝流行〟なんてどこへ行っちゃったの」と、街を行く、種々さまざま雑多なファッションが紹介されている。だれもがジーンズなんて、面白くも、おかしくもない。そして、ファッションを拒否するファッションが、登場した。だれもがいっしょに満場一致ということには、どこか、うさんくさく、キナくさいところがある。

丹羽さんのいう「文句のつけようのない」ところでは、だれもが退屈して、居眠りが出る。（50・10・30）

教育

おもちゃ化

子どもの学用品がおもちゃ化してきたという。香水入り鉛筆。怪獣の形をした消しゴム。かぎがかかる筆箱。あるいは温度計や湿度計から電動鉛筆けずり、電気時計までついた勉強机も、その一種だろう。

「小さな子には楽しい学習のふん囲気を作ってやる必要がある」と支持者はいう。「授業中に子どもが学用品で遊んで困る」と学校では渋い顔をする。「いや、授業中に子どもが遊ぶのは先生の授業に魅力がないからだ。責任転嫁だ」などと、話は教師論に発展していく。

それよりも「子どもがほしがるものをテレビのコマーシャルつきで売込む商略こそ、けしからん」という親もあった。それはそうだろうけれど、やすやすと商略に乗せられる親も親だという気がする。子どもにねだられると何でも買い与える親の甘さが見すかされている。

おもちゃ化といえば子どもの学用品に限らない。大人の世界もだ。不必要なスピードがでる自動車。ボウリングの球まで吸いつける電気掃除機。ぬれるとブザーが鳴るおむつ。冷蔵庫や洗たく機なども年々ごてごて、けばけば付属がつく。もの本来の目的をこえて、過剰になり、奇形化してきた。

いかにも便利で、夢で、最先端の技術と流行のようにコマーシャルはうたう。事実は、ものの陳腐化をはやめ、耐用年数を減らして消費者の買替え促進をねらう商略であるに違いない。そういう今の成長経済の仕組みが子どもの勉強部屋に侵入してきたのだと解釈したい。

デパートの学用品売場にいってみた。なるほどカラフルで、騒々しくて、薄っぺらのへなへなで、おもちゃ売場のようだった。「明窓浄机」という言葉を思いだして、今の子がかわいそうになった。（48・2・20）

新しい階級

週刊誌の特集「大学合格者出身高校調べ」が、町にいっせいに出はじめた。今年は、「高校調べ」だけでは物足りないらしく、「有名高校の父兄調べ」にまで乗出している雑誌もある。

父兄まで調べた方がよいと考えたのは、金持の家に生れないと良い大学にはいりにくくなった、という事情があるからだろう。「東大予科」といわれる、鹿児島のラ・サール高や東京の麻布学園を調べると、父兄の大半は医者、大会社重役、部課長で、年収三百万円以上だそうだ。

別段、その学校が金持の子弟を優先入学させているとは思わない。といってデキのよい子が、金持階層にそれほど偏在しているわけでもあるまい。つまり金と時間をかけて、受験技術をみがかないことには、東大にも、その前の「東大予科」にもパスできないということなのだろう。

戦後、男爵さまや伯爵さまは姿を消したが、かわりに「学歴」という新しい階級が登場した。それも「大学卒」という経歴だけではなく、どこの大学を出たかという「学校歴」が、人の一生を大きく左右する。

学校歴社会にも、受験準備という妊娠期間があり、試験という陣痛の苦しみがある。この出産で人間が社会的に分娩《ぶんべん》されると、そこで階級がきまる。それは死ぬまでついてまわる。いってみれば、封建時代ではゼロ歳という生物的出生で運命づけられた階級が、いまの日本では、受験期の十八歳という社会的出生で決められる。

では、だれがこの階級制度を打破すべきなのか。最大の責任者は大学と政府だろう。だが、教授も高級官僚もしめし合わせたように、この問題では腰が重い。この階級制で、もっとも恩恵を受けているご当人であるためなのか。(48・3・23)

芝を植え、塀を倒せ

土は生きているが、アスファルトには生命がない。灰色のアスファルトの上にあるのは、人間と機械だけだ。都会のアスファルトで育った人間は、だから、人間以外の生き物を知らない。人間が他の生物と生きていることに関心がない。アスファルトには、死のニオイがある。

金魚をつかみ出して「これが心臓、これが腸」と、ハサミでジョキジョキ切る子は、都会っ子に多いと聞いた。金魚は生き物でなく、プラスチックモデルのように、部品で組立てられた「モノ」にみえるのだろう。アスファルトが育てた子供の、あわれと恐ろしさがある。

東京都が、学校の校庭のアスファルトをはがして、半分だけ芝生に変えるための五カ年計画を立てたというが、これは賛成だ。学校のブロック塀《べい》をこわして、植樹帯にするというのもいい。防犯や管理にいろいろ工夫がいるだろうが、こういう計画はどしどしすすめてほしい。

公害防止とか自然保護とかハヤリ言葉のようにいわれるが、荒涼とした学校環境でいくら教えても空念仏だ。緑に触れ、土をいじらせてこそ子供のなかに自然をいたわる感覚が生れる。それに緑になった校庭を、子供たちにも、近所の住民たちにも、できる限り開放すべきだろう。

いま東京都内の公園面積は二千五十万平方メートル、校庭面積の総計は千三百万平方メートルだから、もし全校庭の半分を緑にして開放すれば、東京の公園は一挙に三割ふえることになる。こんなチャンスはない。大いに芝を植え、塀を倒すべし。

だが計画通りに、一校三百本の木を植えたところで、東京の汚染が少しでもやわらぐわけではない。つまり校庭緑化は公害対策ではない。校庭の緑で、公害をテーマとする美濃部流ムード音楽を演奏することだけは、ご免こうむりたい。（48・3・29）

何番目？

「何番目」という聞き方は、外国にない便利な日本語だそうだ。英語でいうと、「試験成績は何番目でしたか」というのは「成績はどのランクでしたか」。

「東京駅はいくつ目ですか」というのは、「東京駅までいくつの駅がありますか」という。場合によって、いろいろな言い方をしなければならないわけで、何にでも使える

「何番目」というのはない。この話を、元外交官で英語の達人といわれる島内敏郎氏から聞いたとき、こういう便利な言葉があるのは、つまりわれわれの強い競争意識、順番意識の反映かも知れないと考えたことがあった。

「国際理科テスト」で、日本の小、中学生の成績が世界一だった。九年前の「国際数学テスト」でもトップだった。日本の子どもは頭がよく、記憶力もすぐれているのだろうと思うと、悪い気はしない。日本の教育水準があずかって力あったのだろう。

数年前、経済協力開発機構（ＯＥＣＤ）から欧米の専門家たちが、日本の教育を調べにきたことがあった。その結論にも「われわれの国にくらべ、日本の初中等教育の成果の大きさに深く印象づけられた。われわれの方が学ぶべき立場にある」と書かれているほどだ。

こんどの理科テストでは、日本の子どもが暗記物だけでなく実験、応用などの全体にわたって、平均して良い成績をとったのはたいへんうれしい。だが、ＯＥＣＤ報告書は「日本の初中等教育が技術的にすぐれている」という言い方を、忘れていない。

教育が子どもたちに、工夫する力、新しい考え方を育てる力、社会や人間に対する態度を養う力をつけているかといえば、あまり自信はない。こうした数字でつかめない部分にも、教育の大事な役割がある。「何番目」という日本語の便利さは、かえって物差ではかれぬ貴重なものを失わせる危険をもっている。（48・5・26）

チンパンジーの教育

東京の多摩動物公園で、チンパンジーを十五年間育てた石井湧一さんの話を聞いて、おもしろかった。チンパンジーの人生は四十年だそうだが、九歳の思春期までの幼児教育がいちばん大事だというのが、石井さんの結論である。

この間にバイバイ、拍手、おすわり、自転車乗りなどのシツケをする。「ヨシッ」と心からほめ、「ダメッ」と厳しくしからねばいけない。オシリや顔をたたくことも必要だ。「こちらの真剣さと思いやりがあれば、強くたたいても、軽くても、どちらでもいいんですよ」という。

むずかしいのは、思春期の教育だそうだ。まずオトナとしての人格（?）を認めてやること。子どものときと同じ態度をつづけると、たちまち反抗される。相手の要求も聞いてやり、こちらの要求も納得させるという付合いに変る。いう通りにしたら「ありがとう」と礼をいう。

石井さんの描くチンパンジーの父は、立派なものだ。妻子に祭り上げられても横暴にならず、暴力を振るうことはない。子どものよい遊び相手になるが、エコヒイキはしない。育児はもっぱら母親で、父親にもふれさせないほど真剣になる。育児期間中に十キログらいやせてしまう母親もいる。

初産の母親のなかには育児を知らず、赤ん坊を投げつけたり、子をまくらにして寝てしまう不届きものもいるが、先輩をオリに入れて育て方を見学させると、見ちがえるようになる。はえば立て、立てば歩けと教え、今日は一メートル、明日は二メートルと群れに近づいて、仲間遊びにも心をくばる。

石井さんによると、母性愛は本能というが、チンパンジーは先輩や社会に学びながら育てていく。その話に、赤ちゃんを車道や駅に捨てたりする世相をついつい思い出す。動物園での学習を必要とする人間サマ、なしとはせぬ。（48・6・12）

ちがいの分かる答申を

一年前、中央教育審議会の衣がえが鳴り物入りでニュースになった。老人支配の中教審に、ヤングパワーにはいってもらって恍惚《こうこつ》の境をぬけ出そうというわけで、「恍惚」の作家有吉佐和子さん、狐狸庵こと遠藤周作さん、批評家の江藤淳さん、演出家の浅利慶太さんらの面々が登場した。

鳴り物を入れたのはマスコミだったが、世間がそれだけ期待をよせていたわけだ。その期待にこたえて、第一回の集まりでは、新委員たちはぶちまくった。「もともと答申を実行する気がないなら、いまのうちに委員をやめる」。その言やよし。しばし清新の風が流れたかにみえた。

それから一年たって、中教審は「教育・学術・文化の国際交流」について、その経過報告を出した。たしかに顔ぶれは異色だったが、さて中身の方はどこが異色なのか、探すのに苦労する。「いままでの政府審議会は、お役所の作文をもとにしたからダメなのだ」といった、出陣のころの言葉が思い出されるばかりである。

つまり内容は、八月の予算要求を前に役所が自分にかわっていってほしい項目が、ずらりと並んでいる。在外公館に文化担当官と学術担当官。文化情報センター、日本語の教育振興センター、共同研究センター、学術交流の事務所、日本文化紹介センターなど、など。

その一つ、一つが不必要だとは決していわないが、これでは予算要求の下請け機関の感なきにしもあらずだ。勇躍、乗り込んでみたが、結局、「百年の役所」である文部省のたなごころの上で踊ることになった、といっては失礼にすぎようか。熱しやすく、さめやすいのが日本人、といっては同情にすぎようか。

答申まであと数カ月あるのだから、もう一度温め直して「ちがいの分かるコーヒー」

を入れてほしい。（48・8・2）

変われ給食

節約時代に学校給食のあり方が問題にされている。新聞の投書欄などにも、ムダが多過ぎる、といった意見がよくみられる。これも、エネルギー危機でサマ変わりした、国民意識のあらわれといえるだろう。

学校給食は戦時下の非常措置としてはじめられ、戦後は昭和二十二年の正月からララ物資で再開された。なによりも子どもを飢えから救うためだった。いまでは小学校で九四・二％、中学校で五〇・六％の児童生徒が給食を受けている。

食事への正しい理解と望ましい習慣を養い、学校生活を豊かにする等々を目標として、給食は学校教育のなかにがっちりと組みこまれた。だがその実情はどうだろうか。ゴミ戦争がはじまれば、学校は給食の食べ残しの処理に四苦八苦。ランドセルから取り出されたかちかちのパンはクズかごに直行だ。

教材をがさとりのけたあとの教室で、プラスチック容器を並べての食事が、ほんとうに楽しいものかどうか。子どもの舌は大人が考えるよりはずっと敏感なものだ。どんなにカロリーがあろうと、本来あたたかくあるべきものが冷めていれば、もう手を出さない。

たしかに給食の内容はずいぶんとよくなってきた。コッペパンにお汁粉、といった奇想天外な献立は影をひそめたようである。偏食を直すといった効果も、あったに違いない。だが人間の食事とはただ生きるためのエネルギーをつめこむものではなく、一つの文化である。それを楽しむふんいきのない食事は、それだけで落第だ。

それに給食で学校のひる休みは、ひどく短いものになってしまった。大都市ではそれでなくても遊ぶ時間や場所がないのに、校庭への距離は子どもにとってますます遠くなってゆく。その果たした役割は評価するが、学校給食もここらで真剣に再検討されねばなるまい。世界でも高い普及率を誇る前に、ここでもまた量から質への転換が必要なのである。（48・12・29）

子供は大人を試験する

ある日の放課後、数人の六年生の子どもたちが、バス停に立って実験をした。こんにちはとあいさつしたら、何人の人が、どう答えてくれるか。通りすがりの二十人に試したところ、こんにちはとあいさつを返してくれたのは半分の十人であった。

二十歳代は、男も女もそしらぬ顔で、むろん返事はしない。四十、五十代のおじさんは、ほとんどこんにちはと返す。主婦、つまりおばさんが、こどもにとっていちばん「いや」だった。「何してんの、こんなところで、早く家にお帰りなさい」と、こわかった。

一見、面白く、どこか寸法が合わないと考えてみると、また面白い。知らない人にあいさつされれば、された方が戸惑う。戸惑いをすなおに表現するのは若い世代である。その奇妙さに大して関心も払わない。こどもの、つまり他人の遊びであって、それを自分とかかわり合わせる必要はないと割り切っているのかもしれぬ。
四十、五十代の男は、外からの働きかけに、われ知らず反応してしまう。あいさつにはあいさつを。それが無難であって、波も立たぬ。あいさつされる戸惑いを、かみ殺して、笑っている。が、男にくらべて、よりこどもを知っている主婦は、それを「遊んでいるのだから」と見過ごせない。
無邪気、活発は「危なさ」と隣り合わせだと知っている。こどもが学校から帰ってこない間は、なんとなく落ちつかない、母親の心が分かる。だからよその母に成り代わって、つい道草を食っているこどもをしかってしまう。

としても面白いのは、このこどもたちの道草のしかただ。おとなを試して楽しんでいる。目白三平さんが、こどもたちをお宅の庭で遊ばせてやってほしいと、田中首相に申し入れて断られた。首相の家の庭で遊べば、こどもは喜ぶと、三平さんが単純に計算したのなら、間違っている。首相を試したつもりのおとな三平は、逆にこどもに試されることになるかもしれない(49・4・29)

英才教育

エリート教育は必要かどうか、というのは難しい問題だ。もちろんここで言うのは、氏、育ちで選別して特別な教育をすることではない。だれに対しても平等な機会が開かれることを前提にしたうえで、なお秀才を見つけ、これに金をかけた教育をするという意味である。

五年前のことだが、シベリアの密林の中にある「ノボシビルスク科学都市」で、ソ連の徹底した英才教育に目を見張ったことがある。ここの秀才は、全ソから三段階の数学・物理オリンピックを経て、集められる。第一オリンピックは郵送回答。第二オリンピックは、シベリア三十カ所での筆記試験。

第三オリンピックは「夏の学校」に招待し、三週間かけてじっくりと選別する。第二オリンピックに参加する者は一万二千人、最後に残る者は二百五十人というから、すさまじい競争率だ。そのかわり全部パスした八年—十年生（日本の中、高校生）は全寮制で、生徒四人に先生一人という英才教育を受ける。

こんど自民党文教部会が、大学改革についての構想を明らかにした。簡単にいえば、これ以上大学をふやすことをやめ、その質を高めようということ。もう一つは、旧七帝大を大学院だけにしようという内容である。この構想のウラには、日本が繁栄するために必要な高度な科学水準をどのように確保できるか、という不安がある。

ギブ・アンド・テークでこちらのものがなければ、外国の技術導入は難しくなってきた。それに日本が生きていくには、原料を輸入し、技術の力でこれを価値ある商品にして輸出し、そのサヤを稼ぐほかはないという厳たる事実がある。

この改革構想がただちに英才教育をいっているわけではないが、エリート化の方向を意味することは間違いない。戦後民主主義は「英才教育」をタブー視してきたが、まじめに論議すべきことだろう。その意味で、格好な問題提起である。（49・5・5）

受験と野球

東大合格者数日本一という灘高で、野球部部員の数が足りず、ことしの甲子園大会の兵庫大会に出場しないことになった。昭和七年の十八回大会予選いらい、毎年欠かさず出場して来た、まさに〝伝統〟のあるチームなのだが。

反響はさまざまである。当たり前だというのが、教育ママ的主婦。勉強、勉強と、そんな青白いのが何になる。おれたちは、練習でくたくたになっても、眠気とたたかいながら、勉強もし、ちゃんと大学にもはいったというのが郷愁的中年である。

が、灘高の先生の見方はそう単純ではない。「ひとつのものに青春をかけるという時代じゃあなくなったのでしょうか」。選ぶべきものは多様にある。野球を選ぶものが少なくなれば、野球部は定数にも足りなくなる。当然であって、別におかしいことでもないという意味だろう。

数年前、本社が地区大会に出場した二千五百四十七校の野球部員について、その生活と意識を調べたことがある。それによると練習の平均時間は三―五時間、授業以外の一日平均勉強時間は三十分―二時間というのが半数を占めた。中学二年で一日平均四時間は家で勉強しなければ受験戦争に勝てないという時代であれば、野球部はたしかに受験向きではない。

受験向きでないものを敬遠する高校生の心情を、「青白い」といって頭から否定してしまうのも軽率に過ぎる。いまの大学入試問題には、暗記要素が、あり過ぎる。おぼえるには時間がかかるし、それだけ勉強時間も長くなろう。野球をしていたのでは、間に合わないことも事実なのである。

一方、野球部員に共通してみられるのは、明るさだ。目標を定めて、まっしぐらに進んでいる充実感である。ただ受験だけを選択し、参考書に顔を埋めている高校生には、その明るさはない。としてもそれは好んで失ったものではない。だれが、それを失わせたか、問いは結局そこにかえってくる。(49・6・25)

本物の試練

「手を洗いなさい」と、口で教えても、子供はさっぱり乗ってこない。手のツメアカを拡大した写真を見せると、子供はビックリして、手を洗うようになったという指導主事さんの話を聞いた。

社会は言葉で成り立っているのだが、その力はいうほどに強くない。池田喜作さんの「新版パブリシティ戦略」という本を読んでいたら、情報の確度とは、見た、聞いた、思ったの順になるのだという。見た事実が最も信頼できる。また聞きや感想は、参考にはなっても、資料性に乏しい。

見れば信じられるというわけだが、いまは間接的に見られるものばかりが多い。テレビの映像は、いわば「また見」である。映像は事実をうつしているに違いないのだが、事実のすべてはうつっていない。人が斬《き》られる。斬られるものの痛みは映像からは伝わってこない。

いまの教育は「痛みぬきの教育だ」という人がいる。「また見」でたいていのものを見てはいるが、その中身を教えていない。突きとばされる、泥まみれになる、ナイフで鉛筆をけずって指を切る。中身とは痛さの体験だ。それを通じて暴力のこわさを知り、暴力への否定を学んでいく。

次の世代、子供たちに、何かを伝えようとするなら、また見ではない、本物の何かを、見せていくのが、最も有効なのである。四十九年版の青少年白書が発表され、その中に次のような一節があった。「いまや節約を基調とした生活様式への転換が求められている。省資源型の、こうした転換は、高度成長期の社会しか経験したことのない現在の青少年にとっては厳しい試練となるものと思われる」と。

節約とは、子供たちにとって、また見、あるいはまた聞きのものでしかない。言葉だけの節約は、上すべりして、子供たちの耳には入らないだろう。「厳しい試練となるだろう」と分別ありげにいう前に、われわれが厳しい試練に耐えることである。「本物」をからだで感じさせることである。(49・12・8)

受験近づく

節分の豆まきがすむと、受験生たちにとって最後の追いこみの季節がやってくる。テレビの音も小さくして、という家庭も多かろう。ノイローゼもおこる。ついさきごろも校舎に火薬づめのサインペンなどをばらまいた長野県の高校生があった。警察につかまれば進学しなくてすむ、というのだから支離滅裂。

多かれ少なかれ、試験恐怖症にとりつかれた経験はだれにもあろう。いい年をして白紙の答案用紙を前に冷や汗をかく夢をみたりする。入学試験には、できるだけ効率的に大量の受験生をふるい落とそうとする魂胆があるようだ。棒暗記が必要な年表が出たり、とんでもないところにおとし穴がつくってあったり。国立大学では文科系でも数学が必須というのも意地が悪い。

むりやりつめこまれた断片的な知識は、試験が終わればたちまち忘れられてしまう。受験勉強の不毛さはだれでも知っているのだが、改革案となると、なかなかいいチエがない。ソ連にも十万人からの一浪が予備校にいるというし、オーストラリアのシドニーでは昨秋、大学入学資格試験の問題用紙が盗まれ、一科目二万円で受験生に売られるという事件があった。入試という妖怪《ようかい》はどうやら全世界にのさばっている。

この怪物をとりしずめるのは容易なことでない。まず大学とはいかにあるべきか、その理念があらためてきずき直されねばなるまい。と同時に、学歴イコール就職、結婚のパスポートという観念を少しずつ変えてゆくしかない。日本の若者の三分の一が大学に行く世の中だが、なぜそうなるのかという問いへの答えが求められているのである。

試験地獄の総本山みたいにいわれるのがむかしの中国の官吏登用試験の「科挙」。これに受かれば立身疑いなしというので、幼児から四書五経をたたきこまれた。金も車も美女も本を読めば手に入るぞ、というのが当時の中国版〝学問のすすめ〟。「男児欲遂平生志　六経勤向窓前読」とある。科挙時代への逆戻りはまっぴら。

せめて、今春の入試に珍問、愚問なきを祈ろう。(50・2・6)

小学一年生

はじめて小学校に登校した日のことは、なかなか忘れない。子供にとってはじめて体験する「革命的な日」である。だから、そのときの緊張が何十年たっても、鮮やかな記憶として残っているのだろう。

近ごろは、入学してくる子がたいへん行儀がよいという。東京・井之頭小学校の遠藤豊吉先生も「〝右向け〟と言えば、きちんと右を向く。〝前へ進め〟と号令をかければ、閲兵式に臨んだ兵隊さんのように、足をそろえて歩く」という。

担任の先生は「手がかからなくて、とてもラクになった」とよろこぶ。が、遠藤先生には「こんなお人形のような行儀のよさでいいのだろうか」と、疑問がわく。教育雑誌「のびのび」四月号に、神戸の小学校一年生たちとのおしゃべり録音が出ていた。

「勉強、きらいと思うことないの?」「なあーいっ」「遊ぶのと勉強とどっちが好き?」「うーん、勉強!」「勉強はおもしろい」「かしこくなる」「僕は校長センセになって、悪い人校長室に呼ぶ」といった調子で録音構成されている。

本当にそんなにいい先生が多く、勉強が楽しいのだろうか。それとも小学校に入るころには、もう、大人のように「建前と本音」を使い分けることを知っているのだろうか。俳優の黒柳徹子さんが、ご自分の私立小学校の思い出を雑誌「学鐙」二月号に書いていて、おもしろかった。

全校生徒は五十人。校舎は払い下げの省線（今の国電）の車両。一年から六年まで、六台の電車が校庭に並んでいた。ドアを開け、電車に乗り、ランドセルをあみダナにおく。朝の一時間目に、その日に勉強する問題が全部出てしまう。

みんな、自分の好きな科目から手をつける。分からないところだけを、先生に聞きにいく。お弁当は「必ず海のものと、山のもの」がなければいけない。校長先生の奥さんがおなべを二つ提げて現れ、どちらかが足りない子に「海なの？」「山なの？」と聞いて、補充する。あの戦争中に、東京にこういう学校があったそうだ。（50・3・14）

中学浪人

「中学浪人が全国に一万二千人もいるらしい」というニュースを読んだ。中学を出た浪人が「中学浪人」で、高校を出た浪人が「大学浪人」というのは、少々ツジツマが合わない。

「十五の春」にはやくも浪人の身、というのを強調したいから「中学浪人」となる。大学の門はせまい。東京の女子大で、娘の身代わりで女装し、受験した父親も出たほどだ。それほど大学は厳しいのだ、という意味をこめて「大学浪人」である。造語としてはツジツマが合わなくても、どちらにもフィーリングがこもっている。「中学浪人は一万二千人」といっても、これは本紙が全国的に調べた推計であって、文部省にも、各地の教育委員会にも統計はない。数字でつかめないのが浪人の浪人たるゆえんだというのは理屈であって、実は、行政当局が中浪の実態について関心を持っていないということなのだろう。

このままでいくと、数年後に第二次ベビーブームの波が高校を襲ったとき、深刻な状態になることは目に見えている。とくに大都市と、その周辺がひどくなる。いまの進学率を保ち、私立の収容力を勘定に入れても、埼玉、神奈川、大阪などは八年後にいずれも百校の不足になる。

もっとも高校不足は、全国的に起こるわけではない。中卒がどんどん減っている県もある。全員が高校にすすんだとしても、高校過剰になる地方もある。つまり高校の不足と過剰は、高度成長によるはげしい人口移動の余波なのだ。

一つ建てるのに二十億円はかかろうという高校を、赤字の自治体がそうつぎつぎには作れない。そこで教育雑誌「のびのび」四月号の描く未来図のように、埼玉県は山形県と交渉して、廃校寸前の三つの高校を買い取り、教師ぐるみで埼玉県立に移管するといったことになるかも知れない。

浪人無策は天下の大乱のもと。徳川初期五十年間に浪人は四十万人に及び、島原の乱も、由比正雪の慶安の乱も、その因を成した。役所に浪人統計がない、とは情けない。

(50・4・4)

高校はなんのためにあるか

先ごろ、岐阜県のある市で、高校生同士の集団暴行事件があり、加害者側の十数人が警察に補導された。表面は単なるケンカなのだが、暴行を受けた側の十数人が、いずれも進学一筋の「名門校」の生徒であったことから、争いの一因に、ふだんからのそねみもあったようだといわれている。

おそらく、それは本当だろうし、そういうことからの紛争は、この市だけのことではあるまい。高校進学率九〇％以上というと、いかにも聞こえがよく、いわゆる「全入」なども簡単に達成されそうに思われるが、それは数だけの話だ。学校間にははっきり格差があり、志望校にすんなり行くためには、中学、いや、小学校のころから、灰色の受験地獄を通らねばならない。

しかし、それでも志望校に必ず行けるとは限らぬ。運悪く行けなかった者は、私立高校を選ぶか、近ごろは、望みもしない職業高校に回されたりする。それでなくとも、職業高校は、大学進学に不利なところから、志願者が年ごとに減って来ている。質的低下は強まるばかりで、生徒も学習意欲を失ったり、コンプレックスに悩まされる。

かつて文部省が推進した高校の「多様化政策」が、高学歴社会という壁につき当たって、大きな矛盾をさらけ出した形だ。最近の不況の中でも、高校の新増設は、国、地方自治体とも、最優先の事業として推進している。「全入」を達成するために、まず数の上で百%にすることは必要だろうが、このような矛盾を残していては解決になるまい。

職業高校の中には、自力解決策として、進学する生徒には、三年になると専門科目をやめさせ、受験科目を学ばせているところもあるという。しかし、これでは職業高校の存立の意味を自ら放棄しているのと同じだ。

いや、いま、教育関係者が考えなければならぬことは、職業高校に限らず、高校というものの存在の目的だろう。大学の予備校―高校はただ、それだけでいいかと。（50・10・19）

歴史

花をめでた人々

中近東イラクにあるネアンデルタール人の遺跡を発掘していた米国の考古学者が、ある時、遺跡の墓のまわりに大昔の花粉がこぼれているのを発見した、という話がある。調べてみると、それはキクとかスミレの美しい花の花粉で、遺跡と同年代のものだった。また花粉の種類、量、位置から考えて、偶然あったのではなく、近くの山でとった花を意識的に墓に置いたらしいことがわかった。つまり今から数万年昔の人類の祖先も野で草花をつんでいた、ということになる。

ところで、ネアンデルタール人が今の人類の先祖であるかどうかについては、世界の考古学者の間で長い論争が続いている。ネアンデルタール人は原始的で、野蛮で、姿勢をみても人よりサルに近い。どう考えてもこれで今の人類と直接つながる祖先だなどという資格はない、と一方はいう。

いやネアンデルタール人はもっと理性的だし、人間的な共同社会を営んだことが想像できる。私たちの直接の祖先だと考えて少しもおかしくないと、もう一方の学者はいう。そして、イラクの遺跡で発見された草花の花粉の話が、この推測のひとつの新しい証拠になった。

どちらの説をとるかは別として、数万年前の遠い遠い人類がどんな目で野のキクやスミレを見たか。どんな気持で死者のまわりを草花で飾ったのか。思うだけでなにか楽しい。発見者のR・ソレッキー教授は去年「花をめでた人々」と題して、発掘物語を出版したそうだ。

立春の日曜日、東京の町なかでセツブンソウの花が庭に咲いているのを見た。暖かな地方ではナノハナが開いた。花の季節がやってくる。（48・2・5）

象を探す五日間

「是がまあ　終の栖《すみか》か雪五尺」と一茶がうたったあたり、長野県野尻湖はまだ厳冬だ。里を離れれば、雪は一里一尺の深さを加える。そこで二十六日から「象の化石掘り」がはじまる。

全国から研究者が集ってくる。近くの小、中、高校生も弁当持参で参加する。十歳の子も、七十歳のお年寄りも、かじかむ手にシャベルをにぎって、干上がった湖底を掘る。今年はきっと千人近い人が集るだろう。雪どけ前の野尻湖は、発電用の水を落して湖底を見せるのだが、来年から湖水を発電用に使わなくなる。五回にわたるこの発掘シリーズも、今年限りだ。

大昔、日本にも象がいた。おそらく何十万年も前、日本列島と大陸が地続きだったころ、中国や南アジアからやってきた。ナウマン象といわれるその化石は、江戸時代にも発見されたし、昨年は東京の地下鉄工事中にも出てきた。

だがどこの象掘りも、野尻湖にはかなわない。ここでは毎回、何百人もの群衆が象さがしをつづけ、すでに二百七十八点の化石を見つけ出している。おかげで、日本のナウマン象についていろいろなことがわかった。二万年前まで住んでいたこと。インドや中国の象とちがって、キバが大きく曲り、厚い毛皮をもっていたこともはっきりした。

みんなを興奮させたのは、象の骨といっしょに旧石器の破片が出てきたときだ。象の群れのそばに、どうやら人間が住んでいたらしい。ご先祖さまは象狩をやっていたのかも知れない。石オノやコン棒でおどして、象を湖に追いつめ、薄氷を踏ませて水死させたのかも知れない。想像は二万年前の世界に、はてしなくひろがっていく。

白鳥が旅立ち、寒風すさぶ湖底で、五日間、みんながドロにまみれて、象をさがす。いまの世に少なくなった無償の行為に対する喜びが、まだここにはある。（48・3・24）

天然痘ゼロへ

中年以上の人なら修身教科書に出てきた「ジェンナー」の話は、なつかしい。一七九六年、イギリスの開業医ジェンナーが、天然痘を予防する牛痘接種法を発見したが、「牛になる」と恐れてだれも実験台になろうとしない。そこでまず最愛の息子に接種し、その安全を確かめたというお話。

勇気、自己犠牲の徳目に使われたものだが、戦後の教科書からは姿を消してしまった。美談は美談にあらざりきで、最初に人体実験に使ったのは息子ではなく、実は近所の農家の子、八歳のフィプスであることがわかったからだ。

といって、そのために人類の恩人ジェンナーの輝きがうすれたわけではない。むかしの天然痘の猛威は、いまの人間には想像もできぬほどだったらしい。十七世紀のヨーロッパでは、その死者六千万人と推定され、一七七〇年、インドの流行では三百万人が死んだといわれる。

それが種痘の普及で激減し、欧米での発生はゼロになった。中南米からもまったく追放されたといってよい。日本でも昭和二十六年以後、天然痘で死んだ者はいないし、こんど東京に出た真性天然痘もそれ以来のことだ。

患者の塚原さんは郵政省の職員で、バングラデシュに通信技術援助の調査に出かけての受難だった。ご本人は軽症のようだし、ここ数日中に第二次感染が現れたとしても、いまの日本で爆発的に流行することは、考えられないという。

天然痘の常在地は、今はインド、バングラデシュ、エチオピアなど、ひとにぎりの国々になった。天然痘との闘いで、ついにここまで追いつめたわけだ。ここまで封じ込めたのだから、もう一息で、地球から死滅させることができる。天然痘患者の七割がアジアだと聞くとき、日本のなすべきことが、ここにもあると思う。(48・4・3)

歯磨き今昔

あすは「六月四日」のゴロ合せで「虫歯予防デー」。「歯の衛生週間」が始る。歯の丈夫な人はうらやましい。テレビのコマーシャルで、きれいな歯がぴかり、ぴかり光る。

本当にあんなにきれいなのかな、と思ったら「フィルムの歯の部分に、ちょっと着色するんですよ」と教えてくれた人がいた。人間が歯をみがくというのはずいぶん古い歴史があって、エジプトのミイラといっしょに、歯みがきの処方せんが出てきたそうだ。

東京で発掘した二千年前の人骨が、ひどい虫歯もちだったという記録もある。

欧亜を征服したアレキサンダー大王も、侍医に「毎朝、歯をみがきなさい」と注意されている。歯ブラシに、ヨーロッパ人は馬の毛を使い、日本人はヨウジの先をささくれ立たせて用いた。牧畜民族と農耕民族のちがいだろう。ヨウジはタテに使うものだから、歯のみがき方からみても日本は「タテ社会」だった、というのはちょっとコジツケか。

歯は人体で一番硬い部分だが、虫歯は放っておいて治ることはない。病状はすすむばかりで、最後は抜くことになる。つまり歯には自然治ゆ機能がないというのが、まことに歯がゆい次第だ。

戦争中に虫歯は激減した。命があればもうけ物の時代だから、虫歯どころでなかったともいえるが、やはり砂糖がなかったという理由は大きい。歯の大敵は「甘い生活」で、虫歯をもつ高校生の率はこの十五年間に、七〇％から九二％にふえた。平均して日本人は、一人で七・二本の虫歯をもっているという統計もある。

最近は歯ならびの矯正がさかんだが、ある歯科医は「美しい歯は美容というより、人間のコミュニケーションに必要だ」と力説していた。人間の表情は、口を中心に動くのだそうである。さて「歯は口ほどに物を言う」のかどうか。（48・6・3）

人口問題の問題

現在の勢いで世界人口がふえていくと、三十五年ごとに倍増する。六百五十年たつと、地球上のすべての陸地で、三〇センチ平方に一人ずつが暮さねばならなくなる。寝ることも、すわることもできない。立ちっぱなし、通勤電車なみの地球になる。

もう一つの計算は、たとえば五万年前に一組の夫婦がいて、十二人の子を産んだとする。六人の娘が、また十二人ずつの母親になる。こうして五万年たったとき、2に0が千個つく天文学的数字の子孫が、生きていることになる。

しかし実際は、人間はそれほどふえなかった。多く生れ、多く死んだからである。ペストの流行で、ヨーロッパ人口が半減したこともある。餓死や戦争も、人口を抑える自然調節のはたらきをしていた。

戦後になって薬や医学が発達し、食糧生産もふえ、若死しなくなったのだから、昔のようにたくさん産んでおく必要はなくなったわけなのだが、理屈通りにはいかない。それでも日本をふくめた先進国は一％程度の人口増加率に下がったが、発展途上国では依然として三％のスピードだ。

また人口問題は先進国の人間が資源を浪費することにも問題がある。アメリカ人の一人の消費量は、インド人五十人分に相当するという。日本にきた米国の人口制限運動の指導者エーリック教授は「過密と資源浪費で、日本は崩壊するかも知れない」「日本は有毒ガスを最初に知らせるカナリアのように、人類滅亡の前ぶれ役だ」と警告していた。

カナリアは、人間よりさきに窒息状態を予感して騒ぎ出すので、昔の炭鉱夫は体から離さなかった。その反対はゴキブリで、人間が汚した環境に好んで住み、平気で生きていく。ゴキブリは三億年生きつづけてきたそうだが、だれもゴキブリとなってチリアクタの中で生き長らえようとは思わない。（48・6・11）

一千万ドルの手土産

戦争が終わったとき、米国には日本研究の俊秀が雲のごとくいた。軍が優秀な若者に日本研究をやらせたからである。ドナルド・キーンさんも「日本語学校に行けば海軍少尉、二等兵よりよいと思いましてね」と、思い出話をしてくれた。

米国は、孫子の兵法通りに「彼を知り己を知れば、百戦あやうからず」を実行したわけだが、日本では「敵性語」だといって、英語を追放する始末だった。結果は、これまた孫子の説く「彼を知らず己を知らざれば、戦うごとに必ずあやうし」で、負けるべくして負けた。

戦争が生んだ青い目の知日家たちが、やがて大家になった。キーン教授は、日本文学史を十年がかりで執筆中だ。サイデンステッカー教授は、「源氏物語」の英訳に精魂を傾けている。アイバン・モリス教授は「更級日記」の研究を仕上げた。これらの人々のあとには、日本研究の第二世代が生まれている。

中教審の専門家もいるし、能の「蟬丸」伝説に取り組んでいる女性もいる。来月は「足利時代について」というテーマで、日米の学者が日本語で討論するという集まりさえ開かれる。ところが、いままで日本研究を援助してきた米政府や財団が、そろって予算大削減をはじめて問題になっている。

日本の研究が盛んになったとはいえ、まだまだ不十分だ。米国の大学における日本語学習者は、ロシア語の十分の一、フランス語の百分の一にすぎない。日本で出される論文は年間四万編もあるのに、米国で訳されるのはせいぜい二十五編程度だという。

三菱グループがハーバード大学に百万ドル、住友グループがエール大学に二百万ドルを寄付したが、こんど田中首相も日本研究を助けるため、一千万ドルの手土産をもって訪米したそうだ。結構なことだが、去年の政治資金五百四十五億円にくらべれば、まだ少ない、少ない。（48・7・31）

古稀を迎える「天声人語」

きょうは、このコラム「天声人語」の満七十歳の誕生日にあたる。いささかの手前ミソながら、それについての一文を供することを許されたい。

大阪朝日新聞にお目見えしたのは明治三十七年一月五日、日露戦争の一カ月前だった。鳥居素川《そせん》の筆による第一回は、主戦論を述べて威勢がよい。「政府では成るべく向ふから先に火ぶたを切らせ様として居るらしいが、ドンドンやって早く片づけるが得策」といっている。

その後は大正デモクラシーの旗を掲げたが、日米開戦前年に「有題無題」、戦局ただならぬ昭和十八年に「神風賦」と改題された。「天声人語」が復活したのは、終戦直後の二十年九月。したがって七十年の歴史も、五年間は他の表題だった。復活第一回には「何故戦はねばならなかったか、深き想ひを致さねばならぬ」との反省を書いている。

日露の主戦論で登場し、太平洋戦争の反省で復活する間に、近代日本の歴史がそのまま横たわっている。草創期には西村天囚、中野正剛、長谷川如是閑らの論客が交代で筆をとったが、永井瓢斎が専念するようになって紙価は高まり、西日本に「天声人語の会」が生まれるほどだった。戦後は荒垣秀雄氏が十八年書きつづけた。

二十二年の中秋の名月には「来年の今月今夜は国民の涙でなく、モクモクと出る煙突の煙で、明月を思い切り曇らせてみたい」とある。焼け野原の壕舎《ごうしゃ》で月を見る人の多い時代だった。その十五年後、三十七年十二月には「東京や大阪の空は、ドジョウの住むドブのようだ」といい、「青空をとりもどせ」と書かねばならなかった。

「天声人語」は「天に声あり、人をして語らしむ」の意。しばしばこの欄を、人を導く「天の声」であるべしといわれる方がいるが、本意ではない。民の言葉を天の声とせよ、というのが先人の心であったが、その至らざるの嘆きはつきない。(49・1・5)

警視庁百年

きのうは警視庁の百歳の誕生日だった。百年前というと明治七年になるが、その前後に日本の近代制度がつぎつぎに産声をあげた。創立百年を迎えた小学校は、かなり多くなった。今年は医制百年、読売新聞百年、紙巻きタバコ百年、洋紙百年でもあるそうだ。

警視庁の初代、川路利良大警視は西郷隆盛にかわいがられた人だった。その西郷さんに、ワシントンとナポレオンの人物評がある。「ワシントン殿は私欲を棄て、アメリカを自由の民の共和国となさった。見事なものでごわす」「ナポレオン殿は自分の王朝を百世に伝えんとなさった」といい、「ワシントン殿にはるかに及びなさらん」と評した。

この言を川路大警視も自分の言葉としたが、また「政府は父母、人民は子供、警察は子供の守り役」だともいっている。自由へのあこがれと幼い人民の看護役、二つの使命感がおのずと両立することを無邪気に信じて、日本の警察はスタートした。

しかし、その後の歴史は思想警察に代表されるように、ひたすら親権的な道を歩いて、育つ子供を抑圧するという暗い時代の象徴となった。戦後はそのイメージをなくそうと努めているが、民主警察とはただ柔らかい物腰ではなく、市民の立場に立つことだとすれば、道ははるけく遠しの感がある。

もっとも欧米とくらべて、よくやっていると感心することもある。まず警察官の汚職が少なく、一般に清潔だ。また治安がよい。夜も安心して歩ける大都会とは、世界にそうざらにはないのである。検挙率が高い。ただこれには、検挙率を上げるために人権を犠牲にしてはいけないという条件がつく。

さらに麻薬、クスリの流行を水際でよく防いでいる。その影響の恐ろしさを考えるなら、警察をはじめとする関係者のこれは立派な功績である。交番というのは日本独特だが、早くからこの便利なものを考え出したことにも感心する。（49・1・16）

日本のシュリーマン

月遅れのお盆でご先祖さまをお迎えしている最中に、広島県の帝釈峡遺跡では、日本最古と思われるご先祖の骨が出てきた。発掘されたのは長さ十五センチほどの左大腿骨《だいたい》で、一万五千年から二万年前の旧石器人だという。

いままでにも一万年以上前、つまり縄文以前の旧石器人の骨や遺物は見つかっている。だが今度は、同じ場所でいろいろな物が出ているので、遠からず旧石器人の暮らしぶりが分かるだろうといわれる。日本に旧石器文化が存在したことを疑う人はいないが、先年まで、そうしたことを言い出したら変人扱いにされた。

当時の日本は噴き上げた火山灰が降りつづけ、植物も動物も、まして人間の住めるはずのない無人島とされていたからだ。納豆売りのアマチュア考古学者、相沢忠洋さんがこの定説をひっくり返した。昭和二十一年、群馬県の岩宿で、二、三センチ、ススキの葉のような黒曜石の石刃を見つけたのがきっかけになった話は有名だ。

相沢さんは小僧さんのころ、博物館に出かけては、土器のカケラを前に夢想にふけったという。一片の土器に、洞くつから上がる夕餉《ゆうげ》のけむり、原人たちの団らんの笑い声を空想できるロマンチストだった。偉大な発掘には、人なみ以上の夢想力が必要なのかも知れぬ。

百年前にトロイを発掘したシュリーマンも、七歳のとき、父親が話してくれたギリシャ伝説が忘れられなかった。学者がなんと言おうと、ホメロスの詩が事実をうたったものだと信じつづけ、ついに輝かしいトロイの遺跡を発見する。さん然と光を放つ黄金の冠や首飾りで妻を飾り立て、三十九年間抱いたトロイの夢を実現した。

「日本のシュリーマン」相沢さんは、いまもせっせと関東ローム層の赤土を掘っている。センベイを焼き、サワガニを飼育して、生計を助けているそうである。（49・8・14）

言わなかった言葉

少々身内びいきかも知れぬが、本紙に連載中の「新風土記・富山県」で、米騒動の話に考えさせられるものがあった。それによると、全国をゆるがせた大正の米騒動の発端になった言葉が、「歴史のウソ」だったらしい。

米騒動の歴史には、必ずといってよいほど「米穀商高松庄太郎」が登場する。権威ある信夫清三郎「大正政治史」にも、この庄太郎さんの妻が押しかけてきた主婦たちに

「米が高くて生きることができなければ、死んでしまえと暴言をはいた」と書かれている。

庄太郎さん夫婦の次女が六十六歳でお元気で、その場のことをはっきりおぼえている。このとき父親は、旅に出て留守だった。群衆についてきた男の子が、応対に出た母親に向かって「ごとむけ（死んでしまえの方言）」といった。外にいた主婦たちが、いま何といった、ごとむけといったというわけで、母親の言葉になってしまったのだという。

この言葉が米騒動の火をつけたわけだが、そのように全国に報道したのは、血気にはやる正義の味方、新聞記者だった。娘さんは、亡き母親の歴史的な汚名を晴らすため、いまも米騒動の話が出るたびに、「五十七年目の記事訂正」を執念のように申し入れているという。

そのころの日本は、成り金と驚くべき貧困が同居していた。米騒動の二年前の大正五年には、船成り金の内田信也氏は六十割の配当で世間をあっといわせた。彼の乗っていた列車が転覆したとき、「神戸の内田だ。金はいくらでも出すから助けてくれ」と叫んだという逸話は有名だ。

当時の成り金根性を示すものとしてよく引用されるお話だが、これも事実ではないらしい。後年、鉄道相、農相などをやった内田氏は「神戸の内田だ、助けてくれッ」と叫んだことは認めたが、「金はいくらでも出す」というサワリは世間の創作だといっている。が、内田氏はこの言葉で後代に残った。

言わなかった言葉が歴史を動かしたり、彩ったりする。（49・8・20）

もうひとつの占領案

第二次大戦に敗れた後の日本を、米、英、ソ、中国の四カ国で分割統治しようとした計画があったという。もし、それが実現していたら、日本は、いまとよほど変わった形の国になっていたに違いない。

広島大の五百旗頭《いおきべ》講師が、ワシントンの米国立公文書館で、この夏解禁された資料の中から発見したものだそうだ。それによると、戦後の日本は、北海道・東北がソ連、関東・中部がアメリカ、近畿は中国とアメリカ、四国は中国、九州・中国地方はイギリスがそれぞれ統治、東京はこれら四カ国で共同統治することになっていたという。

ソ連が北海道の占領を要求し、アメリカ側に拒否されたことは、当時の連合軍最高司令官マッカーサーの「回想記」にも記されている。が、四分割案というのは初めて聞いた。ずいぶんひどいわけ方で、大国の勝手さを改めて思い知らされる。これが実現されず、ドイツや朝鮮のように分裂国家の悲劇がなかったことは不幸中の幸いだった。

この案が実現しなかった理由は、いろいろあるが、他からの干渉を極端にきらったマッカーサーの性格も大いにあずかっているようだ。彼の五年八カ月に及ぶ日本統治に関しては、毀誉褒貶《きよほうへん》半ばしているが、少なくとも、こうしてアメリカの単独占領をつらぬき、今日の日本のワクを作った役割は否定できぬだろう。

大体、日本が外国に占領されたのは、有史以来初めてのことだった。長い歴史の中では、短い期間ともいえるが、その間の日本の変わり方は、明治維新などより激しく、大きかったように思う。ただ、それにしては、マッカーサーや占領史についての究明は、なぜかあまりされていない。

こんどの四分割案が、三十年近くたってようやく発見されたように、ほとんどの資料が秘密のままに、米側に保管されていて研究がむずかしいせいか。それとも占領などという不名誉な体験は、あまり思いだしたくない日本的心情からだろうか。（49・12・17）

最後《さいご》の深代惇郎《ふかしろじゅんろう》の天声人語《てんせいじんご》　朝日文庫

2016年9月30日　第1刷発行

著　者　深代惇郎《ふかしろじゅんろう》

発行者　友澤和子

発行所　朝日新聞出版
〒104-8011　東京都中央区築地5-3-2
電話　03-5541-8832（編集）
　　　03-5540-7793（販売）

印刷製本　大日本印刷株式会社

ISBN978-4-02-261878-8

朝日新聞「検証・昭和報道」取材班
新聞と「昭和」(上)(下)

新聞は時代の分かれ目で何をどう報じたのか。歴史という証人を前に、審判されるべき点は何か。私たち一人ひとりの「昭和」像を更新する一冊。

週刊朝日編集部編
忘れられない一冊

作家・三浦しをんが小学生の頃に感銘を受けた本。宗教学者・山折哲雄の酒代に消えてしまった貴重本……。著名人が明かす「本」にまつわる思い出話。

朝日新聞社
京ものがたり

美空ひばりや黒澤明、向田邦子ら明治から平成にかけて活躍した著名人三五人と京都にまつわるエピソード。朝日新聞の人気連載が一冊に。

作家・スターが愛した京都ゆかりの地

小説トリッパー編集部編
20の短編小説

人気作家二〇人が「二〇」をテーマに短編を競作。現代小説の最前線にいる作家たちのエッセンスが一冊で味わえる、最強のアンソロジー。

深代　惇郎
深代惇郎の天声人語

七〇年代に朝日新聞一面のコラム「天声人語」を担当、読む者を魅了しながら急逝した名記者の天声人語ベスト版が新装で復活。〔解説・辰濃和男〕

深代　惇郎
続・深代惇郎の天声人語

朝日新聞一面のコラム「天声人語」を一九七〇年代に三年弱執筆し、読む者を魅了した名記者・深代惇郎。彼の天声人語ベスト版続編が新装で復活。